和谐与变化

——企业与城市应用易经思想的典型案例

梁育民◎著

广东高等教育出版社
Guangdong Higher Education Press
·广州·

图书在版编目（CIP）数据

和谐与变化：企业经营与城市管理应用易经思想的典型案例/梁育民著. —广州：广东高等教育出版社，2016. 11

ISBN 978 - 7 - 5361 - 5388 - 2

Ⅰ. ①和… Ⅱ. ①梁… Ⅲ. ①《周易》- 应用 - 企业管理 ②《周易》- 应用 - 城市管理 Ⅳ. ① F270②F293

中国版本图书馆 CIP 数据核字（2015）第 198800 号

HEXIE YU BIANHUA：QIYE JINGYING YU CHENGSHI GUANLI YINGYONG YIJING SIXIANG DE DIANXING ANLI

广东高等教育出版社出版发行

地址：广州市天河区林和西横路

邮政编码：510500 电话：020 - 87553735

网址：www. gdgjs. com. cn

广州市穗彩印务有限公司印刷

787 毫米×1 092 毫米 1/16 18. 25 印张 337 千字

2016 年 11 月第 1 版 2016 年 11 月第 1 次印刷

定价：50. 00 元

序　言
和谐与创新应变

《易经》把宇宙的本源与核心称为太极，“是故易有太极，是生两仪”（《易传·系辞上传》）。那么《易经》自身的思想本源与核心是什么？就是一颗纯洁的心，就是良好的文化品质。所以说，企业高层人士必须先有一颗纯净的心，先有一颗赤子之心，方能得到企业员工、社会民众尤其是客户之心，方能在市场经济的大潮中扬帆前进，并取得企业经营活动的巨大成功。“心有多大，舞台就有多大”，说的也是这个道理。

一、文化品质决定企业命运

美国曾有本连续多年位居畅销书排行榜之首的书，书名叫作《态度决定一切》。态度是什么?《现代汉语词典》释其义为：①人的举止神情；②对于事物的看法和采取的行动。态度取决于人的心理状态，而心理状态又取决于人的文化品质。对同一事物，不同的人往往会持不同的态度，就是因为不同的人拥有不同的文化品质。

态度能够决定一切。台湾的星云大师就撰文论述过心态决定命运。这也就是说心理状态决定命运，或者说人的文化品质决定人的命运。推而广之，企业的文化品质能够决定企业的命运。

瑞士心理学家荣格在其书中也早就讲过，性格决定命运。性格又是什么?《现代汉语词典》的释义为：在对人、对事的态度和行为方式上所表现出来的心理特点。可见性格与心态、态度都有相通的地方，笔者以为可将它们都归入文化品质的范畴。

因此，上述说法可归纳为同一个结论：文化品质对人的命运，甚至世间一切事物都能发挥决定性的作用。对企业来说，员工的文化品质也能对企业的命运起决定性作用，这可从两个方面来看。一方面，企业员工的文化品质决定企业文化的品质；另一方面，企业员工的文化品质直接影响着企业为市场提供的产品（或服务）的品质。而企业文化的品质、企业产品（或服务）

的品质，决定着企业的生存与发展。

比如美国的麦当劳、可口可乐等公司，其产品所包含的文化内涵和技术内涵同等重要，美国文化中的热情奔放、重视体验、尊重科学等内涵，都为其产品附加值、品牌附加值做出了重要的贡献。可口可乐的原料配方、生产工艺和制造技术固然重要，可这还不是它成为国际品牌、跨国公司的唯一原因，和它同样可口甚至比它更可口的饮料有的是，却没能都取得同样的成就。由此可见，还有一个同样重要的成功原因，那就是它包含与代表着美国文化，麦当劳的情况也是如此。

那么，什么样的文化品质才算好呢？企业和企业员工应有什么样的文化品质呢？这就要有和谐思想与创新精神。大家都知道，《易经》提倡天地人合一的和谐思想，同时也提倡适时应变的创新精神。笔者以为，这就是由一颗纯净的心所衍生出来的两种优秀文化品质。

二、《易经》主张阴阳和谐的文化品质

《易经》提倡太极思想，“太极生两仪”，那么“两仪”是什么呢？就是阴阳两极。整句的意思是说太极产生了阴阳这两仪，或者说阴阳两仪共同构成了太极。阴阳两极必须和谐，必须对立统一，方能诞生丰富多彩的宇宙和世间万物。

每一个社会个体都要和其他个体相联系，这就产生了人心与人心之间的关系问题。人与人的关系必须尽量和谐，工作才能顺利开展，产品才能占领市场，企业经营才能成功。企业中的老板与雇员、管理者与被管理者、企业与客户、产品与市场之间都必须和谐，才能取得良好的发展。

中国商界把春秋时期的范蠡尊为商业始祖，号称“商圣”。这里就以他的经商事迹为例，阐释《易经》的和谐思想在商业活动中的实际应用，相信对我们今天的企业仍有重要的参考价值和启示。

范蠡在从政时，与文种齐心协力，帮助越王勾践卧薪尝胆，最终反败为胜，使得越国取代吴国而成为春秋霸主。在此过程中，他们君臣三人精诚合作，即可算阴阳和谐的一种范例，因为“君”可看成太极图中的阳极，“臣”可看成阴极。

之后范蠡功成身退，携西施泛舟太湖，到齐国商业中心陶（今山东省定陶县）定居，取得另一番事业的巨大成功，这是男性和女性间阴阳和谐取得成功的典型案例。传说范蠡和西施勤奋经商，在19年中“三致千金”，即三次赚到价值高达千两黄金的财富，但每次赚到千金之后又仗义疏财，从事各

种公益事业，或者散发给穷苦百姓们，因而获得“富而行其德”之美名，成为千百年来我国商业之楷模。这又是人要与天地和谐、企业经营要与整个社会和谐，方能获取成功的经典案例。

三、《易经》主张创新应变的文化品质

光讲和谐，不讲创新求变还是不够的。大家都知道太极图就是两条“阴阳鱼”，即阴阳两个部分所组成，显得和谐又美丽。可仔细端详就会发现，在“阴鱼”部分中又蕴藏着“阳鱼”的基因，“阳鱼”也蕴藏着“阴鱼”的基因。由此说明阴阳能够互相包容，阴中有阳、阳中有阴；同时阴阳又可能会互相转化，在一定条件下阴能转为阳、阳能转为阴。这就是说，阴阳之间除了对立也有统一，既要和谐相处又需创新应变。

《易经》的“易”字有变化的意思，而变化又可分成变易、简易和不易这三种状态。下面仍然以范蠡为例，我们可从他的经商活动中得到有益的启示。

首先说变易对范蠡经商成功的作用。当年范蠡和西施到漕湖畔定居后，为谋生而开始经商。夏天竹子上市后，范蠡就大批买进，无论长短粗细。他将细的做成扫把柄，粗的做成铁锗柄。秋天芦苇上市后，也是无论粗细长短地大批量买进。再将芦花扎成既漂亮又柔软的扫帚，芦秆既可织成席子，又可编成帘子，真是物尽其用。冬天降临时，漕湖一带的农民砍下树木，留足过年烧的柴火后，多余的都运到吴县（现为江苏省苏州市吴中区和相城区）出售，范蠡仍然无论大小均大量买进，即便是奇形怪状的树桩，常人认为没有任何用处因而价格低廉的也都要。然后将长的做成棒槌，短而大的做成砧板，短而小的做成木榫。如此通过变易创新，获得巨额利润。

其次说简易的重要作用。春秋末期战乱频仍，需要大量战马，导致当时马匹的价格一直居高不下。北方的齐国盛产大量马匹，故其价格比吴越两国较低。范蠡想抓住这个商机，但当时商路有强人出没，路途安全是个必须解决的大问题。而当时有个商人名叫姜子盾，有本事把沿途的强人全收买了，因此，能够畅通无阻地将麻布运往吴越等国贩卖。范蠡心生一计，到姜子盾所居城邑张贴一张告示，说本人新建一支马队，开业酬宾愿免费帮人运送货物，目的地是吴越两国。姜子盾很快就找上门来，和范蠡一拍即合。结果，范蠡的马匹和姜子盾的麻布一起，非常安全地运到目的地，而且都换成巨额的铜钱。一个简单而巧妙的变通方法，就让范蠡轻松地降低了经商成本而取得成功。

最后说不易对企业经营活动的积极作用。范蠡曾提出一套亘古不变的经商道理，即“贱取如珠玉、贵出如粪土”。这就是说，当商品价格便宜的时候，应像对待珠玉那样尽量买进；反之，当商品价格昂贵的时候，则应像对待粪土那样尽量抛出。据此，他在丰年买进大量粮食与相关货物，到灾年就大量抛售，不仅达到自己的致富目标，还为平抑物价，避免丰年谷贱伤农，饥荒年民不聊生做出了积极的贡献。

梁育民

2015 年 6 月于广州

目　录

上编　综合分析

第一章　易经思想对企业的重要作用……………………………………（ 3 ）
第二章　企业经营之核心……………………………………………………（13）
第三章　“和变”经营学在企业的应用 ………………………………………（27）
第四章　四种别出心裁的思维方式…………………………………………（37）
第五章　八种环境下的经营理念……………………………………………（48）
第六章　神奇的企业倍增计划………………………………………………（61）
第七章　个性张扬的企业和经济……………………………………………（70）
第八章　城市的竞争优势及发展战略………………………………………（75）
第九章　城市经营的典型模式………………………………………………（92）
第十章　商品市场和经济要素的激活………………………………………（100）

中编　企业个案分析

第一章　自强不息的拼搏精神………………………………………………（109）
第二章　愉悦大众的“天使”形象 …………………………………………（121）
第三章　正大光明的企业文化………………………………………………（130）
第四章　创造新名牌的张瑞敏………………………………………………（139）
第五章　不断创新的人生历程………………………………………………（151）
第六章　以小博大的坎坷经历………………………………………………（161）
第七章　山仁水智的“金牛传说” …………………………………………（171）
第八章　厚德载物的宽容之心………………………………………………（181）

第九章　谦虚受益的经营思想……………………………………………（192）
第十章　“至真至纯”的诚信理念　………………………………………（199）

下编　城市个案分析

第一章　义乌人的“蜜蜂精神”　…………………………………………（211）
第二章　拍卖换来的新城市……………………………………………（218）
第三章　客家人的“香格里拉”　…………………………………………（222）
第四章　信息运动的巨大效益……………………………………………（233）
第五章　生动活泼的泥土艺术……………………………………………（240）
第六章　阴阳和谐的新都市……………………………………………（248）
第七章　从废墟中崛起的奇迹……………………………………………（258）
第八章　重视心灵的巨大力量……………………………………………（267）

参考文献……………………………………………………………（275）
后记…………………………………………………………………（282）

上编
综合分析

第一章
易经思想对企业的重要作用

早在1900年，梁启超就在《少年中国说》中写下了这样一段话：“少年智则国智，少年富则国富，少年强则国强，少年独立则国独立，少年自由则国自由，少年进步则国进步。少年胜于欧洲，则国胜于欧洲；少年雄于地球，则国雄于地球。”他把中国强盛的希望寄托在青年人身上。

今天我们可以这样说，一个国家的强大及社会的繁荣与否，从根本上取决于这个国家的经济实力，在很大程度上取决于该国所有企业的兴旺发达。而企业的兴旺发达，又和企业的经营管理息息相关。因此，企业的经营管理不仅对于企业至关重要，对于整个国家与社会也是至关重要的。那么，企业如何能够兴旺发达呢？我认为有一条路径很值得探索，这就是充分借鉴易经思想，采用“和变”经营方法，促使企业产生“核变”效应（本编第三章将对此展开详细的论述）。

《易经》是我们祖先发明的，是举世无双的国宝。《易经》几乎与中华民族同样古老，它在中国传统文化和中国社会意识中占据着极为重要的地位，甚至可以说在整个人类社会中都占据着非常重要的一席之地。所以，我们有必要根据中华民族的传统文化，尤其是以易经思想为哲学基础，走出一条属于我们自己的中国式管理之路。

一、《易经》的起源与发展

说到《易经》的来源，离不开以下这三个人物：伏羲、周文王与孔夫子。

传说我们中华民族的祖先伏羲发明了先天八卦，被称为伏羲“一画开天”。这个“开天”不是开天辟地的意思，开天辟地的另有其人，他叫盘古而不是伏羲。那“一画”也不仅仅只有一画，而是说伏羲用一支画笔，画出了太极图与先天八卦，好似开启了中华文化的天窗那样。他在上古文明的基础之上，打开了中华民族的智慧之门，开创了中华文明的新起点、新天地或者说新天空。

《易传·系辞上传》说："是故易有太极，太极生两仪，两仪生四象，四象生八卦。"这里的两仪就是阴阳，四象则包括老阴、少阴和老阳、少阳。这说明伏羲从太极开始画，接着画阴阳两仪。再画四象，最后画出先天八卦。太极图中的阴阳两仪用两条"阴阳鱼"表示，四象和八卦中的阴阳则分别用一个长横、两个短横来表示。据《周易参同契》，太极图可能来自古人对月球阴晴圆缺的描绘。至于画出阴阳两仪符号的根据，至少有如下几种说法：天地之分、两性生殖器官、结绳计数方法、占卜工具等。关于八卦的创作根据也有不同说法，包括古天文学、河图洛书、官职与占卜等。

后来又经过漫长时间的发展，传说中，我们华夏民族的缔造者炎帝、黄帝也曾做出承前启后的贡献。炎帝遍尝百草，教会人们医药与农耕，被后世尊称为"神农"。神农时期农业种植、养殖活动开始兴旺，人类有条件从居无定所的游牧生活，转向固定居所的农耕生活，因此建筑风水学也开始创立。黄帝为了战胜蚩尤与炎帝，将太极八卦应用到军事战略中，并发明了奇门遁甲。后来他还在易经思想指导下，统一文字和立法，做出许多发明创造。除了弓箭等兵器，还改造了舟船马车、养蚕和制衣技术、音律和算术等。根据阴阳五行演绎出来的《黄帝内经》，被公认为是中医药的理论基石，其自身也有一个理论基石，这就是《易经》。不过也有人认为，《黄帝内经》并非黄帝所作，而是成型于战国时期，后来成书于汉朝时期。

与《易经》关系紧密的另一人物为周文王。他被商纣王关在监狱的时候，很多时间都用来研究《易经》，并且推演出后天八卦和六十四卦，还给每一卦都配上了卦辞。当他想了解监狱外边的世界包括国家大事、家庭情况的时候，就卜上一卦。监狱中别的东西没有，也没有能用来占卜的乌龟壳，但杂草很多，所以周文王就发明了用茅草起卦算卦的预测方法。

周文王认为，当时的天文地理环境、社会组织形态已经和上古时期不同，人们的思想及生活方式也发生了天翻地覆的变化。因此，八卦和易经也应当有所创新，才能适应新的形势。伏羲的先天八卦图，主要是根据太极图中两条阴阳鱼的流转变化而画出的，显得比较抽象；周文王的后天八卦图，则是根据八个方位的阴阳五行来画出的，拥有较为具体的实用价值。六十四卦的卦辞，也是根据当时的自然环境、社会形势来编写的。

六十四卦中每一卦都包含有六个爻，乾坤二卦比较特别，各有七个爻，全经共有 386 爻。相传身为文王之子、武王之弟的周公（姓姬名旦）与其属下的文臣武将们一起，共同完成了六十四卦中每个爻的爻辞，使之成为较完整的一部《易经》。这些爻辞的内容既包括殷商灭亡的历史教训，也包括周朝兴盛和治国平天下的成功经验，目的是让所有官员牢记这些经验教训，提高执政水平，以保证周王朝的长治久安。

周王朝大力提倡和重视礼乐，是中国历史上延续时间最长的朝代。到东周时期，诸侯力量日益鼎盛，王室力量式微乃至有亡国之兆，故孔夫子提出“克己复礼”的主张。但他在周游列国、到处碰壁之后，只好专心教学与研究，到50多岁时才开始研究《易经》，用他自己的话说：“加我数年，五十以学易，可以无大过矣。”他的研究勤奋刻苦又努力，留下“韦编三绝”之典故，结果为《易经》发展做出了重要贡献，即写出《易传》的十篇文章（简称“十翼”），由此形成完整的易经体系。但也有人认为，十翼并非孔子一人所作，而是由他及其弟子多人共同完成。还有人认为，在孔子之前就已经有些阐释易经原理的文章，孔子及其弟子只是做了收集整理、发扬光大的工作。

以后，历朝历代又有很多学者研究《易经》，并为《易经》的发展做出重要贡献。特别在汉朝与宋朝，对《易经》的研究形成两次高潮，而且逐渐形成象数和义理两大学派。司马迁认为《易经》能够“究天人之际”，就是说探究了天、地、人之间的所有事物，故应列为群经之首。后来汉武帝接受了此观点，《易经》就逐渐取代了原本由《春秋》所占据的地位。

象数派的代表人物有汉代的孟喜、京房与焦延寿，以及宋代的陈抟、邵雍等。义理派的创始人被认为是三国时期魏国的王弼，史称“王弼扫象”，发扬光大者有北宋的胡瑗与程颐、南宋的李光与杨万里等人。其中，程颐与其兄弟程颢都是宋朝理学的代表人物，同个朝代的朱熹也是《易经》研究的杰出代表，他们都堪称一代宗师。

今天，中国经济不断增长、社会文明逐渐进步、综合国力日益增强，中央政府坚持深化改革与扩大开放，目前中国可谓国泰民安，正在朝着国富民强的方向发展。因此我们有理由期待，学术界连带社会各界能够形成《易经》研究的第三次高潮。

二、《易经》的主要内容

《易经》原本是一本用来占卜的书，当年秦始皇焚书坑儒的时候，《易经》正是由李斯列入医学占卜的书籍之列，方才躲过一劫。但其中包含许多哲理，能够用来指导人类生活与生产活动，因而逐渐成为一本哲学书。“易”字本身有交换、变化的意思，它由“日”“月”两字所组成，而日月也都是处在不停的运动中，且造成白天黑夜的不停轮换，故《易经》也可说是一本关于变化的哲学经典。

历史上的《易经》，曾经有过3种版本，分别是《连山易》《归藏易》和《周易》。《周易》自然是周朝的版本，这点较少争议。虽然也有少数人认为，《周易》的“周”字是周而复始、循环往复的意思。至于前两种版本，则有两种不同的观点。一种观点认为，《连山易》是炎帝时期的版本，《归藏易》是黄帝时期的版本；另一种观点认为，《连山易》是夏朝的版本，《归藏易》是商朝的版本。《连山易》以艮卦为首，艮为山，以山作为起点，反映出原始社会的特征。《归藏易》以坤卦为首，坤为大地为母亲，以大地母亲作为起点，反映出母系社会的特征。《周易》则以乾卦为首，乾为天为父，以天作为起点，反映出父系社会的特征。

由于《连山易》和《归藏易》都已失传，所以我们今天所说的《易经》指的就是《周易》，以及阐释《周易》的《易传》。其中，《周易》又分成上经和下经两部分。上经由乾至离的 30 卦所组成，下经由咸至未济的 34 卦所组成。每卦由其卦名和一个卦象、一句卦辞、六句爻辞所组成。只有代表天地的乾坤二卦比较特别，比其他卦多出一句爻辞。

《易传》则由十篇文章所组成，分别是《系辞上传》《系辞下传》《篆上传》《篆下传》《象上传》《象下传》《文言传》《序卦传》《说卦传》和《杂卦传》。这十篇文章从天文、地理、人事等方面，对《周易》的哲学思想进行了全面而又系统的解释和阐述。使用朴素的唯物论和辩证法，揭示出《易经》所包含的哲学思想。它们从不同方面解释和发扬了《周易》的思想、方法和理论，让这些思想、方法和理论飞扬起来，这就如同给《周易》装上了翅膀一样，故又称为“十翼”。《易传》这十篇文章的精彩程度，并不亚于《周易》本身。所以，我们在读《周易》上下两经的同时，必须也认真读一读《易传》这十篇文章。

从表面看，《周易》讲的就是六十四卦及其卦爻辞。可从实质来看，《周易》的内容可谓包罗万象。一方面，它以对立统一的世界观和宇宙观，来看待世间万物和整个宇宙，并且以简单易学的方法论，告诉人们如何预测将来并采取应对措施。另一方面，它吸收了自然科学与社会科学的有关知识，既研究天文地理也探讨人事，包括社会生产和日常生活，以及帝王将相的治国方略、老百姓的为人处事之道，等等。或许可以这样说，《易经》是中国古人对自然与社会规律的科学归纳与总结。

《系辞》是对《易经》的总体评说，也是《易经》的思想纲领，甚至还阐发了一些《易经》里看不到的哲学思想。《说卦》则是对八卦卦象的具体评说。《序卦》讲述六十四卦的排列顺序。《杂卦》将六十四卦以相错、相反的形态排成错卦、综卦，再根据这些卦象研究卦与卦之间的联系。《彖传》是对《易经》中每个卦的卦名、卦辞给予注释。《象传》则是对每个卦的卦名、爻辞给予注释。《文言》是专门对乾坤这两个比较重要、其地位比较独特的卦给予比较深入的阐释。

《易经》由六十四卦所组成，六十四卦中每一卦皆由八卦两两相叠而得。比如乾卦在上、坤卦在下，就成为否卦；坤卦在上、乾卦在下，就成为泰卦。完全相同的两个八卦相叠得来的卦，则被称为八纯卦，且名称不变。如八卦的两个乾卦重叠之后，仍叫乾卦；两个坤卦重叠，仍叫坤卦，以此类推。本书中编主要就是探讨乾、兑、离、震、巽、坎、艮、坤这八个纯卦，再加上“地山谦”与“风泽中孚”这两个比较重要的、具有特殊意义的卦。

三、《易经》研究的重要意义

在中国古代，甚至从其诞生之日开始，《易经》就已经对人类社会包括政治军事、科学文化、经济生产等方面，以及人们的日常生活产生重要影响。在中国传统文化中，《易经》拥有不可替代、不容忽视的重要地位。它是儒家的六经之首，甚至被称为万经之首。实际上不只是儒家，道家和其他诸子百家也都把它奉为经典。

（一）《易经》研究的社会价值

唐太宗李世民时期有一大学士叫虞世南的，此公不仅是唐朝的功臣，又是一个书法家，他曾经对皇帝说过：“不学《易》，不可为将相。”同样是唐代的一位名人——大医学家孙思邈也说：“不知易，不可以为医。”他虽然终身不肯为官，却成为一代药王，活了101岁，俨然是一个人间“活神仙”。

在明治维新时期，日本政府甚至规定，不懂《易经》者，不得入阁。我们都知道，日本正是从明治维新开始取得经济社会高速发展的成就，而今跻身世界发达国家之列，看来《易经》功不可没。到了现代，著名企业家松下幸之助也说道：“中国古代的哲学，是天下之最。我公司职员必须顶礼膜拜，认真总结、背诵，灵活运用，公司才能兴旺发达。”① 而他本人则被誉为“企业经营之神”。在现代企业管理中，我们似乎也可以说，不学易，不可为企业家。

可在前几年，诺贝尔物理学奖得主杨振宁先生却提出，《易经》影响了中国人的思维，是导致近代科学没有诞生在中国的重要原因。杨教授的谈话显然对社会和企业界的“易经热”泼了一盆冷水，也引发了一场争论。那么，《易经》在人类社会中究竟处在一种什么地位呢？它能否成为

① 谭志浩. 周易商解［M］. 北京：中国言实出版社，2005.

一本现代工商管理的参考读物甚至指导思想呢？

但笔者认为，近代科学没能在中国诞生，主要是由于漫长的封建专制制度的桎梏，而绝非《易经》之过。在两千多年封建统治下，人们的思想受到严重束缚，中国的科技发展自然就会落后于经过文艺复兴、启蒙运动的西方国家。这是一个非常浅显、明白的道理。

原中国航天工业部总工程师张协和老先生说得好："近代学者由于易经之启示获得诺贝尔奖奖金者已有四人——德国海森堡，其论文为'测不准原理'；丹麦玻尔，其论文为'相生相克原理'；美国杨振宁、李政道（华裔），其论文为'不对等定律'。今后由此书而得奖者，当犹有其人。"① 所以笔者郑重提出，《易经》在现当代人类社会中仍然处于重要地位，对人类社会仍然具有重要的指导价值，它完全可以作为现代工商管理的参考读物，甚至作为具有指导意义的哲学思想和理论依据。

（二）《易经》研究的学术价值

易经思想从远古开始，就不仅对天文立法、数学地理、医学兵法、气功武术、道德观念与伦理思想、音乐文学和其他艺术，而且对中国文化包括儒、释、道三教的形成与发展、对中国的民俗风情产生重要影响。即使到近现代，仍然对自然科学包括数理化和生物学，对社会科学尤其是西方哲学的发展发挥着重要影响。

第一，易经思想具备高度的抽象性与概括性。《易经》可用六十四种卦象来代表六十四种状态，每种状态又从六个方面揭示其中的相互影响、相互制约的发展规律。能够使用如此简约、概括的方法来描述宇宙间的万事万物及其相互间的联系和作用，这不能不说是我们祖先非常了不起的发明。

第二，易经思想具备极高的哲学价值。《易经》决不仅仅是一本算卦的书，它实质上是从天、地、人的关系角度来推理个人、社会、国家和自然之间互相影响、互相制约的发展规律，里面蕴涵着"天人合一""和谐共处""对立统一"等哲学道理，难怪被儒家学派尊为六经之首。

第三，易经思想在西方哲学家心中也占有重要地位。西方的哲学家彼得·圣吉在《学习型组织》、柯斯林在《基业长青》一书中也都引用了很多易经思想，比如阴阳协调、对立统一和系统观念等，这对西方式的理性演绎推理是个很大的突破。西方哲学大师黑格尔都曾经感叹道一生中最大的遗憾乃是没有完全学透中国的周易。

第四，易经思想对科技乃至社会进步也有积极的推动作用。伟大的物

---

① 谭志浩．周易商解［M］．北京：中国言实出版社，2005．

理学家爱因斯坦说过，“西方科技如果缺少了东方智慧，就会变成瞎子；东方社会如果缺少西方科技，就会变成瘸子”①，可谓非常精辟地概括了中西方文化的差异和互补作用。比如二进制、相对论及量子力学等现代科技的诞生，都是和易经息息相关的。而若没有二进制的产生与发展，近现代的电子计算机技术、知识经济和信息社会都是不可能出现的。在20世纪，电子技术和相对论、量子力学等一起改变了地球上的整个世界，甚至还会改变地球以外的世界。

从20世纪60年代以来，世界上重大的科研成果有14项，其中12项皆和易经原理有密切关联。易经和生物遗传密码有着惊人的一致性，直接再现了生命的本质。易经之所以能够用来预测人生，也许正是由于它本身就是一把开启生命密码的钥匙。

对于易经思想的研究，在我国已经延续了数千年之久。可对于易经思想在当代社会中的应用研究，还是最近几十年的事情。易经思想在企业经营中的应用研究已经有一些，但还不够深入，在城市发展中的应用研究则几乎没有。随着中国经济的快速增长，很多人提出和研究“中国模式”，也有人提出中国式管理。20世纪初叶，美国立足于自身优势，发明与发展了一套风靡全球、并美其名曰“科学管理”的美国式管理。20世纪中叶，日本逐步从战争废墟中站起来，建立起一套令世人震惊、带有军事色彩的日本式管理。今天，我们有必要根据中华民族的传统文化，尤其是以易经思想为哲学基础，走出一条属于我们自己的中国式管理之路，从而发扬中华民族优秀文化传统，复兴我们伟大国家。

（三）研究思路及方法

所有学科达到最高点的时候都是相通的，相通之处就是共同的哲学理念。而《易经》就是一本哲学经典，影响中国几千年，如今对西方国家也有影响的哲学经典。本书作者力图将马列主义、西方经济学的基本原理，和中国传统智慧结合起来，总结企业经营、城市发展的经验教训，为后来人提供有益的借鉴。本书致力于把中国传统文化——易经思想的精华部分，应用于当代经济增长过程，以案例分析的方法达到理论与实践相结合的目标，具有重要的理论创新价值和实践指导意义。

本书的研究思路，主要还是根据《系辞上传》所说的这句话：“是故易有太极，太极生两仪，两仪生四象，四象生八卦。”对于企业经营活动

---

① 韦华伟.《易经》能为企业带来什么？[J]. 经营者（商业管理版），2006（18）.

来说，太极就是抓住人心，两仪是和谐与变化，四象为不同的思维方式，八卦代表八种经营理念。应用到企业管理科学中，可形成一套“和变”经营理论。这是本书上编的主要线索。

六十四卦不一定就是六十四种具体经营方法，而是说各种企业都能够根据和谐与变化的经营方法、发展手段取得各自的成功，取得“核变”一样的经营与发展成就。从1、2、4、8到64，这是一种与众不同的研究思路，也可说是一种创新。

从微观角度来讲，经济增长需要依靠各企业的良性经营。六十四卦各有各的个性，企业经营也要讲个性，发挥好个性的企业往往就能具有较强的竞争力。这是本书中编的主要研究线索。

从宏观角度来看，通货膨胀的核心问题是印钞机问题，西方经济学的核心问题为市场问题。目前的中国经济学，主要关心经济发展问题，而经济发展问题主要是如何评估和激活经济要素的问题。这是本书下编的主要研究线索。

本书采用的研究方法，就是将古代文化思想与现代企业经营的发展实践相结合，理论分析探讨和企业经营案例紧密结合。《易经》朴素的辩证法的论述方法就已经是理论与实践相结合，与马克思列宁主义有相通之处。因此本书力求把哲学思想、经济理论和企业的经营实践相结合，用案例分析的办法来开展相关的研究。

四、《易经》对经济发展和企业经营的重要作用

在《周易》和《易传》中，我们能够发现有关论述及其表达的思想，对现代经济活动、企业经营管理仍然具备重要的参考价值与指导作用。下面，我们先看《易经》对生产、分配、交换与消费等经济活动是如何阐述的。

第一，《周易·坤卦》里说道：“万物资生，乃顺承天。”提出万物生长必须依靠天时、气候等自然条件。《周易·离卦》中讲到：“日月丽乎天，百谷草木丽乎土。”表达了植物生长离不开土地等自然资源。《周易·颐卦》讲“天地养万物，圣人养贤及万民”再次说明天地即自然环境，以及人类资源对生产活动的重要性。

第二，《象传·谦卦》提出“君子以裒多益寡，称物平施”的理论观点，主张劫富济贫的分配制度和平等主义。今天有些国家采用累进税制，即纳税额随着资产额的增加而递增，可以说也包含有这种“均贫富”的分配思想。

第三，《系辞下传》中有云："日中为市，致天下之民，聚天下之货，交易而退，各得其所。"这是主张商品交换的、相当超前的经济观念，甚至可说是当今世界发达市场经济的生动写照。读着这段话，我们既可联想到《清明上河图》，又能联想到浙江义乌的小商品市场。两千多年前的中国人就能描述出这样的场景，实在令人敬佩不已。

第四，《周易》主张节俭的消费观，反对铺张浪费。否卦卦辞中有"君子以俭德辟难，不可荣以禄"的论述。节卦更是反复提倡节俭思想，其爻辞中有"不节若，则嗟若"的话语，意思说如果不节俭，则会导致穷困以致伤心落泪的结局。《彖传·节卦》甚至提出"节以制度，不伤财，不害民"这样的政治经济理念，到今天仍然具有参考价值和现实意义。

然后，我们再看《易经》对现代企业经营管理活动有些什么启示。曾经有家大企业的总裁向山东大学刘大钧教授请教《易经》和企业经营的关系问题，刘教授以一副对联回答他："易经首言富，系辞论理财。"① 笔者在此为该论断提供一些佐证。首先是《易经》六十四卦中，有几个卦的卦名都与获利、丰收或财富相关，比如益卦、大有卦、大畜卦及小畜卦。其次在爻辞中也有类似情况，最典型的是《周易·家人卦》六四爻辞明确提出"富家大吉"的口号，《周易·小畜卦》九五爻辞则说"有孚挛如，富以其邻"。最后是《系辞》中有"理财正辞，禁民为非曰义""舟楫之利以济不通，致远以利天下""服牛乘马，引重致远，以利天下"等话语，对当今社会的理财活动仍然有参考价值。

所以说，古代的《易经》和现代的企业管理是有关联的。而且这种联系并非牵强附会，而是一种有机的联系。近20年来，《易经》重新在我国流行起来，图书市场上不仅出现《易经》的各种版本，而且还有有关"易经与管理"的各种书籍，这是时代发展的必然要求和结果。很多企业家也喜欢读《易经》，喜欢谈中国传统文化，很多企业吸收传统文化的思想精髓，形成自己的企业文化理念。他们对中国传统文化的利弊都有深刻的了解和理解，能够去其糟粕、取其精华，因而取得可喜的成功。

当代美国哲学家理查·罗蒂说过："在一切非西方的文化间，中国文化无疑是最古老、最具影响力的，也是最丰富多彩的。"② 我们自己更没有理由低估中国传统文化在现代企业文化建设、经营管理中的重要作用，而是要发扬中国传统文化的积极精神，对本民族文化的形成过程、特点及发展趋势

---

① 黄玉顺，林忠军. 周易人生智慧丛书［M］. 成都：四川人民出版社，2001.

② 理查·罗蒂. 哲学和自然之镜［M］. 李幼蒸，译. 北京：生活·读书·新知三联书店，1987.

等，进行一番认真的思考与反省。

中国传统文化包括《易经》中含有丰富的人文因素，只是由于缺少“德先生”“赛先生”的成分，使它在近代无法抗衡西方文化的挑战。但儒家文化和易经思想能够在中国社会传承2 000多年，至今仍然具有强大的生命力，与这种文化和易经思想本身具有的自我反省、超越进取、忧患意识等观念是有关系的，这也是这种文化和易经思想的精髓所在。今天，我们有必要、有责任发掘与弘扬中国优秀传统文化（尤其是儒家文化和《易经》中的思想），结合西方现代管理科学与方法，创建有中国特色的现代管理科学与方法。

成中英先生是美国夏威夷大学教授、美国远东高级研究院院长，同时也是美国国际易经学会主席，是一位国际知名的哲学家。他从1979年开始，将易经思想应用到管理科学中，将管理学与哲学、科学艺术融成一体，并提出“中国管理科学化，科学管理中国化”的奋斗目标。

1987年8月，他在台湾发表论文《C理论——走出中国管理自己的天空》，提出以易经哲学为主体思想的“C理论”架构，形成一套易经管理思想体系，用天地人“三才”之道来指导管理科学及相关的实践活动。“C理论”的“C”字含义广泛，包括中国（China）、文化（Culture）、儒家（Confucius），它们的开头字母都是“C”字。而《易经》可翻译为*The Book of Change*，关键词也是以“C”字母开头的。

我想在此强调的是，我们不能因为有人造假贩假，就禁止生产任何产品。不能因为有人卖假烟假酒，就关闭烟酒市场。同样道理，不能因为有些江湖骗子利用易经、中国传统玄学来骗人，或者传统文化所存在的一些时代局限性，就把这些文化遗产一棍子打死。夜郎自大、阿Q精神都是要不得的，但我们也没有必要妄自菲薄，甚至总以为外国的月亮都比中国的圆。

有人简单地将易经和其他中国传统文化斥之为封建迷信，其实这种说法本身才是真正的迷信。因为其没有经过自己大脑的独立思考和验证，只是人云亦云而已。如同本章开头所讲，易经八卦产生于奴隶社会乃至原始社会，而不是封建社会，在历朝历代经受过无数实践的检验和修正。我们今天对于中国传统文化所应做的事情，仍然是这句话：取其精华，去其糟粕。实际上西方发达国家的人们，对人类传统文化遗产也都是这样做的。

第二章
企业经营之核心

美国的科学管理模式虽然提高了效率，但也出现了将企业员工当作机器来驱使的倾向，日本的军事化管理在一定程度上使得企业员工的人性遭受压抑。最近30年来，国内众多加工企业虽然为中国经济建设立下了汗马功劳，但也同样存在利用廉价劳动力、仅赚取微薄加工利润等问题。因而今天我们有必要根据《易经》对当代社会的启示，提倡人本主义，恢复人性管理，从而争取得到广大员工与社会公众的真心支持。

一、与天地和谐是企业的最高原则

天、地、人合一是《易经》的基本思想，要求人类行为必须与天地相和谐，因而与天地和谐也是企业的最高原则。《周易·乾卦·彖传》中指出："乾道变化，各正性命，保合太和，乃利贞。"所谓"太和"，就是指最大的和谐。在企业经营管理中，太和包括企业与自然环境的和谐，企业与人或其他企业之间的和谐，企业与社会环境之间的和谐。"保合太和"指的是通过企业的主观努力，根据天、地、人各方面情况进行调整、创新和控制等，使企业与环境和谐并达到长期可持续发展的状态，这也是管理者所追求的最高目标。

（一）"天人合一"是和谐理念的哲学根源

《周易·序卦传》说："有天地然后有万物，有万物然后有男女……"可见人是大自然（包括天地及世间万物）之产物。由此出发，人的生存与发展当然就离不开天地万物，这种思想被称为"天地人合一"。根据易经思想，人与自然（包括天和地）不是主体和对象的关系，而是部分和整体的关系。人是大自然的产物，大自然的系统就是人的系统，人世间的系统和天地间的系统也是一致的。如果将代表外部环境的"地"和"天"合并在一起，"天、地、人合一"也可以简称为"天人合一"。众所周知，"天人合一"是《易经》中最为重要、最为基础的哲学思想。

笔者认为，如果将这种哲学思想应用到企业管理中，那就是企业要与天地“合一”，亦即与外部环境相和谐的经营理念。企业的外部环境，既包括自然环境，也包括社会环境。作为企业的经营管理者，为了让企业与社会、消费者、股东与员工等各方面协调发展，实现和谐的经营管理，以达到企业如松柏般常青的目的，就需要吸收和运用《易经》中“天人合一”的思想，抓住社会公众与客户之心，抓住股东与员工之心，保持各方的和谐生存与共同发展。

所谓企业管理，就是要经营好天地之心，经营好人心，使企业与自然环境、社会环境相和谐。天地之心也可分成“天心”和“地心”，“天心”代表时代潮流的发展大趋势，“地心”代表消费者的需求方向。

（二）与政策环境相和谐是企业生存的基本原则

天代表自然环境与社会环境，“天心”主要指的是时代要求与社会潮流，具体表现在政府部门的监管与政策导向、第三种力量的倾向性和企业的社会声誉上。因此说，与“天心”相和谐就是要与自然环境、政策环境相和谐。当今世界资源紧缺、环境恶化，所以说保护环境、节约资源也是“天心”的一项重要内容。

抓住“天心”，就是说一方面要有好运气，另一方面要取得社会各方的认同。有人认为，运气纯粹依靠天意；也有人认为，运气来自人的主观努力。其实，好运气需要政策环境和主观努力的有机结合。对于现代企业来说，要取得市场份额必须既得“天心”即顺应国运与国家政策，又要得“人心”即得到社会公众的支持。

案例

充满希望的希望集团

中国实施改革开放政策以来，无数民营企业应运而生，从无到有、从小到大，这些显然都是顺天意、得民心的成功案例。四川刘家四兄弟的创业传奇，更无疑是这无数崛起中的民营企业的经典范例：1982 年底，刘家兄弟四人卖掉自行车与手表等家当，凑成 1 000元本钱，回到农村从事养殖业，从国家干部重新变回农民，成为孵鹌鹑、孵鸡的专业户。1989 年，他们研制出新型猪饲料之后，又将10 万只鹌鹑全部处理掉，将投资重点转向饲料行业。经过20 年的艰辛创业历程，发展成为跨行业、跨省区，集科技研发、生产销售和金融为一体，拥有资产数十亿元的大型民营企业集团，董事长刘永好在2001 年被《福布斯》杂志评为中国首富。

希望集团在其成长过程中，始终得到党和政府的肯定和支持，以及社会各界的广泛赞誉。刘永好曾说："我们提出一句话作为企业发展的理念——'顺潮流事半功倍'。什么叫'顺潮流'呢？就是我们始终把产业定位在社会需求、政府倡导的领域，把社会需求、政府倡导作为我们企业发展的方向和目标，这样去做自然会事半功倍，少冒风险。我们是四川省成都市郊县的普通市民，没有任何政府背景、经济背景。靠什么？靠党的好政策，靠我们自己的努力，靠艰苦创业。"① 顺历史潮流而动，抓住当代社会的时代机遇，善于利用国家政策，正是抓住"天心"这一思想的具体表现。

希望集团在其高速发展进程中，始终不忘农村这个广阔而贫穷的市场，不忘大地上辛勤劳作的广大农民，从这个市场得到丰厚回报之后，又始终不忘农村、农民与农业这个根本，通过"光彩事业"给予贫困地区丰厚的回报。这是成功发现市场、培育市场与发展市场的典型实例。

（三）与市场环境相和谐是企业发展的基本原则

"地"代表市场，"地心"指的是市场供求状况与消费者的需求偏好，具体表现为客户之倾向性、企业自身与竞争对手的实力。抓住"地心"，就是要抓住市场需求，抓住客户之心。虽说重大设备都是在实验室里发明的，但伟大的产品却是由市场造就的。企业的生存发展取决于市场，企业的成功主要不是取决于生产者，而是取决于市场上的各种客户。

案例

格兰仕微波炉

成功的企业既能够发现与满足现有的市场需求，还懂得创造新的市场需求。因此，优秀的企业家往往会通过预见新产品、新服务、新的生活方式，来获取市场领先者之地位，不断地创造社会价值，不断地提高人民群众的生活水平。

对潜在市场的准确把握、在市场开拓初期对消费群体的培养，往往是最优秀企业的制胜法宝。以广东格兰仕集团有限公司为例，当初从羽绒服改行做微波炉的时候，就因违背"不熟不做"的老规矩而招致众多非议。但公司领导者高瞻远瞩，看到微波炉在中国市

① 张廷职. 刘永好传：饲料大王的财富人生［M］. 1版. 北京：企业管理出版社，2009.

场的巨大潜力，并坚持一路走下来，方才成就了今天这个全球最大的微波炉生产基地。在此过程中，他们通过强有力的主动宣传，让人们认识到微波炉用于食品加热的方便和快捷，引导越来越多的消费者使用这种新产品，从而创造出极高的微波炉普及率，创造出一个巨大的新市场。

格兰仕集团放弃羽绒产品，进入微波炉行业后，采取了相当成功的市场营销战略。这种战略并不只是简单地打价格战，而是有更为重要的内涵：一是培育市场。在产品引入和成长时期，格兰仕的科普营销赢得巨大的竞争力，他们通过赠送微波炉食谱、在报刊上开辟专栏等方式，培育中国的微波炉市场，同时让消费者理解和接受新的功能，并乐于使用、开发与整合边缘市场，改善微波炉的消费环境。二是启动市场。格兰仕并不是费大力气建立自己的销售渠道，而是采用“只做中间、不做终端”的策略，来建立全国性的营销网络。主要是与各地代理商合作，建立稳固的分销渠道共同体，用“价格之剑”来共同启动微波炉市场。三是占领市场。微波炉产品主要通过多次大幅降价的方式，电饭煲产品主要通过多年的赠送活动来占领市场。四是巩固市场。不断推出新产品，特别是针对不同区域推出相应产品来满足市场需求，同时提高服务质量与服务水平。格兰仕曾推出“四心级”（即为顾客诚心、精心，让顾客安心、放心）服务，一地购物、全国维修的跨区域服务等，都是格兰仕巩固市场的重要策略。

即使在产品的外观设计上，格兰仕也有意引导市场潮流。刚开始的时候，格兰仕就用“黑金刚”系列微波炉的面市，打破了微波炉单一的白色外观传统，很快就引发某些竞争对手的直接“抄袭”。到了2005年，格兰仕又借用新出现的陶瓷神品——“中国红”的名称，推出一系列全能型的光波微波炉。该系列进一步打破白色与黑色的原有设计风格，引发微波炉外观设计的色彩革命，并且在功能上也实现了突破，直接带动微波炉的升级换代。

红色是中华民族的代表颜色，也是中国人婚嫁喜庆等活动中不可缺少的元素。随着人们对居家设计的重视，红色元素已掀起一股中国文化潮流。“中国红”系列微波炉产品的研制，一方面是为了贴近国人的生活与审美情趣，弥补微波炉行业的色彩空白，创造和占领新的市场份额；另一方面也希望将中国文化融入现代家用电器中，同时让中国传统文化伴随现代家电，一起走向国际市场并引领新潮流。

在广东省佛山市顺德区与中山市的交界处，树立着一块“世界工厂”的广告牌，几年都未改变过。可到2008年，它却悄然被一块红彤彤的格兰仕“中国红”广告牌所取代。这不仅是独领风骚30年的珠江三角洲城市群面临产业结构转型的见证，也暗示着广东乃至中国将要实现现代产业升级的历史嬗变。

二、抓住人心是企业与环境和谐的必要手段

“天心”“地心”往往也能表现为社会成员之人心，但“天心”“地心”是企业外部之人心，我们这里所说的“人心”主要指企业内部的人心，包括股东与合作伙伴、管理层与普通员工之心。管理是关于人心的学问。它既是一门科学，又是一门艺术，是一门如何抓住人心的艺术。

《易传·系辞上传》说：“圣人以此洗心，退藏于密，吉凶与民同患……”大意是说：“圣人用《易经》来洗涤心灵，退而深藏于隐秘之处，与普通民众共患难……”此话清楚地指出，《易经》的最大作用是能够净化人的心灵，净化人的心灵是《易经》的核心思想。将这种哲学思想应用到企业经营活动中，我们可以得到这样的结论——企业管理说到底是对人心的管理，因此抓住“人心”是企业管理的核心理念和必要手段。

案例

善于吸纳的“蒙牛”变成“猛牛”

和谐管理可以让员工对企业产生归属感，从而抓住员工之心，并进而激发出员工巨大的工作积极性和创造性。在这方面，比尔·盖茨、李·艾柯卡无疑是做得比较好的，玛丽·凯·阿什的做法也是值得借鉴的。在中国也有这方面的成功实例，内蒙古呼和浩特市的蒙牛乳业（集团）股份有限公司就是其中之一。蒙牛集团创立5年后，销售额就增长200倍，6年后年销售额达200亿元，一跃成为中国成长企业百强之冠！“蒙牛现象”堪称奇迹，已成为众多企业家、学者与媒体关注的焦点。

一般人在创业时，首先考虑的往往是自己能否赚钱，而蒙牛集团的董事长牛根生首先考虑的却是别人能否赚钱。1999年创业伊始，他就宣布蒙牛集团的创立纲领是：以股东、银行、企业员工、合作伙伴及社会五方建立一个利益共同体，形成“五赢格局”。股东投资求回报，银行注入图利息，员工参与想收入，合作伙伴为赚

钱，消费者购买要实惠。牛根生的“五赢格局”，很快就为蒙牛集团抓住了社会各界的人心，实现了企业与环境相和谐的目标。

（一）发挥员工的一切优点

2002年蒙牛集团取得初步成功后，牛根生就总结出“经营人心”的企业管理之道。商道即人道，经营企业就是经营人心，经营人心是企业常青的源泉。经营是对资源的配置和利用，而一切资源中最重要、最本质的资源就是人心。他有一句名言：“这个世界不是有权人的世界，也不是有钱人的世界，而是有心人的世界。”日本京瓷集团的稻盛和夫在更早的时候，就别出心裁地说过：“关于培养心性，我用一句话来说，就是指‘以心为本’的经营。其根本的问题就是，企业必须是相互信任的伙伴们所结成的团体，同时它还必须是我们每个人去探索‘人生中最重要的’‘这个世上什么是正确的’这些问题的一个场所。”①

经营人心，尊重与关心员工是很重要的。首先，牛根生为公司制定如下规矩：对管理者必须直呼其名，不准带职位。若有违背者，被发现一次就罚款25元。有些刚进公司的年轻人，碍于面子不敢直呼牛根生的名字。于是，牛根生就起了一个英文名叫“Neuson”，好让年轻人来称呼他。其次，员工有什么意见都可以直接发邮件到董事长的信箱，也可以通过工会、党委办向董事长反映。无论从什么渠道反映上来的问题，牛根生都要求必须落实，不能落实的必须给出合理的解释。再者，蒙牛集团中层以上的管理人员都曾经到青岛市海尔集团学习过，副总经理以上的高层管理人员则全部出国考察过。由此可见，蒙牛集团很重视且善于学习别人的先进经验。

在各种社会机构中，通常的做法都是下属为上级服务。可在蒙牛集团却反其道而行之，上级可以为下属服务。在蒙牛集团组织第一次员工集体婚礼的时候，所有高管都开着自己的私家车，亲自担任司机为员工接送新娘，以至于当50辆杂色车队绕行市区时，就连呼和浩特市的交警们也自动敬礼、指挥放行。

要想经营好人心，牺牲自己、回报社会也是很重要的。伴随蒙牛集团的不断壮大，创始人牛根生却一次又一次地赠出股份，直到“裸捐”。在公司股份即将兑现给广大员工前，他自掏腰包20万元，请来咨询公司为员工家属举办“和谐家庭特训营”，教会大家如何

---

① 吴甘霖. 商人的最高境界是哲商 [J]. 发现，2006（4）.

“当富人”，如何经营幸福家庭。他还曾自己花钱，为下属们购置了第一套高级套装、四季节礼、学习材料等。蒙牛集团许多从事幕后工作的优秀管理者，都曾经从他手上接过买房、买车的个人赞助。

如果这一切都只是牛根生一个人的战斗，还不能称之为蒙牛集团的核心能力，顶多算是牛根生的个人魅力。可事实上，经营人心已经成为渗透于每个蒙牛人血脉中的文化基因了。在牛根生的带领下，蒙牛集团面对“非典”等社会危机或自然灾害的时候，必定要有慈善捐赠之举，并已成为整个公司的优良传统。

（二）“收买”竞争对手的人心

蒙牛集团善于经营人心竟然达到这样的程度，连竞争对手的员工的人心也被它“收买”了。这个“收买”不是收买商业情报的意思，而是先后有许多伊利集团的员工投奔到蒙牛集团来。伊利的员工们也总是这样说，蒙牛是在伊利的基础上兴建起来的。单从企业员工来说，伊利就有400名中高层人员相继离开，转而投奔到蒙牛旗下。在蒙牛管理层与生产一线中，大部分核心骨干都是从伊利跳槽过去的，而且这样的事情每年都还在不断发生着。牛根生本人在创办蒙牛前，也是伊利的一名高级管理人员。

蒙牛能够从伊利和其他地方吸引人才，靠的是它高效的人才制度。21世纪初，蒙牛的员工薪酬是呼和浩特市最高的，中层管理者年薪10万元，一般管理人员月薪最低也有1 600元左右。此外，公司还可以为员工担保买房。而有人从伊利的管理层了解到，伊利为了节省成本，生产一线用的几乎全是临时工。每到生产旺季来临时，总是大批招聘。高强度、低收入的待遇使伊利员工的流动性很大，这无疑为蒙牛创造了引进人才的好机会。蒙牛有这样一个用人原则，只要是从伊利过来的技术骨干就一定被重用。在伊利月薪只有1 500元的普通科长，到蒙牛就是年薪10万元的中层干部；伊利一个普通的技术工人，到了蒙牛可能就是生产线上的班长。蒙牛这种任人唯贤的用人之道，使之能够在创业初期顺利渡过难关。

（三）千金散尽以拢聚人心

蒙牛在创立初期，就发表了公司的“和谐宣言”，并开始缔造“和谐蒙牛”。蒙牛人非常善意地对待周边的人，包括企业员工与社会公众。他们宣传：“和谐社会”最重要的一条，就是财富分配的和谐，财散人聚、财聚人散。聚的时候，先聚心，后聚人；散的时候，先散心，后散人。

企业领导和普通员工一样都是劳动者，劳动者之间就应该互相帮助。1990年，年轻的杨文俊刚结婚，需拿出4 000元钱购买住房，可他当时的月工资只有40元，4 000元相当于他10年的工资。正当杨文俊发愁的时候，牛根生给他送来2 000元钱。“要知道，牛根生自己当时也没有多少积蓄，这2 000元钱是他一大家子省吃俭用省出来的！更何况，以我当时40元的月收入，他简直看不到我在短期内还钱的可能性。”杨文俊后来说，“牛总这2 000元钱使我把一个领导者的责任深深铭刻在自己的心底。”在此影响下，杨文俊成长为企业高管，同时也成为一个关心下属的散财者。

在伊利集团掌管的冰淇淋销售额过亿的时候，时任伊利高管的牛根生的年薪达到108万元的高点，可他却经常拿出来给大家“分钱”。因为业绩突出，伊利集团拿出18万元，奖励他买一辆好车，可是想到员工上下班的交通困难，牛根生就用这笔钱买了4辆车：一辆旧东风大客车，一辆华西中客车，一辆天津面包车和一辆大发小货车。这样一来，不仅他与副手都有一辆车，下属员工也解决了交通问题。

牛根生把散财理念发挥到极致的行动，就是将自己接近10%的蒙牛股份全部捐出，设立“老牛专项基金”，希望能在教育、医疗和三农等方面发挥作用。

散财能聚人，也就能聚到更多的财。牛根生能在短短几年里“再造一个伊利”，秘诀就是牛根生喜欢“散财”，他非凡的人格魅力在关键时刻发挥了关键作用。蒙牛需要人才时，有人投奔过来；蒙牛需要资金时，有人送钱过来；蒙牛需要奶源时，有人主动登门寻求合作。

跟随牛根生之后，竟有300多名员工相继离开伊利集团。这些赋闲在家的老员工们想：“牛总的钱都给我们分，我们的钱交给他有什么不放心的？”本着这样一种心态，他们连同亲戚、朋友及业务关系都把钱投向新成立的蒙牛公司，大家都是奔着牛根生这个人来的。五个月之后，蒙牛的资本金就由注册时的100多万元变成1 300万元。蒙牛拿出300万元建工厂，300万元做广告，300万元做技术改造。他们对承包、租赁及托管的企业进行设备调整、能源或资源配置。结果，当年就实现销售收入4 300多万元。

摩根士丹利和英联投资、鼎晖投资三家公司看到蒙牛的光明前景，在2002年向蒙牛投入资金2 600万美元，2003年又共同增资3 500万美元。蒙牛自己也有雄心壮志，2004年9月到香港成功上市。蒙牛拿到这笔钱后，实施更加宏大的发展战略——除了建好和林基地四期工程外，还在呼和浩特市再建一个生产基地。

牛根生用做人的方法去做企业，用诚信、感恩与真心去对待每一位员工、每一位奶农、每一位投资者、每一位消费者、每一位社会公民。蒙牛人的真心赢得每个人的倾心，因此能够众志成城，所向披靡。如果说牛根生的成功是因为有孙玉斌、杨文俊、邱连军、白君、邓九强与孙先红等能人的支持，有全体员工的支持，那么蒙牛公司的成功则是因为有原料市场上百万农民的支持，资本市场上千万股民的支持，产品市场上亿万居民的支持。

三、诚信经营是企业的关键理念与环节

《易经》的英文名字叫 *The Book of Change*，意思为“关于变化的书”，可见“变化”是《易经》的另一个基本思想。因此，用周易思想来研究市场的变化规律是很有参考价值的。一方面，市场永远都在变，市场的不断变化是一条永恒不变的规律。另一方面，千变万化中总有一条不变的原则，那就是必须不断满足市场需求，只要抓住这一点，千变万化就都在其中了。要想能够不断满足市场需求，诚信又是企业经营活动、企业文化中最为重要的关键理念，坚守诚信是抓住“天心”“地心”与“人心”的关键环节。

（一）变易是达到天、地、人和谐的重要途径

天地万物永远都处于运动与变化中，我们所处的自然环境与社会环境也不例外，市场更是处在不断的变化中，所以说市场竞争没有常规，也没有不变的惯例。企业若想达到天、地、人和谐的目标，就必须根据天地万物、环境和市场的变化，不断进行创新和变易。变易既是企业的基本原则，也是企业达到与环境和谐的必要手段。

案例

河套酒业的三次变革

河套酒业的董事长张庆义虽然学历很低，却对现代企业制度有深刻见解，多次向企业提出制度改革的合理化建议，其中最典型的是河套酒业的3次改制。

1997年，内蒙古河套酒厂进行了具有历史意义的变革，由国有企业转制为国有控股企业，更名为内蒙古河套酒业集团股份有限公

司。2002年初，企业进行二次转制，股本和股权结构进一步优化，国有股比例从55.5%减少到33.33%。第三次改革是2003年，河套酒业提前完成旗政府制定的5年任务，国有股彻底从河套酒业中退出，企业实现完全民营、社会所有的转变。此后，河套酒业的经营机制更加灵活，企业自主经营的权力也更大了。

改制取得的效果很明显：2006年与1990年相比，河套酒业的生产能力增长20倍，固定资产增长80多倍，利税增长34倍。1991—2006年，河套酒业创利税总额超过15亿元，上缴国家税金超过10亿元，各项经济指标稳居全区同行业之首，被国家统计局和中国食品工业协会评为全国白酒行业十佳经济效益型企业。河套酒业集团不仅发展成内蒙古酒行业的龙头企业、地方财政支柱企业，而且成为国家4A级标准化良好行为企业、国家工业旅游示范企业，还进入中国食品工业企业百强、中国成长企业百强的行列。

（二）简单管理是企业经营成功的简捷路径

天、地、人合一，就是说人要与大自然融成一体，因此我们要返璞归真，要回归大自然、学习大自然。大自然拥有一种简单、朴素的美，因而自然规律往往也拥有简单、朴素的美。在这种情况下，科学崇尚简单，文艺崇尚简单，企业管理也同样要追求简单。简单化能获取有效及高效的好结果，而复杂化则会增加工作量，使人觉得太累了，还可能造成效率低下的不良结果。

诚信理念就是一种“简单化”，而欺诈通常是复杂的。企业要实现简单管理，就必须让员工树立诚信理念，杜绝一切假冒伪劣。当诚信文化上升为企业员工的自觉行动，企业经营管理就变得非常简单了。面对消费者或者客户，提供货真价实的商品、发自内心的真诚服务就是简单。当面对欺诈的时候，所有事情就会变得非常复杂，因此说，生产经营中的一切假冒伪劣都是我们要坚决摒弃的。

简单管理不是浮浅和粗糙，而是经过深入浅出的探索，掌握客观规律以后才能达到的至高境界。这时候能够做到表里如一、身体和内心合二为一，从而实现对技巧的超越。这就需要诚信，因为不诚信的人做不到言行与内心合二为一。这需要对工具、方法和技巧进行反复研习，经历一个非常复杂而痛苦的过程，最终化蛹为蝶、凤凰涅槃，实现浴火重生的目标。这是一个挑战自我、战胜及超越自我的过程。

案例

白沙集团的卢平总裁

湖南白沙集团的女总裁卢平就是简单管理的大力提倡者及忠实贯彻者，她的思维方式虽然简练却很深刻。所谓简单管理，就是把复杂事物简单化的一种思维方式。它在形式上追求简单，在内涵上则要求深刻与丰富，要求对客观规律有深刻认识和把握。因而要实现简单管理，需具备不简单的专业能力和知识水平。具体行动可能是简单的，但行动背后则要求很高的能力和水平。

卢平曾说过："世界之所以复杂，就是我们把很多事情看得很玄妙，就是因为我们没有守诚信，只要我们按客观规律办事，实事求是，事情就不会那么复杂。"① 大家都按规律办事，实事求是，开会、发文少一些。按规则建立一个简捷有效的系统，明确自己在系统中的定位，身体力行地履行职责，这就是简单管理的核心。

卢平为什么要提倡简单管理呢？其原因大概可归结为如下几条：

第一，可精简结构，提高管理效率。国有企业中往往存在责权不清的问题，使得企业管理工作非常复杂。繁文缛节经常让高层管理者陷于琐碎之事中，面对很多文件、会议和电话，经营者不能把最好的精力用来做最有价值的事情，所以要提出简单管理，用有限的精力去做最重要的事情，去做关系到企业发展和成长的事情。

第二，可降低成本，提高员工素质。简单管理作为一种管理模式，能够让企业规范运行，因此就可避免出现大问题。简单管理作为一种思维方式，可以让员工养成凡事找规律的习惯，学会按客观规律办事，员工素质也就此提高了。按照客观规律做事，首先要洞悉复杂事物的本质，然后抓住重点、把握关键，快刀斩乱麻地解决问题。如此管理效率与工作效率都会提高，企业经营成本就会降低，利润自然就会增长。

第三，可促进沟通，提高避险能力。简单管理既能够创造价值，又能够增强规避风险的能力。对企业来说，市场经济就像大海。企业要想避开大海中的"冰山"，就要建立一个能快捷做出反

① 张玉阁. 诚信是简单管理的灵魂［J］. 经理人，2004（4）.

应的预警系统。预警又需要信息传递的迅捷与真实。如果企业的内外沟通不够便捷，组织结构不够简明，责权不清且文多会多，就无法实现这一点。2004年，提倡简单管理的白沙集团长沙卷烟厂被评为“中国最具生命力的企业”。

第四，可劳逸结合，提高生活质量。在工作时间内，追求简单、井然有序的工作境界；在工作时间外，尽量少谈甚至不谈工作，也不出门应酬。8小时以内痛痛快快地工作，8小时之外痛痛快快地休闲，这才是真正高水准的工作与生活。如果做企业，就得丧失自我，像个木偶似的，那就失去了人类生活的真谛。

第五，可达到和谐，提高创新能力。简单管理较容易使企业内外达到和谐，提高创新能力也更有可能。这正是许多当代企业的使命和追求。

（三）诚信是永远不能缺失的关键环节

有学者认为，谦卦的卦辞、爻辞中都是只有吉利、没有凶灾，因而是整部《易经》中最好的一卦。笔者却认为，强调诚信的中孚卦应作为全经中最好、最重要的一卦。实际上，《易经》中到处都有很多强调诚信的词句，这说明我们的祖先早在几千年前，就已经认识到诚信对于人类社会的重要性。只有坚守诚信，方能与社会环境、消费者或客户、股东及员工达成和谐关系，方能抓住天地之心与人心，方能实现前文所说的“天人合一”。今天我们也都知道，诚信和法治共同组成市场经济的基石，但遗憾的是，当今中国社会相当缺乏诚信。

优秀的好企业往往能够让人难以忘记，其中最重要的原因，就是它们拥有一些不变的东西——有的是产品质量好，有的是服务水平高，有的是企业形象和声誉好，还有的可能是广告做得好，等等。反正就是有它自己的特色与风格，这些特色与风格就是企业的核心价值，是一个企业不能轻易改变的东西。对于中国企业来说，这个必须拥有且不能轻易改变的东西无他，就是一颗诚信之心。

诚信是简单管理的基础，也是灵魂。没有诚信，事情就变得复杂了。比如，为什么有些人会“踢皮球”，互相推诿责任？首先是因为其不讲诚信，没有明确他自己的定位，没有明确他的承诺有多么重要。他和企业签了合同，就是约定和承诺；在其位，就是和企业约定将岗位的工作做好，就要履行岗位职责。如果每个人都按要求履行自己的承诺，管理就简单了。

简单管理说起来容易，要想做好却不简单；诚信经营说起来平常，要想做到却不平常。企业要做到诚信经营，首先应为客户提供货真价实的产品，其次应提供高品质的优良服务。不欺诈已为最起码的要求，上述那种牺牲自己、奉献社会的精神则是一种更高层次的诚信。

案例

至纯至真的美酒

在美丽的内蒙古，聪明的河套人秉承历史悠久的、神奇的草原酿酒文化，利用先进的科技手段和经营方式，奉行“至纯至真”的经营理念，使河套酒业与源远流长的草原文化一起发扬光大，走出草原、走向全国乃至全世界。河套酒业这种经营理念，正如中孚卦的九二爻辞所说：“鸣鹤在阴，其子和之；我有好爵，吾与尔靡之。”意思为“白鹤在山的背面鸣唱，它的同类与之应和；我有甜美的好酒，愿与你同饮共乐”。

河套酒业集团通过对白酒市场的深入调研、对自身核心竞争力的深刻分析，审时度势、集思广益、科学论证，把“至纯至真”确立为企业的最高经营理念。所谓至纯至真，就是指使用纯粮食作原料、采用科学先进的酿造手段、融入最真诚的情感而酿造出来的美酒。这一经营理念充分体现河套酒业与时俱进的科学定位，适应了人们生活水平提高后追求绿色消费、健康消费的需要，既是河套酒业品牌形象的强势彰显，又是呼应企业与社会各方未来发展目标的理性取向，对于加快企业发展具有长远的重要意义。

河套系列酒选用优质高粱、小麦、玉米、稻米和糯米作原料，以独特的生产工艺结合现代科技精工酿制。专家称其具有“窖香幽雅、绵甜醇厚、谐调甘爽、味净香长”① 的独特风格，是北方浓香型白酒之典型代表。目前我国采用纯粮酿造的白酒，实际数量不足全部市场份额的30%。采用纯粮酿造的企业与那些快速勾兑生产的酒厂相比，成本高、出品慢、利润低。但河套酒业是一个有50多年历史的老酒厂，不想因急功近利而砸了这个经几代人的不懈努力才树起的老牌子。

张庆义董事长说得好：“酒是一种特殊的食品，与其说是人们

① 赵俊林. 河套酒业：改革开放30年大盘点［N］. 经理日报，2008-12-22.

物质的需求，不如说是一种文化上、精神上的需要。因此，河套集团在保证产品质量的同时，更注重培植自己特有的‘酒文化’，打出自己的品牌、特色、风味，让人们在喝酒的同时，领略到一种深厚的文化底蕴和地方风情。”①

① 佚名. 河套酒业——超越自我，追求完美 [EB/OL]. (2009 - 12 - 20). http://www.pingpaihudong.com/hetao/news20174.html.

第三章
“和变”经营学在企业的应用

和谐之道是企业可持续发展的根本保障，因此有人提出和谐管理理论，强调和谐在企业管理中的重要性。笔者从《易经》思想中得到启发，认为强调和谐的重要性固然不错，但同时也需要强调应变的重要性。如果只有和谐而没有变化与创新，就可能变得保守落后，如同中国曾经在超过两千年的漫长时间里都走不出封建社会的“怪圈”那样。

一、用“和变”经营学取代和谐管理学

整部《易经》充满巧妙的辩证法，包括天、地、人之间的对立统一关系，阴阳两极之间的对立统一关系，变化与不变之间的对立统一关系等。将这种巧妙的辩证法应用到企业经营管理中，就是辩证经营学，或称作“和变”经营学。在这里，“和”指和谐，指天、地、人之间的和谐关系，“变”指变化，指阴阳两极的无穷变化。“和变”不是核变，但“和变”经营学却能够使企业发生核变效应，让企业员工迸发出巨大的能量，从而创造辉煌的业绩。《易传·序卦传》也通过六十四卦循环往复的排列顺序，说明与论述了和谐变化的基本道理。

《周易》的开篇第一卦乾卦，讲的就是自强不息、开拓创新，第二卦坤卦讲的才是厚德载物、平稳和谐。乾卦六爻全部由阳爻组成，代表纯粹的阳性，但不只是男性、雄性，还包括积极拼搏、创新求变的意义。坤卦六爻全部由阴爻所组成，代表纯粹的阴性，但不只是女性、雌性，还包括和谐均衡、以德取胜的意义。乾卦、坤卦居于整部《周易》之首，不仅在位置上，而且在内容上都统领全经。

阴阳之间的关系是对立统一的，这是《易经》的重要思想，也是马克思、列宁主义哲学的重要思想。因此在任何时候、任何地方，分别代表阳性、阴性的乾和坤都是缺一不可、相辅相成的。换句话说，自强不息和厚德载物是相辅相成、缺一不可的，应变与和谐也是相辅相成、缺一不可的。《易传·系辞下传》写道：“易穷则变，变则通，通则久，是以‘自天佑之，

吉无不利’。”此话形象地说明了变化之道的重要性。

如果只讲和谐，不讲变化，企业就无法向前发展；如果只讲变化，不讲和谐，企业又会处于动荡不安，乃至于破产倒闭的局面。和谐是企业经营的目标，变化则是企业经营的过程。变化的结果为和谐服务，和谐要通过变化来实现。和谐是一种相对的、静止的均衡状态，而变化却是绝对的、动态的，是经常出现的状态。光考虑和谐是不够的，和谐状态不是绝对静止的，而是经常会发生变化的，和谐是变化中的和谐。我们除了要考虑和谐问题，还有必要考虑变化问题，只有及时应对新情况、解决新问题，方能够达到新的均衡状态，达到新的和谐状态。

因而笔者在此郑重提出，必须以“和变”经营学取代和谐管理学。进一步地，我们还要用“和变”发展学取代“和变”经营学。关于和谐的重要性，人们了解得比较多，故本章主要论述应变的重要性。之所以用“经营”“发展”而不用“管理”二字，是因为只讲管理往往会束缚人的创造力，经营或发展却能够给予心灵足够的自由度，充分解放生产力。

对于一个企业来说，最重要的应是长治久安、发展壮大这两件事情。和谐之道是让企业达到长治久安的最好办法，而变化之道又能够帮助企业达到发展壮大的目标。《易传·系辞上传》说：“是故易有太极，是生两仪……”太极指的是万物之本源，两仪指的是阴阳两性，是衍生世间万物的载体，两仪也可以引申为天和地、天和人，因此和谐之道包括阴阳和谐、天人合一的基本道理。笔者曾经撰文指出，企业管理的“太极”就是“心”的管理，就是要适应“天心”“地心”的要求，把人心经营、管理好。这里还要提出的是，企业经营管理的“两仪”就是和谐与变化。

以下我们就从阴阳和谐、天地人和谐这两个方面，分别说明变易和应变之道在企业经营中的重要性。

二、阴阳和谐离不开应变之道

《易传·系辞上传》还有一句名言是：“一阴一阳之谓道。继之者善也，成之者性也。”所以说，和谐之道首先指的是阴阳和谐、夫妻和谐。在此我们就用一对夫妻企业家作为案例，说明阴阳和谐对于企业经营的重要性，以及和谐是变化中的和谐，和谐需要通过变化来实现，通过不断变化而达到新的、更高层次的和谐。

案例

从钉子铺到家具城的“夫妻店”

在20世纪80年代的河北省廊坊市，农民出身的任永生和蒙秀兰刚结婚的时候，和其他农村小夫妻一样，一穷二白，什么都没有。夫妻俩拥有的唯一“财富”就是勤俭节约、刻苦耐劳与踏实肯干的品质。

（一）第一次应变：夫妻同心，弃农从商

小两口同心协力，节衣缩食、勤勤恳恳地干了两年农活，虽然小有积蓄，但总觉得耕地种粮的生活没有什么出路，还不如做点小买卖。于是他们卖掉大部分粮食，到县城开设一个五金店，主要经营钉子、弹簧等小商品，以他们人生中的第一次应变开始了经商之路。

在长达10年的卖钉子生涯中，蒙秀兰亲手抓过的钉子超过100吨。最多的一次是在某个下雨的夜晚，一车钉子整整有5吨，但夫妻俩只用2个小时就全部装进仓库里。在昏黄的灯光下，任永生和妻子一起洗手时，看到盆里的水都变成了红色。他这才发现，妻子原本细嫩的双手已变得粗糙，而且还在流血！这位坚强的北方汉子强忍着眼泪，心中却有说不出的酸楚，满怀歉意地说：“结婚这么些年，我不但没有让你过上好日子，反而让你受苦了。”但蒙秀兰却满不在乎地回答：“创业嘛，吃点苦算什么！”

这段故事很好地说明了“二人同心，其利断金；同心之言，其臭如兰”（见《易传·系辞上传》）这句话，也很好地说明了夫妻和谐对于夫妻店、夫妻企业创办成功的重要性。但笔者还要说，如果只有和谐，而没有“穷则思变”的求新思维，那么他们就不可能走上从商之道，也不可能为后来更大的发展打下基础（包括营商经验、资金积累和人脉关系等）。

（二）第二次应变：独辟蹊径，兴建皮革商城

《易传·系辞下传》说：“寒往则暑来，暑往则寒来，寒暑相推而岁成焉。”经过10个寒来暑往，这对小夫妻虽然尚无现代商业的经营策略与投资智慧，但多年的相濡以沫、和衷共济，使他们无论是在生活上还是在生意上，都达到了两颗心融为一体的境界。无论要干什么，两个人都是商量着办。两人的智慧加在一起，思考问题的深度和宽度自然会超过单个人。就在廊坊市香河县的人们都把

目光聚焦于家具城的时候，他们夫妻俩却独辟蹊径，把经营五金店所积攒的资金全部用来兴建皮革商城。

1998 年底，总面积达 3 000 多平方米的北方皮革商城正式开业。一时间，意大利、新加坡、韩国与泰国等十多个国家经营各种优质高、中档沙发的皮革商纷纷涌进这座崭新的商城，使之成为中国北方最大、品种最齐全的皮革商城之一，填补了整个香河家具市场上的一项空白。

正当皮革生意做得红红火火的时候，这对夫妻却又急流勇退，转过头来琢磨起家具生意。经过一个多月的调研分析后，这对企业家夫妻再爆冷门，把投资目光锁定在办公家具上。

（三）第三次应变：改弦更张，经营办公家具

2003 年 12 月 28 日，经营面积达 2.5 万平方米、投资 3 000 万元的贵都家具城一期工程宣告完成。做生意如同做人，信誉比金钱更为重要——从普通农民一步步成长为企业家的任永生夫妇深知这一道理。这对企业家夫妇从开始筹建家具城的时候起，就致力于为所有商家创造良好的、能够留住人心的经营环境。他们以“爱商亲商富商、想民便民为民”为经营理念，让所有入驻商户享受的一系列优惠政策包括：高标准的展区装修，全方位的保安巡逻，全自动的商务通信，超大型的库房备用，全免费的停车广场，低于北京市 4～5 倍、低于香河其他家具城 1～2 倍的场地租赁费等。这样的优惠政策也是一种变化，是通过创新和应变取得成功的经营之道。

开张的前 3 个月，他们每个月都要赔掉 20 多万元，然而在信誉方面的回报却无法用金钱去衡量，此举极大地培养、提高了各地商家对贵都家具城的向心力。国内几乎所有的办公品牌家具纷纷加盟贵都家具城，使之成为香河家具市场上人气最为旺盛的家具城，并很快发展成为中国内地规模最大、厂商最全、政策最优、收益最高的办公家具汇展平台。

任永生、蒙秀兰这对夫妻企业家在成功的道路上，始终忘不了夫妻和谐，忘不了和市场、客户及合作伙伴之间的和谐。但如果只有和谐而没有应变，他们也不可能取得不断的进步，他们的企业也不可能取得不断的发展。如果只有夫妻恩爱，而不求新求变、搏击商海，那么他们很可能到今天还在乡下种地，而不可能成为知名的、成功的企业家。从以上案例可以看出，夫妻企业家的成功离不开阴阳和谐，即夫妻间要同心同德、目标一致。但阴阳和谐又离不开变化，需要通过不断的应变，方可达到新的、更高水平的和谐。

三、"天、地、人合一"也需要应变

变易的目标是达到更高层次的和谐，变易之道是企业不断发展的唯一途径。不仅阴阳和谐需要不断创新和变革，天、地、人和谐也需要不断创新和变革。在上述案例中，企业成功既需要阴阳和谐，也需要天、地、人和谐。下面的案例能够更好地说明，天、地、人和谐对于企业成功的重要性。但与此同时，不断地创新、不断地应变仍然占据着与和谐同等重要的地位。

这里仍然以四川省刘家四兄弟的创业故事，作为典型案例来做一些分析。

案例

名副其实的希望集团

（一）顺历史潮流而动

20世纪70年代末，中国实施的改革开放政策，为知识分子下海创业提供了可能。刘氏四兄弟以过人胆识相继辞去公职，到农村创业。他们先是创建"育新良种场"，然后从事养鸡、养鹌鹑等艰苦工作，历尽艰辛甚至曾经上当受骗。但凭借一颗奋斗不息的拼搏之心，他们最终还是带出了一个"鹌鹑王国"——四川省新津县和一个改革开放早期的"亿元村"——古家村。同时，刘永行与刘永美一起研制、开发并生产饲料。1988年，他们开始将饲料行业的商业模式向全国复制，到全国各地办厂并取得巨大成就。

刘家四兄弟顺应历史潮流，将个人奋斗和企业经营目标与党和国家的政策、民族复兴的历史责任以及社会民众的实际需求紧密结合，因此取得人生旅程和企业发展的辉煌业绩，让希望集团成为一个吸引众多人才、真正充满希望的成功企业。

（二）不忘根本

"养猪希望富，希望来帮助。"——这句家喻户晓的广告词，体现出了希望集团的经营理念。"帮助"二字是对刘氏兄弟十多年经营活动的生动写照。刘永行曾说过："只有农民赚了钱，我们才能赚钱。"[①] 把自己赚钱建立在别人能赚钱的基础上，这是企业发展不可缺少、十分牢固且天长地久的坚实基础。正是这一朴实而又具有

① 肖卫，张权．大陆首富刘永行刘永好经商之道［M］．北京：中国民航出版社，2002.

独特创意的经营理念，使希望饲料成为广大农民用户的首选饲料；正是因为把农民用户放在心上，希望集团才能够成为中国最大的饲料生产商。扎根于自己的家乡和祖国，不忘自己的创业根本，这是希望集团抓住“地心”的思想体现。

刘家兄弟朴实的经营理念与他们浓厚的民族感情紧密相关。刘永行到美国访问时，曾有人劝他移民美国，他却说自己的事业在中国，并如期返回祖国。多次出国访问，他没有因看到发达国家的先进事物而自惭形秽，而是既看到自身与发达国家同行的差距，并转化为不断开拓创新、更加勤奋工作的压力和动力，也看到发达国家大型企业的弱点即“大企业病”，从而提高了自己继续奋斗的决心和战胜外国同行的信心。

（三）变“输血”为“造血”的“光彩事业”

随着集团财富的增多，刘氏兄弟更加关注贫困地区的经济发展。刘永行曾到河南浚县（属贫困县）投资93万元，建立中原希望饲料有限公司来作为试点。刘永行说：“在贫困地区发展，虽然速度慢一些，但是为国家分了忧，我们的发展也得到了一个和谐的环境，这是利国利民，同时自己也能赚钱的好事。”结果这家投资93万元的公司，一年竟能创造1 700万元的利税。中原希望饲料有限公司的成功，使刘永行坚定了到贫困地区发展的信心。

据此，刘永行提出到贫困地区办扶贫工厂，变“输血”为“造血”的“光彩事业”。希望集团先后投资1亿元，分别建成信阳希望饲料有限责任公司、西昌希望饲料公司等6家“光彩事业”扶贫工厂。其中信阳希望饲料有限责任公司获得投资24 200万元，其年生产能力达20万吨，产值达4亿元。该工程在1995年8月26日投产，投产当天就销售50万元。信阳希望饲料有限责任公司的开门红鼓舞了当地政府，提出要把生产能力扩大到100万吨，并与此配套发展大规模养殖业。

刘永行准备再投1亿元，建设更多的扶贫工厂。希望集团“光彩事业”的第七个项目——沂蒙山希望饲料公司的筹建业已开始。曾有专家讲过，饲料业可以带动包装运输、养殖与肉类加工等行业的发展，帮助千万人过上好日子。当地经济越依赖这种支持，则希望集团的生存空间越大；社会环境越宽松，则希望集团的市场机会越多，发展后劲也越足。回报社会、回报广大民众，这是希望集团抓住人心的思想体现。

刘氏兄弟顺应时代潮流，满足市场需求，不忘回报社会（尤其是农民），这是与天和谐、与地和谐、与人和谐而取得成功的经典案例。然而笔者要说的是，和谐固然很重要，不断地投资和扩张也很重要。不断投资和扩张显然就不是静态的均衡，而是动态的变化、改革与创新。这种变革要取得成功，显然需要非凡的魄力、独到的经营理念和及时应变的能力。总之，希望集团的成功来自其独特的经营思想和应变能力，来自于不断的变革与创新。

四、“和变”使企业产生核变效应

虽然“和变”不同于核变，却也有可能像核聚变、核裂变那样产生巨大的能量。在一个企业中，各层员工如果和睦共处，团结一心，朝着同一目标努力，就有可能发出核聚变一般的巨大能量。当不同企业并购为一个企业的时候，企业实力猛增，实现飞跃性的进步，这也是一种聚变效应。而众多企业形成产业集群的时候，也会产生聚变效应。这些都可看成类似于核聚变的企业效应，比较容易理解。企业的分立和分拆，其形式有点像核裂变，这种企业的分裂也能产生巨大的发展能量。下文分别用企业合并、企业分立来举例说明类似于核聚变、核裂变的企业效应。

案例1

老当益壮的并购专家高丰

1984年底，祖籍山东的高丰已过48岁，却仍旧充满雄心壮志，只用东挪西凑的7 000元，就走上了创业之路。他先是为羊绒企业收购原绒，以优良品质赢得良好声誉。接着在1985年建立自己的工厂——内蒙古鹿苑羊绒衫厂，第一批产品刚上市就给日本商人抢购一空。10年后，他的工厂发展成为一个企业集团，更名为内蒙古鹿王羊绒集团公司。

1990年，高丰兼并资不抵债的包头色织西装厂，让该厂转产羊绒机织产品，当年就扭亏为盈。1992年，邓小平同志发表“南方讲话”，中国市场经济的发展步伐更加迅猛。高丰也加快了并购、扩张的步伐，一口气兼并了针织厂、毛纺厂、袜子厂和木器厂等6家企业。1995年又兼并了内蒙古最大的皮革皮鞋总厂、鞋业总公司（包括下属3家企业）。也是在这一年，世界上最大的羊绒企业——英国道森国际集团也伸出合作之手，与鹿王集团共同组建合资企业——鹿苑道森羊绒制品有限公司。

在6年时间里，高丰先后兼并了13个国有、集体企业，组建了9个合资、合作企业，还到国外兴建了5家中资企业。通过一系列的并购活动，高丰的鹿王集团完成向世界级企业冲刺的跨越式发展，实现了本企业的“核聚变”效应。

一个企业发展壮大以后，往往会设立各种分支机构，即使分拆成不同企业，也仍然有可能像核裂变那样，对企业发展发挥巨大的、难以想象的推动作用。在这方面，内蒙古的伊利和蒙牛、四川的刘氏兄弟都是典型案例，限于篇幅，仅以后者为例。

案例2

刘氏兄弟的企业分立

时间回到20世纪90年代，已进入快速发展阶段的刘氏兄弟却“闹”起了分家。先是在1992年，刘氏兄弟首次进行较为清晰的产业划分。这一年，希望牌饲料将古家村变成了古家镇。刘永行提出一个新设想，应该变“企业经营”为“经营企业”，按新津县饲料场的成功模式，复制出一批企业，到全国各地开办分公司，拓展全国市场。刘永言的想法更大胆，他认为不仅要跨区域扩张，而且要跨行业发展，要进军高科技领域，实现产业多元化。

（一）首次分家

根据兄弟4人的价值取向与各自特长，刘氏家族产业被划分为3个领域：老大刘永言向高科技领域进军，老三陈育新（刘永美）留守现有产业基地并开始涉足房地产，而老二刘永行和老四刘永好就合力拓展饲料行业，到全国各地建立分公司，占领全国市场。与此同时，刘氏家族的内部分工也根据个人爱好进行调整。老大刘永言醉心于钻研科技问题，老二刘永行热衷于在全国创办新公司，老三刘永美逐渐淡出公众场合，擅长外交的老四刘永好却成为最合适的家族代言人。1993年，刘永好当选为全国政协委员、全国工商联副主席，成为民营企业家登上政坛的典型代表。从此以后，刘氏兄弟除刘永好之外，其余3人都非常低调。刘永好在各种社交场合的积极表现，使希望集团的知名度大大提高。这一年也是刘永行与刘永好合作的黄金时期，兄弟俩一个主内，一个主外，互补性极强。

与众多兄弟阋墙、同根相煎的故事相比，刘氏兄弟的分家却充满着温情脉脉的气氛。第一次分家的时候，大家不论贡献，股份都一样，老三刘永美与老二刘永行商量，放弃他俩占大股的最初约定，平均划分资产，兄弟4人各占刘氏产业25%的股份。后来彻底分离时，也充分照顾到手足情分。而分家后，仍然留下“希望集团”这个母体，4人股份一样，并委托给老大经营，这使得四兄弟的分家笼罩在血浓于水的亲情之下。

（二）再次分家

希望集团向全国市场的快速拓展，引起外国在华饲料巨头的强烈关注，国内也有些企业尾随进入饲料领域。在腹背受敌的情况下，希望集团必须迅速抢夺市场空间。于是在1995年3月的董事会上，刘氏企业再次分家的问题被摆上桌面，刘氏兄弟正式从产权上彻底分开，明确划分各自的利益范围。1995年4月13日，根据“资产基本平分”的原则，各地分公司被分成东北和西南两个区域，刘永好得到西南片区，刘永行得到东北片区。1995年5月15日，刘氏兄弟在董事会文件上正式签字，确认上述分割。

经过此次划分，刘家四兄弟进行资产重组，进一步明确产权。老大刘永言创立大陆希望集团，老二刘永行建立东方希望集团，老三刘永美成立华西希望集团，老四刘永好设立新希望集团，分别驰骋于各自擅长的产业领域中，以谋求新的、更大的发展。刘永行的东方希望集团在很长时间内坚持以饲料业为主，虽曾对金融等领域做过少量投资，但从进入21世纪后，他终于将铝业确定为第二主业，将个人资本几乎全部投入。刘永好在分家后尝试多元化经营，先后涉足房地产、制药、金融和乳业等领域。1997年，他把旗下部分优良资产打包后，以“新希望”之名到深圳证券交易所上市。

（三）分家效果

刘氏兄弟分家并不是因为亲情破裂，而是因为兄弟型家族企业达到一个高度之后的必然结果。兄弟各人的价值取向、经营理念及个人抱负都不一样，很难在企业决策上达成统一意见。此时，企业就需要突破亲情的束缚，才能进入更为广阔的天地，获取更为广阔的发展空间。让人感到欣慰的是，刘氏兄弟分家后虽各奔前程，但仍旧都取得相当好的业绩。到1999年底，希望集团已发展成为以饲料为主，涉及食品和金融、生物化工、房地产及高科技等行业，拥有140多个工厂的全国性集团公司。

今天，“希望”商标已成为全国著名品牌，希望饲料先后得到“国家星火科技成果二等奖”（行业最高奖）、“中国星火精品展示会金奖”、“首届中国农业博览会金奖”等20多个奖项。希望集团先后被国家工商行政管理局等权威机构评为“中国500家最大民营企业”第一名、“全国民营科技企业技工贸收入百强”第一名、

"中国最大私营制造企业百强"第一名、"中国饲料工业百强"第一名、"国家级星火示范企业"等，成为中国民营企业的一面旗帜。

正如刘永行所说："分家的目的是为了打破家族式垄断，让社会精英进入高层。1995 年之前我们四兄弟和一个妹妹控制了集团最高层所有部门，社会精英进不了高层，制约企业发展。而当时集团需要高速发展，因此这年我们提出分家，分为五个集团，每个人带领一支团队，帮助集团发展。现在五个集团主要领导层中没有一个亲戚。"① 刘永好则如此评价当初四兄弟的分家之举："几个兄弟都很能干，有问题、有不同意见时就会议而不决，效率太低。我们适当调整后，每一部分多以一个人为主，其他人可以参与也可以不参与，这样效率更高、动力更强，避免了之后出现不和谐。"②

人类从大自然获取衣物和其他生活必需品，但又不能过分索取，要节约资源和保护环境，这就叫天、地、人和谐。在此前提下，人类又必须通过不断的创新应变活动，才能实现经济增长、社会发展的目标。一个经济区域要与别的区域在变化、发展中和谐共处，一个企业也要与别的企业在变化、发展中和谐共处，企业中的管理层与所有员工也要在变化、发展中和谐共处。这就是易经思想给予当代人类社会有益的、发人深省的启示。

① 希望集团创始人刘永行谈创业［N］. 杭州日报，2001－06－25.
② 张小平. "四面开花"的刘氏兄弟［J］. 名人传记（财富人物），2009（4）.

第四章
四种别出心裁的思维方式

笔者认为，在企业经营管理过程中，“太极”就是人心或企业的文化核心，“两仪”（阴、阳）就是和谐与变易，“四象”（金、木、水、火）是什么？就是四种重要的思维方式：全息思维、混沌思维、逆向思维与换位思维。其中，全息思维、混沌思维有助于企业维持或实现和谐状态，逆向思维、换位思维主要是为了应对企业的变易状态而采纳的。用好这四种思维方式，不断地发现问题、分析问题和解决问题，则企业将无往而不胜。

一、全息思维（属金，具有可塑性）

顾名思义，全息就是全部的信息，指的是局部信息能够反映全部信息。全息照相是物理学用来拍摄立体相片的专业术语，全息思维已被应用于生物、医学等领域。这里，我们要把全息思维也应用到企业经营活动中。

在《易经》中，以太极象征宇宙、生命的起源与核心，以阳极、阴极象征天和地、雄性和雌性，又以阴阳变化形成的八卦象征万事万物，以八卦两两重叠形成的六十四卦象征事物的存在与发展形态，每个卦中的六爻又是对这些形态的具体描述。这就是一种典型的全息思维方式，个体能够反映全体，个性能够反映共性。

当年莱布尼兹发明二进制的时候，就曾得到过易经思想的启发，太极图的阴阳两极直接启示着二进制的发明。若以阳爻代表1、阴爻代表0，六十四卦刚好可以和二进制数字的0～63逐一对应。在生物学中，遗传密码子①的64种组合，与六十四卦的排列方式刚好也可以一一对应。根据全息论的观点，每个小局部都含有大整体的信息，并且能够演示和再现原形。例如每一片不同的树叶都是整棵树的全息单位，每个生物细胞都能反映出整个生物体的生命信息，每个物质微粒也都能反映出整个物体乃至宇宙的信息。

---

① 遗传密码决定蛋白质中氨基酸的核苷酸顺序，由3个连续的核苷酸组成的密码子所构成。

据此，领导者和经营者从企业表面、局部的现象，就能看出深层次、整体存在的问题，从而及时地解决问题、化解危机，这就是成语“见微知著”“防微杜渐”所揭示的深刻道理。在企业经营过程中，每个产品、每个员工都是企业的全息单位，都能够反映出整个企业的全部信息。因此我们在制定企业发展的总体战略时，要有全局观念；在实施企业发展战略时，又要慎重考虑每件产品、每个员工的经营战术。

以产品质量为例，这个问题既是关系到整个企业生存发展的大事，又是每一位员工必须做好的事情。因此在摩托罗拉提出“六西格玛（6 sigma）”这一质量概念之后的短短几年内，就有许多世界级大企业如通用电气公司将此概念投入实际运行过程中。在这里，六西格玛等于登峰造极的高质量，小于六西格玛则表示相对较低的质量。六西格玛意味着每100万件产品中最多只有3.4件残次品，代表着企业的最完美状态（或者说是可能达到的最完美状态）。

我们国家也有越来越多人认识到产品质量的重要性，对企业提出类似于6σ的质量要求。有的企业家甚至要求100%的合格率，要求本企业不能让一件不合格的产品流入市场。下面就是两个典型的实例。

案例1

盼盼到家，安居乐业

20世纪80年代，韩召善创办辽宁省营口市长城金属制品厂，制造“宫灯”牌铁皮档案柜。1990年正当该产品卖得红火的时候，韩召善却做出一个惊人之举：生产防撬门！并将这种想法叫作“多打一眼井战略”。经过两年时间的考察、论证和技术攻关，该厂生产的八点锁紧的新型防撬门在1992年6月检测合格。这也是主动求变的壮举，后来取得巨大的成功。1996年，韩召善创办盼盼集团有限公司。但我们在这里不讨论应变问题，只介绍他在提升和保证产品质量方面的成功经验。

（一）重视每一位员工

韩召善说过这样的话：唤醒人的良知，激发人的活力，开发人的潜能，引导每个员工成为企业发展的主人，这样的企业才会有希望。① 因此，盼盼集团采取了一系列塑造员工的措施，如：与当地学校联合举办“盼盼形象职工学校”，资助职工进修学习或往大学

① 佚名. 辽宁营口盼盼集团有限公司董事长兼总经理——韩召善［EB/OL］. http://www.smeyk.gov.cn/Html/jjrw/08031418.html.

深造，制定《职工行为准则》，按业绩聘用和给予相应的报酬，综合考察职工各方面的素质等。

（二）做好每一件产品

韩召善还说过这样的话：质量对于企业，如同血液对于生命一般重要。[①] 在实际工作中，他要求所有企业员工树立这样一种观念，决不允许产品存在1%的质量缺陷，因为这种缺陷会100%地转嫁给客户。为此，盼盼集团建立了一支专门的质量检查队伍，由一线工人、班组长、车间主任及厂部技术人员组成一个“质检”网络，建立各种质量标准和相应的责任制度。下属工厂都实行“三不”政策，即：不合格的原材料不进厂，不合格的零部件不组装，不合格的产品不准出厂。在选择原材料、生产过程中都严把质量关，采用先进技术、工艺和专利产品，通过增加科技含量来提高产品档次。盼盼集团实施上述制度后，产品抽样合格率为100%，可说是超过了摩托罗拉的六西格玛概念。

（三）服务每一位客户

韩召善还说过，要尊重每一位客户，周到细致地为他们服务，让他们对我们的产品觉得既放心又开心。因为一个客户得到好的服务，他就会向10个熟人去讲；如果他对企业的服务不满意，却可能会向20个人乃至更多人去抱怨。[②] 这种口碑相传的广告效应不但不可忽视，而且还要因势利导、为我所用。以口碑建立自己的名牌产品，是盼盼集团取得成功的重要经验。

案例2

鲁冠球与万向钱潮

1944年，鲁冠球出生于浙江省萧山县（现萧山区）宁围乡。此地与杭州市区仅一江之隔，是钱塘江著名的观潮胜地。每年农历八月月圆时分，气势磅礴的钱塘江潮水从天边奔涌而来，呼啸澎湃如万马奔腾，极为壮观。看到此种情景，鲁冠球心中也涌动着一种莫名的冲动，梦想着开创一番惊天地、泣鬼神的大事业。1994年，他所创办的万向钱潮股份有限公司在深圳上市。把一间铁匠铺做成

① 詹德华.“门王”的低调往事［N］. 沈阳晚报，2011-12-12.

② 佚名. 辽宁营口盼盼集团有限公司董事长兼总经理——韩召善［EB/OL］. http://www.smeyk.gov.cn/Html/jjrw/08031418.html.

一家跨国公司，鲁冠球显然实现了自己的梦想。他靠的是什么？是经得起市场考验、过硬的产品质量。

（一）以先进技术提高产品质量

要提高产品质量，引进先进技术和设备显然是条捷径。因此，鲁冠球将下属工厂的设备折旧时间从15年缩短为5年，折旧率改为20%，更把税后利润的80%用于更新设备，从外国引进高精尖的机床设备和最先进的检测仪器。从此，万向集团的产品占领全国60%以上的市场，并且在1997年，该集团所生产的万向节正式敲开美国通用汽车公司的大门，开始进入更为广阔的国际市场。

（二）以严格制度保障产品质量

有一次，鲁冠球接到外省客户的退货信，说是万向节出现了裂缝。他即刻找到供销科长，要求连夜将合格产品送去，并且换回不合格产品。事情并没有到此为止，鲁冠球又联想到发往其他地方的产品可能也会有类似情况。于是他立即组织有关人员，到全国各地走访用户，凡有不合格产品，无论是产品本身质量有问题，还是因用户保管不善而造成的，统统召回厂家，免费给客户调换新产品。3万多套残次品被召回后，工厂为此而损失43万元。鲁冠球召开全厂职工大会，要求大家查找原因。有人建议将这些次品维修后再投入使用，鲁冠球却坚决反对，他认为生产出这样的次品是对企业信誉的严重损害，规定今后无论在哪个环节出现次品，一律对有关人员处以重罚。从此在整个企业中，没人敢对产品质量抱有丝毫的马虎态度。

二、混沌思维（属火，在燃烧中成型与升华）

全息思维可以让我们看清企业中每个地方的精确情况，又可以看清企业的整体情况。但有时候我们又不能看得太清，不能计较得太精细，这就需要运用混沌思维了。数学本是一门负责计算的科学，需要极高的精确性，然而却有模糊数学这样的分支学科。实际上在浩瀚的宇宙中，模糊、混沌此类现象是客观存在的，因此模糊思维、混沌思维也是很有必要的。

中国人自古以来都是充满智慧的，很早就有关于极限的概念，也有世间万物无法穷尽的思想。早在2 000多年前，《庄子·天下篇》就写下“一尺之棰，日取其半，万世不竭”这样的名句。而我们要说，世间有许多事物是模糊、混沌的，无法也没有必要进行过于精确的计算。

《易传·序卦传》详细讲解了六十四卦排列顺序所包含的意义，揭示每一卦和世间万事万物的对应关系，由此证明了全息思维的重要性。《易传·杂卦传》则有意打乱上述顺序，采用两两成双的对比方式，非常简明地揭示每个卦的深刻含义，由此证明混沌思维的重要性。人们从太极图中可以看出，阴中有阳、阳中有阴，阴阳对立统一又混成一体。在《周易》六十四卦中，继表示天地的乾坤二卦之后，排在第三位的就是屯卦，表示宇宙初始、开天辟地的时候一片混沌。

（一）混沌思维可实现无为而治的最高境界

无为之治是道家的重要思想，而在所有企业家中，与道家关系最为密切的当属薛永新。薛永新是四川恩威集团的创始人，他的成功来自于道家传统医学及管理思想。郑板桥有幅著名的书法作品，写的是“难得糊涂”四个大字。只要不是永远糊涂，而是在需要糊涂的时候尽管糊涂，这就可称为混沌思维，它能够帮助我们实现无为而治的最高境界。

案例

天恩地威皆为我所用

恩威集团把生态效益、社会效益排在经济效益之前，把利润看成是社会公众向企业交纳的对将来利益的订购，因此只能用于回报社会，不能占为已有，挥霍浪费。因此，恩威集团的利润主要用在三个方面：一是扩大生产经营，改进工艺流程；二是改善企业员工的工作和生活条件；三是捐赠给社会福利事业单位。而薛永新本人却不购买豪宅，三代同堂、祖孙七人都住在公司的集体宿舍里，而且只有简单的装修。他淡泊名利，从不参与百强企业、优秀企业家之类的评比活动。

在企业管理过程中，薛永新创造一套独特的“恩威管理模式”，像疏导水流那样协调员工之间的关系，以便充分发挥他们的聪明才智，充分挖掘企业员工的潜力和能动性。在人事制度上，恩威集团向社会敞开大门，公开招聘、任人唯贤、唯才是举。企业员工如果认为自己能够胜任某一职位，就可主动提出参与竞选；如果认为自己不适合现任岗位，也可自主选择其他职务。从车间主任一直到总经理，集团公司几乎所有的职位都可供竞选。因此，该公司所有部门的经理人都是从基层竞选出来的。在这种情况下，企业上下无不尽力，企业老板自然就能够达到无为而无所不为的最高管理境界。

与天地人和谐，从而使天时、地利、人和皆为我所用，这就是混沌思维给予我们的经营启示。薛永新为他的产品取名“恩威”牌，他的企业也叫恩威集团，其中应该就有“天恩地威皆为我所用”的寓意吧。

（二）混沌思维可化异己力量为同己力量

全息思维要求我们在处理质量问题时做到一丝不苟，而混沌思维则要求我们在处理某些问题（如个人利益）的时候不要过于较真。领导者自己少拿一些个人报酬，往往能够激励员工更加努力地工作，最终得到双赢甚至多赢的好结果。《汉书·东方朔传》中就有这样一句名言：“水至清则无鱼，人至察则无徒。”因此在某些时候不要太执着，不要太过于精明，要懂得使用模糊与混沌思维，这样方能不断扩大自己的力量，甚至化异己力量为同己力量。

案例

钱塘江潮水般的大气

鲁冠球在产品质量方面一丝不苟、严肃认真，但在个人利益方面却经常“稀里糊涂”的，从不计较。把认真与糊涂辩证统一起来，显然是鲁冠球取得巨大成功的重要经验。

（一）不斤斤计较个人得失

1969年，浙江省萧山县宁围公社的领导找到鲁冠球，要他接管濒临破产的农机修配厂。鲁冠球变卖了全部家当和自己准备盖房的建筑材料，将所有资金投入这个厂中。取得成功后，鲁冠球的目光没有停留在已有成绩上，而是看得更远，谋得更深。1983年3月，为取得自主创业、自主经营的权力，鲁冠球用自留地里价值2万多元的苗木做抵押，承包了这家工厂。事实证明，鲁冠球的眼光和气魄没有错，承包第一年就超额完成154万元，紧接着1984年、1985年也都超额完成预定目标。由于他吃过没有自主经营权的苦头，因而坚决主张在承包责任合同中，只要经营自主权而不拿奖金。到1993年止，鲁冠球放弃的承包奖金已达300余万元。此种做法堪称“吃小亏而占大便宜”，可对于很多人来说，要做到这一点是很不容易的。

（二）不与客户斤斤计较

鲁冠球曾深有体会地说过：“市场竞争就是质量、价格与成本的竞争。”① 关于质量问题，前文已经介绍过。除了保证质量过硬之外，鲁冠球还坚持在成本上升的情况下，也不提高产品价格，从而获得大量客户的青睐与好评。当原材料涨价的时候，其他厂商纷纷提高产品价格，但鲁冠球却坚持薄利多销，对于原材料涨价带来的损失，其用苦练内功、加强内部管理、降低消耗与提高工效的办法来消化，使“钱潮牌”产品牢牢占据着大部分的市场份额，创造了一种“万向节奇效”。不与客户斤斤计较，为的正是吸引更多的客户，占有更大的市场空间。

（三）不和竞争对手斤斤计较

为了把生意做成，就不能与客户斤斤计较，这应该是比较容易做到的。但鲁冠球却能做到不和竞争对手斤斤计较，这就不容易做到了。鲁冠球年轻时很喜欢下象棋，后来因为工作太忙，几乎把所有的业余爱好都放弃了，其中包括下棋。有位记者采访鲁冠球的时候，专门提出下盘象棋的要求，兴致很高的鲁冠球欣然同意。可毕竟有几十年没下了，鲁冠球没走几步就连连悔棋。不过鲁冠球认为，下棋和做企业一样，重要的不是分出胜负，而是要通过互相交流，达到相互提高的目标，只有大家共同联合起来，方能将企业搞上去。

鲁冠球说过：“今后我厂要开始第二次创业，把现有的集团股份公司，从劳动密集型企业建设成为世界第一流的高、精、尖技术密集型大企业；要加快改革发展的步伐，再扩大规模，向大西北进军。要把企业的部分资金投入大西北去，到那里去办万向节厂，去发展经济。”② 原来他们不在狭隘空间里和竞争对手斤斤计较，为的是开拓更为广阔的生存空间。

（三）混沌思维能够充分激发生命力

混沌思维并不是和稀泥，更不是永远都稀里糊涂的，而是大智若愚的经营思想，是一种经营管理艺术。一片混沌中，往往酝酿着新的生机。因此我们要将管理科学与管理艺术有效结合起来，并通过混沌思维充分激发出产品、员工乃至整个企业的蓬勃生命力。

① 佚名. 鲁冠球简历［EB/OL］.（2004－04－15）. http://finance. sina. com. cn/crz/20040415/1706720432. shtml.

② 佚名. 鲁冠球：一个农民的传奇故事［EB/OL］.（2009－07－24）. http://www. china. com. cn/economic/zhuanti/xzgjjlsn/2009－07/24/content_18200597. htm.

案例

科利华——利益来自科学才华

宋朝弟先后从中国科学技术大学、清华大学毕业后，放弃了出国留学的机会，1991 年下海创办北京科利华电脑有限公司。虽然他的外表文弱儒雅，内心却充满创业激情与创造活力。

90 年代之前，我国的教育本是完全由政府负责的公益事业，而宋朝弟却把它当作产业来经营，并在短时间内就取得巨大成功。他曾做过三年老师，和其他创业者一样，对教育行业有独到见解和切身体会。他们作为开拓者，在该领域没有一家真正的竞争对手。他们认为只有一家企业做一个行业实在太累，因而真心希望出现竞争对手，大家一起把这块市场做大。

受物理学中量子理论的启发，宋朝弟在 1997 年提出新型的管理模式——弹性管理制度。他认为工业时代的管理特征是责权利分明，而信息时代的管理特征却是“不管”，尤其是软件企业。其经营管理的科学性变得越来越弱，而艺术性则越来越强。如果说工业时代的管理核心就是约束人，甚至把人变成精确运转的机器，那么信息时代的管理核心则是控制信息，是要解放人的生产力和创造力，把人变成更有创新欲望、创新能力的生命载体，从而激发出无穷的创造潜能与生命潜力。

宋朝弟的管理模式不预先设定管理目标，甚至没有什么道理。因为艺术就是没有道理的东西，注重的是一种感觉，重视突发性、创新性以及个性的尽情发挥。如果管理太规范了，艺术性就出不来了；如果管理宽松，灵感却可能随时就冒出来。直觉与灵感是最重要的东西，是创新能力的实现途径。宋朝弟特别强调“投入”而不是“认真”，因为认真可能是表面的、有意做给别人看的，而投入却是发自内心的、心甘情愿的。如果员工觉得工作好玩，做起事来很过瘾，那么就会全身心地投入，个人兴趣能够激发出惊人的创业激情与创造活力。

三、逆向思维（属木，根往下、枝向上）

八卦方位两两相对，《易传·说卦传》中写道：“天地定位，山泽通气，雷风相薄，水火不相射，八卦相错。数往者顺，知来者逆，是故《易》逆数也。”老子说：“反者，道之动；弱者，道之用。”这些论述都能够说明一个道理，即逆向思维相当重要。八卦的排列顺序为乾、兑、离、震、巽、坎、艮、坤，按照前面所说的二进制数字，它们分别与数字7、6、5、4、3、2、1、0相对应，因此说是“逆数也”。

我们都知道空间是可逆的，那么时间是否具有可逆性呢？虽然爱因斯坦的相对论讨论了时间的可逆性，可在现实世界中时间还是不可逆的，正如人死不能复生一样。因此我们在这里就不讨论时间的可逆性，只考虑空间的可逆性。逆向思维考虑的是空间方向的变化问题，下文将讨论的换位思维则考虑空间位置的变化问题。

早在春秋时期，范蠡在帮助越王勾践复国之后，于政治上达到巅峰时刻却急流勇退，毅然辞去高官厚禄，隐退于山东定陶县并自称朱公，因此后世敬称为陶朱公。与他同样功高位显的文种舍不得荣华富贵，结果却落得被诬陷和赐死的下场。其实，范蠡过的也不是完全隐居的生活，而是下海经商（兼务农），不久即发财成为巨富，但他又仗义疏财，热心于各种公益事业。他在政治上能够做到“人弃我取，人取我予”，商业上也是如此。范蠡有一套经商理论，叫“贱取如珠玉，贵出如粪土”。意思是说当物品价格低贱的时候，反而要像珠玉般地重视，大量收购并储藏起来；当物品价格高昂的时候，反而要像粪土般地抛弃，此时应毫不吝惜地尽量抛售。

此套经商思想就是一种典型的逆向思维，直到今天都还有相当重要的应用价值，以下我们举例说明。

案例

高风险领域的弄潮儿——陈荣

企业要取得超常规的发展，经营者就必须有超常规的思维方式和商业模式。高风险领域（如金融市场、高新技术产业）往往能够取得非常高的利润，属于超常规的发展范畴，因而需要超常规的思维模式。逆向思维正是这样一种鼓励创新、超常规的思维模式，这方面有个典型实例，就是上海中路集团的董事长陈荣。

话，说起来容易，做起来难，这个道理在金融市场尤其明显。当股市疯涨的时候，跟风买进的总是大多数，只有少数人能做到急流勇退，这是由人们的贪婪心理决定的；当股市狂跌的时候，大胆买进的也是少数人，这是由人们的恐惧心理所决定的。

1989年的夏天，上海郊区南汇县（现划归浦东新区）的小商人陈荣虽年仅31岁，却怀揣12万元（在当时可算大额款项）来到大上海繁华的市中心。但直到1990年12月20日上海证券交易所开张前，陈荣手里拿的还都是国债和现金。当时包括杨百万在内的诸多老炒家都认为，上交所开张就标志着买股票赚大钱的历史性机遇已经结束了。陈荣却认为这才刚开始，因为他曾经看过并留下深刻印象的一篇文章讲道，规范中国内地证券市场还需要20年的时间，而在中国香港、台湾发大财的人主要就是借助两个渠道：第一是房地产，第二就是股票。于是他义无反顾地投身其间，把全部资产投入新开张的股票市场中。

买进凤凰股份、电真空及小飞乐等“老八股”之后，陈荣从此开始谱写属于他自己的股市神话。一年后，他的股票资产就上涨了11倍。虽然在1992年股市暴跌时，陈荣在一周之内损失了一半资产，但他很快又赚回来了。并由此总结出最重要的投资秘诀，就是不管什么基本面、技术面，也不随大流，不跟别人走，而是要自己独立思考、独立分析，以不变应万变。

以后即使在1993年2月到1994年7月的大熊市里，陈荣也赚了钱，因为他在上证指数两次达到1 500点高位的时候，都能够成功逃顶。当股民都等到上证指数暴跌到300多点的谷底时，陈荣却有资本能够抄底成功，结果在38天内就把120万美元变成了1 200万美元。从此，陈荣在中国股票市场的超级大户地位宣告确立。

再如香河家具城的夫妻企业家任永生与蒙秀兰，也是通过逆向思维取得成功的典型案例。

四、换位思维（属水，可来回流动）

阴阳两极既相对立，又相统一，在一定条件下还可以相互转化，所以换位思维也是必不可少的。所谓“己所不欲，勿施于人”，就是说自己不要的东西，就不要强加给别人，自己不想做的事情，也不要强迫别人去做。进一步说，就是要为别人设身处地着想，把别人放在自己的位置，把自己放在别人的位置来思考问题，这就叫换位思考。

作为一个企业来说，要能够从客户的利益出发去思考问题，要能够从合作伙伴乃至竞争对手的角度思考问题。作为一个企业经营者来说，要能够从客户的需求去思考问题，要能够从员工的诉求去思考问题。比如香河家具城的夫妻企业家任永生与蒙秀兰，就是通过换位思维取得成功的典型案例。

在长达10年的卖钉子生涯中，蒙秀兰亲手抓过的钉子超过100吨。最多一次是在某个下雨的夜晚，那天任永生去天津进货，汽车在半路上出了故障。那时候又没有手机，蒙秀兰一个人在店中提心吊胆地守到晚上 11 点多，才见到任永生像落汤鸡一样地赶回来。到家后，他的第一句话是："先别问怎么回事，卸钉子吧，司机赶着回家。"任永生当然知道妻子的担心，但他更知道司机回家晚了，人家的妻子会比自己的妻子更担心！为合作伙伴着想、为员工着想、为客户着想，甚至站在竞争对手的角度来考虑问题，这是很多企业家的"成功秘诀"。

五、经营三部曲（属土，解决问题的基本步骤）

唯物辩证法有一条规律，讲的是"肯定—否定—否定之否定"的变化轨迹。《易经》中也有这样的变化规律，即"变易—不易—简易"，把它应用到企业经营管理中，可以称为经营三部曲，即发现问题—分析问题—解决问题。以上所讲的四种思维模式，正是要用来为企业解决问题、向前发展服务的。培养与众不同、独特的思维方式，方可发现别人不能发现的问题，提出别人不能提出的发展目标和解决问题的独到办法。

（一）了解现状，发现问题（变易）

变易就是变化，就是出现了新问题。问题的出现打破了原有的均衡状态，打破了企业原有的和谐状态。因此，我们一定要学会在和谐状态中发现不和谐现象，从均衡状态中发现潜在问题，从寻常现象中发现不寻常之处，不断提出问题和解决问题。正如爱因斯坦所说：我没有什么特殊的才能，只不过喜欢寻根刨底地追究问题罢了。

（二）分析问题，树立目标（不易）

不易不是不变，而是处变不惊，冷静地分析和处理问题。所以，我们一定要学会冷静地分析问题，找出发生问题的原因或存在问题的本质，以便为下一步处理问题提供必要的准备，树立解决问题的目标，制订切实可行的解决方案。

（三）分解目标，落实措施（简易）

简易就是把问题简化，解决问题并恢复和谐状态，使企业经营达到新的均衡点。因此我们要学会简化问题，分解上一步制定的目标，落实方案和具体措施，从而解决问题，达到新的更高层次的和谐状态。《2000 年度中国〈福布斯〉50 富豪》一书中写道："企业发展的过程就是解决问题的过程。"

第五章
八种环境下的经营理念

有人用八卦来形容企业内部的8种运行系统：乾卦代表决策指挥系统，兑卦代表营销服务系统，离卦代表策划文化系统，震卦代表生产科研系统，巽卦代表人事培训系统，坎卦代表财务金融系统，艮卦代表纪检安全系统，坤卦代表群众监督系统。此说不无道理，人们不妨借鉴和应用。然而笔者在此要提出的是，八卦不但可以象征企业的8种内部运行系统，还可用来说明企业发展过程中的8种外部环境，说明企业在这些环境下的8种典型状态，以及企业面临这些不同环境的8种经营理念和应对策略。

一、自强不息——以拼搏之心创办成功企业

乾卦居于八卦之首，在数字中表示1；在五行中属金；在自然界中表示苍天；在空间位置中处于西北方；在季节中表示秋末和冬初，表示冰雹与霰雾；在物品中表示圆形或刚健之物；在人体中表示头脑，因此能代表首领和君王，能代表企业领导和决策指挥系统。

在秋末冬初，即将进入一年中最为寒冷的季节，如果畏寒倦怠，我们就会失去宝贵的时间和机遇，就可能与成功失之交臂。因此，我们一定要有战胜寒冬的思想准备，要有不畏苦难的奋斗精神。据此原理，我们要以自强不息、争当第一的拼搏精神来解决企业的生存与发展问题。

创办企业往往需要较长时间的艰苦拼搏，方能取得成功。因此，成功的企业家往往都是从年轻时就开始创业的。但也有少数人例外，他们从中年才开始创业，并且能够取得很大的成功。比如祖籍山东的吴永新、高丰刚好都是从48岁才开始创业的。他们创业时都已经是一个成熟的男人，正好符合乾卦的卦象。他们自强不息、努力拼搏的创业精神，也正好与乾卦的哲学含义相吻合。

案例

研祥集团争当第一的拼搏精神

深圳研祥集团创办于20世纪90年代初，当时国内的研究生仍属稀缺人才，故陈志列打算用“研地”这个名称，意思为研究生、科学研究的发源地，但有人指出“研地”和“炎帝”同音，因此最终定名为“研祥”，意即研究的发祥地。经过十几年的拼搏，陈志列已成为中国特种计算机行业的明星企业家，他所领导的研祥集团已成为中国第一、世界第三的工业计算机企业。

老子的思想和易经思想有一脉相承的关系，《道德经》有句名言：“无为而无不为。”陈志列将这个道理推而广之，即通过不争第一而当上第一，在公司里不以首领或老大自居，却让公司当上了本行业里的首领乃至老大。

（一）对内不称老大

特种计算机是一个高度集成化的产业，技术门槛非常高。因此，陈志列和几个创办者从一开始就把研祥公司定位为自主研发型的高科技企业。他们在最初的几年间，一直默默无闻地搞产品研发，虽然不为公众所知，企业却不断地积攒着技术实力，为后来创立自主品牌打下了必要的、坚实的基础。陈志列在公司里也不以老大自居，因而公司里每个人都能充分发挥自己的才能，结果个个都成长为一条巨龙。这些人包括营销行家樊小宁、“外交官”孙伟、闻鸡起舞的白洪波、晚归的樊海方、高薪聘来的“高手”朱军等。

这正如乾卦的爻辞所说：“见群龙无首，吉。”（出现一群巨龙，都不以首领自居，吉祥）

（二）对外争当老大

从中国“制造”到中国“智造”，陈志列也获得“中央电视台2007中国年度经济人物”“年度创新人物”两项大奖。2008年1月30日，在“CCTV中国年度经济人物”颁奖盛典上，一位西装革履的企业家带着一把看起来非常普通的榔头来到颁奖现场，并在主持人限定的60秒钟时间内，富有激情地讲述了这把榔头的来历。早在1998年，研祥公司带着自己研发的产品去德国汉诺威参加本行业最大的国际展会。为了固定产品，陈志列前往超市买榔头。当地的售货员问他：“先生，您要质量好的，还是要质量一般的？”陈志列答道：“当然要最好的。”售货员就说：“您要最好的，就买我们国产的，进口货的质量一般都不太好。”

陈志列对着央视的镜头回忆说：“这句话非常深地刺激了我，我就从德国带回了这把榔头，十几年来这把榔头让研祥的上上下下明白了两个道理：第一，只有做最好的产品，才能让‘中国制造’在任何时候都能一锤定音；第二，只有做最新的产品，才能让‘中国制造’得到全世界人的尊敬!”

二、外柔内刚——以感恩之心打造营销系统

兑卦居于八卦第二位，在数字中表示2；在五行中既有金的属性，也有水的属性；在自然界中表示湖泽；在空间位置中处于正西方；在季节中表示金色的秋天；在物品中表示金属或有缺口之物；在人体中表示口舌，代表能言善辩的巫婆，因此代表推销员与营销服务系统。

深秋季节总有收获，故而喜悦；加上古代人们的生存依赖于湖泽，因而见到湖泽会有欣喜的感情，故而兑通悦，象征喜悦。据此卦原理，我们要以柔中带刚、欢欣鼓舞的感恩精神来解决企业的生存与发展问题。要懂得经常对客户、对社会表示感恩，才能够树立长久的品牌形象。

金融企业经营的主要对象为资金、货币，归根结底就是黄金，黄金、白银等贵重金属，在五行中显然属金；但金融企业所经营的资金必须经常流动才能产生利润，流动的资金在五行中又可属水。金融企业的双重属性刚好和兑卦相吻合，黄金的颜色也是秋天的代表色彩，因此金融企业可以说最符合此卦的卦象。金融企业的利润往往来自于其他企业、社会成员的成果，如同收获秋天的果实一样，从这个角度说，金融企业与兑卦的寓意也正好相同。

案 例

何伯权的感恩精神——从乐百氏到天使投资

古代先民看见湖泽会感到喜悦，现代居民得到金钱也会感到喜悦。银行无疑是金钱最多的地方，但人们见到银行是否会喜悦呢?不一定。整个兑卦从头到尾都不断论述，要光明正大，要以诚信取得愉悦，让别人真心愉悦，自己才会真心愉悦，才会达到心灵的安宁，才能消除悔恨乃至凶灾，才能取得吉祥的成果和结局。

当年，何伯权租用并最终买下“乐百氏”这个商标，就是因为“乐百氏”这个商标的含义是要给千家万户送去欢乐。翻译成英文ROBUST，又有“健康”的意思。今日集团根据这一品牌的文化特

征与造福社会的文化内涵，积极参与社会公益活动，引导人们树立良好的社会风尚，引导青少年健康向上的奋斗精神。据此，拥有乐百氏商标的今日集团，在短短几年间就取得巨大的成功。

后来，何伯权变成一名不在任何压力下做事的天使投资人，他追求质而不追求量。他用实业家的眼光寻找机会，再用投资家的手段来整合资源，并总结出一套独特的何氏投资秘诀：第一，只投与终端消费者相关的产业；第二，经营模式在国外要有成熟的样板，而在国内还没有先例；第三，找一个合作伙伴来当 CEO，他必须也要投钱进来；第四，关注企业的原则、底线和价值观。兑卦的初九爻辞说，“和兑，吉。”（与人和谐相处但不相互干扰，因此会愉悦而又吉祥）何伯权正是这样做的，他正像个天使一般，为创业者带来及时雨般的启动资金，但绝不干预创业者的经营活动。

三、光照四方——以诚信之心营造企业文化

离卦居于八卦第三位，在数字中表示3；在五行中属火；在自然界中表示闪电和星光；在空间位置中处于正南方；在季节中表示炎热的夏天；在物品中代表灯和其他发光体；在人体中代表眼睛；在企业中代表策划师、企业文化及创新精神。

夏季阳光充足、鲜花盛开，故而象征美丽和光明，眼睛也能代表美丽的追求与光明的目标。据此卦原理，我们要以光明正大、光照四方的企业文化来解决企业的创新及可持续发展问题。

案例

南存辉的正泰电器集团

阳光普照大地，充满慷慨的分享精神。南存辉却说：“分享不是慷慨，对创业者来说，分享是一种明智。”他把创业成果与员工、客户分享，甚至与社会大众分享，因为他认为企业有两个“上帝”：一个是顾客，一个是员工，要善待这两个“上帝”。笔者以为，正泰集团的企业文化就是一种分享文化。

（一）与员工分享

当南存辉的股权从始创时期的100%稀释到20%以下，正泰集团的资产总额却在这种“减法”中持续增加。这些股份稀释给企业中最优秀的人才，使正泰的股东从原先的10个增加到100多个，

数十位依靠知识作为资本的百万富翁也就此诞生。家族色彩逐步淡化，企业集团却不断发展壮大。目前，正泰已成为资产30亿元、年销售额超过100亿元、年上缴税款逾5亿元的大型企业集团。

（二）与客户分享

后来回忆这段不同寻常的人生经历，南存辉说在他修鞋的那段日子里，他每天赚的钱都比身边的同行多，原因就在于自己的动作比较熟练，修鞋的时候比较用功，修鞋的质量比较可靠。又快又好的服务，自然会赢得顾客的青睐。正因为南存辉修的鞋质优价廉，生意很快就红火起来，甚至有很多人宁愿舍近求远地跑来找他修鞋。这件小事情使他明白了一个大道理——质量就是生命线，且为他后来创办的企业极其重视产品质量打下了坚实的思想基础。

有一次，在一个寒冷的冬天，补鞋的锥子不小心深深地扎了南存辉的手指，他咬牙拔出锥子，包上伤口，忍着剧痛，坚持为客人补好鞋子。

（三）与社会分享

早在20世纪90年代，南存辉挣到的钱就已经够他几辈子花了，财富对于他的意义早已超脱个人的需求，这些年来驱使他不断在事业上打拼的原动力，是他深刻认识到通过自己的努力可以创造出更多的社会财富，帮助更多的人富裕起来。企业家的社会责任感及不断超越自己、实现人生最大价值的质朴愿望，在他身上显露无遗。“我们拼命挤进纳税排行榜，拼命退出富豪排行榜”，南存辉说。2002年，他上缴国家的个人所得税就有276万元；2003年，正泰上缴国家税收5亿多元，这些数字清晰地体现出南存辉回报社会的价值观念。

四、震惊百里——以创新之心应对企业危机

震卦居于八卦第四位，在数字中表示4；在五行中属木；在自然界中表示打雷与花草；在空间位置中处于正东方；在季节中表示万物萌生的春天；在物品中代表竹苇制品；在人体中代表手足；在企业中代表生产与科研系统。

春雷鸣响、生机勃勃，故而象征变化、创新和制造，象征震动和震惊。据此卦原理，我们要以强大的生产制造、科研实力来提高企业的危机处理和公共应变能力。

案例

张瑞敏与海尔集团

山东青岛海尔集团的前身是青岛电冰箱总厂，在1984年张瑞敏接手的时候，它已经处于濒临破产的状态。当时企业已经窘迫到连员工的工资都难以为继，银行和其他机构都不敢借钱给张瑞敏。但在此种走投无路的情况下，张瑞敏并没有屈服妥协，想办法向周边较先富裕起来的农村借钱，然后给员工发工资。如此操作了5个月之后，情况终于慢慢好转。他不仅克服了当前的困难，而且走访德国，并引入利勃海尔公司的先进技术，完成了第一次技术革新，为后来的海尔集团的发展打下坚实的基础。

青岛海尔从当年亏空147万元、濒临倒闭的地方性小工厂，发展到今天进入世界500强的大企业、跨国公司。如此巨大的成功，和张瑞敏领导下的海尔以市场为导向的技术创新、产品研发有很大关系。截至2015年8月，海尔集团公司累计申报专利16 316项（海尔官方统计），仅在2014年海尔就申报了1 957项专利（国家知识产权局统计），平均每天申报专利5.4项，勇于创新已成为海尔的企业精神和企业文化。海尔技术创新的主要特点，就是根据用户需求去开发产品，坚持“市场设计产品”的观念，即设计的主体并不是企业，而是每一个海尔产品的用户。

在美国，海尔设计和推出500多升容积的法式对开门冰箱；在日本，年轻人只能住在面积很小的公寓里，体积太大的洗衣机不适用，于是海尔专门打造了体积很小的“个人洗衣间”；在韩国，阳台地面都被设计成12度、向外下倾的坡度，以防雨天时客厅进水，因此，海尔卖给韩国的洗衣机，都安装有能够调节高度的支撑脚；在巴基斯坦，无论男女老少都身着长袍，洗这种又大又沉重的衣服，显然需要大功率洗衣机，海尔为此专门设计的产品完全满足了他们的要求；在尼日利亚，经常会因电压不稳定而造成停电，停电后冷柜里的食物就都融化了，于是海尔专门设计了100个小时不化冻的冷柜。

在张瑞敏接任厂长后30多年的发展历程中，海尔和其他企业最大的区别就是基本保持了业绩的稳步增长。在最初的品牌战略阶段

(1984—1991年)企业保持80%左右的年利润增长率①,最近10年(2005—2015年)也保持每年30%的复合增长率②,没有出现过大起大落的局面。海尔之所以会有如此战绩,并非依赖虚无缥缈的运气。实际上,宏观经济形势变化与行业内部的激烈竞争,是所有企业都需要面临的危机。海尔连续30多年的强势成长,显示出以张瑞敏为首的企业领导班子临危不惧、处变不惊的经营管理和危机管理能力。

五、承上启下——以现代理念培养人力资源

巽卦居于八卦第五位,在数字中表示5;在五行中亦属木;在自然界中表示刮风及较高大的树木;在空间位置中处于东南方;在季节中表示春末夏初;在物品中代表绳索或纺线;在人体中代表大腿;在企业中代表人才与培训系统。

秋季,天高气爽、风力充足,树欲静而风不止,故而巽卦还能象征民风与追求,象征进入与无孔不入。据此卦原理,我们要以深入人心、不懈追求、不断进步的态度来解决企业的人力资源与培训问题。

案例

张果喜的人才观

张果喜说:“我曾把企业致富归结成三部曲:一是靠苦力赚钱,二是用钱赚钱,三是聘请高级人才赚钱。”他的结论就是,如果做人不合格,做生意也不可能成功。

(一)重视人力资源

张果喜开始做雕花套箱的时候,小小的余江县城都被震动了,有人怀疑地说:“余江没有雕刻历史,拿板斧的人能劈出雕花樟木箱吗?”但张果喜知道浙江省东阳市已有一千多年的雕刻史,拥有“雕刻之乡”的美称,就专程赶到此地拜师学艺,并且使用“三顾茅庐”的诚意,将一位经验丰富的老师傅请到江西传授绝活,为余江工艺雕刻厂培训了第一批雕刻技术员。

---

① 张瑞敏. 海尔在互联网时代的战略创新[EB/OL]. (2013-05-27). http://www.360doc.com/content/13/0527/16/535749_288577544.shtml.

② 佚名. 张瑞敏首次提出转型互联网企业的六要素[EB/OL]. (2016-01-23). http://news.xinhuanet.com/fortune/2016-01/23/c_128660569.htm.

为了企业的发展，张果喜是绝对不讲情面的。他的亲哥哥在担任某车间主任期间，因喝酒后上班迟到，违反了厂规，张果喜毫不留情地将他免职。

为了企业的发展，张果喜又是充满爱心的。有位员工患病需要做手术时，亲人无法赶到，张果喜亲自把他送上手术台，又在手术单上签了自己的名字。另一位员工出事故后，张果喜把他的6个孩子养大成人。

（二）绿叶对根的情意

30多年前，张果喜就懂得先行一步，率先改革企业体制、走向国际市场，这是他善于应变的一面。另一方面，张果喜又能够在下述几个方面保持30年不变，尤其对他的故土——江西余江不离不弃，而且为家乡的经济建设、社会发展做出了巨大的贡献。正如歌词唱道："我是你的一片绿叶，我的根在你的土地……无论我停在哪片云彩，我的眼总是投向你；如果我在风中歌唱，那歌声也是为着你。"

1. 总部不变

从当年小小的余江工艺雕刻厂，到如今庞大的果喜实业集团，张果喜一直都将企业总部放在家乡——江西省余江县。主要的生产基地也放在余江，不但佛龛等木雕工艺产品的生产线还在余江，而且高科技的微型电机生产线也在余江。

2. 主业不变

张果喜一直毫不动摇地将佛龛等木雕产品作为企业的主要支柱，他和他的果喜集团在专业化发展道路上坚持了几十年。虽说近年开始搞适度多元化，也是在突出主业、做好主业的前提下循序渐进地推行的。与那些一做大就盲目多元化的企业相比，这种谨慎决策的战略思想无疑是宝贵的、非常值得借鉴的成功经验。

3. 角色不变

随着张果喜及其企业集团的崛起，社会知名度与影响力不断提高，张果喜的社会交际和应酬活动也难免越来越多。但他始终坚守一个企业家的本分，专注于把自己的果喜集团做大做强。

4. 心态不变

张果喜与朋友和家人的感情都很好，主要原因在于他始终保持一颗平常心。已经把企业做大做强的张果喜，还经常告诫自己和员工："我们还要谨慎摆正自己的位置，放下架子，把自己看得还是和原来的小木匠一样，才能与人和睦相处，做到不但善于雕刻木头，还善于雕刻资源，从而雕刻好我们的人生。"

六、上下求索——以无畏精神跨越艰难险阻

坎卦居于八卦第六位，在数字中表示6；在五行中属水；在自然界中表示流水；在空间位置中处于正北方；在季节中表示寒冷的冬天；在物品中代表内心有核的果实或其他东西；在人体中代表耳朵和血液；在企业中代表资金和金融系统。

冬季天寒地冻、雨雪交加，故而象征陷阱和险境；水和血液都具有很强的流动性，因而坎卦也象征流动。据此卦原理，我们要以不畏艰险、不畏困难的态度来妥善处理企业的资金流动问题，不断跨越各种艰难险阻。

案例

张璨不畏艰险的上进心

当年张璨为自己的公司起名“达因”，取自英文Dyne一词，意即“力的最小单位”。创办初期的达因公司，是很小、很年轻又很弱的。可正因为小，才能面向广大的发展空间。而开头字母“D”，既有直线又有曲线，堪称一个完美的结合。既可解释为做人应外圆内方，亦可解释为人生道路有直有曲，然后还能引申出去，解释为世间许多道理。谁也预想不到，“达因”还真的具有聚沙成塔、集腋成裘的力量。今日的达因公司已经成长为拥有40多家分公司、上亿美元净资产的大型集团企业。

张璨说：“我觉得一个人最重要的是有一个梦想，这个梦想可以很大，也可以很小，这需要依靠你的个性和能力去决定。然后你为了实现这个梦想去努力、去奋斗，其实就够了。”所谓梦想，就是人的内心愿望，一种美好的内心愿望。

要实现自己的梦想，智力因素固然重要，但张璨认为另外有些东西更不能丢掉，比如坚定的信念。当你设定一个目标以后，一定要很坚定，一定要全力以赴、不屈不挠，一定要非常顽强，即使用任何表述坚定的词加在你身上都不会过分。果真如此，方有可能取得成功。

我们都知道，江河中的水往往会不分昼夜地滚滚而流，象征着企业发展过程中的重重艰险。因此企业家一刻都不能懈怠，应不断修炼自己的品德与修行，经常思考企业发展战略，不断学习和操练各种事务。张璨正是这样做的，直到现在也不说自己是一个成功的企业家，她知道在理论和管理实践上还需要不断地学习。因为她认

为，作为一生的职业来讲，眼前的成功还只是一个阶段性成果，远远没有到达盖棺定论的时候。

若胸怀诚信，仍旧能够使内心亨通，坚定不移地努力前行，虽遭艰险也能够赢得人们的崇尚。卦辞的“行有尚”既有行为高尚的意思，又有行为值得崇尚的意思，就是说行动起来有自己的一套想法。这两层意思的重点都在一个“行”字，强调付诸行动。人们常说的自我实现，就是指让心中的愿望找到归宿。愿望产生具体想法，具体想法产生具体行动，具体行动必须符合市场的具体需求方可合拍。光凭愿望产生不了效益，这还得由市场环境说了算。当一个人的愿望符合市场需求时，就可能会成功；当一个人的愿望不符合市场需求时，自然就不会成功。

七、高山仰止——以严明纪律保障企业安全

艮卦居于八卦第七位，因此在数字中表示7；在五行中属土；在自然界中表示高山、坟墓和岛屿；在空间位置中处于东北方；在季节中表示冬末春初；在物品中代表覆盖的碗及与其形状相似的人体或动物器官、门楼或拱桥等；在人体中代表手和手指；在企业中代表纪检和安保系统。

在冬末春初的季节，天气乍暖还寒，需要保暖防寒，因而象征安全防范措施。据此卦原理，我们要居安思危、严明纪律，对企业安全问题防患于未然。纪律严明包括两个方面，一是在企业管理活动中，要严格遵守规章制度和法律制度；二是在企业经营活动中，要严格遵守国家政策，遵循企业的发展目标。该做的事情就大胆去做，该停止的事情就坚决停止。

案例

徐文荣的成功经验

在别人看来，徐文荣身上有一种蛮劲，他认定要做的事情谁也拦不住。徐文荣认为，若没有这种天不怕、地不怕的蛮劲，自己就不可能异想天开，也不可能从一无所有到无中生有。然而更为重要的是：他很清楚什么时候应该向前冲，什么时候需要往后退；什么行业可以进入，什么行业必须退出。这就叫开天辟地、知道进退的现代企业家精神。

（一）可做的就大胆做

20世纪90年代初，徐文荣在大力发展高科技工业的同时，首开企业与影视界联姻的先河，以文化产业带动影视、促进旅游，进

而推动第三产业的发展。经过十多年的努力，红红火火的横店影视城，已成为亚洲乃至世界最大的影视实景拍摄基地。2003 年底经国家广电总局审批，横店成为全国首个国家级影视产业实验区。

在此基础上，徐文荣兴建包括华夏文化园、明清民居博览城、九龙文化园等众多文化旅游景点在内的横店太阳城；同时响应国家发展“红色旅游”的号召，建起规模宏大的红军长征博览城、国防科技教育园等一大批爱国主义教育基地，使横店成为红色旅游城。横店作为全国首批 4A 级国家旅游区，深受广大游客的喜爱。2008 年，到横店旅游的人次已经达到 580 多万。

徐文荣兴办影视基地、旅游产业受到的阻力和压力很大，专家们都责难他说，横店尽是穷山秃岭，搞旅游岂不是以短击长。可徐文荣却认为，正是由于这里山坡多且土壤贫瘠，搞种植业没有前途，所以更需要寻找一条经济效益、生态效益双赢的发展新路，而影视旅游正是一个点石成金的法宝。

（二）该停止的就停止

1988 年，徐文荣先是关掉筛网厂，关掉织绸厂和丝厂的全部绸机，关停了三条喇叭生产线，接着对只有微利的羽绒制品福利厂实行兼并，转产了 5 家产品滞销的企业，对外租赁出 11 家小型微利企业，再把收回的资金投入新产品、新项目的开发工作。同时精简机构，把总部机关人员从 101 人压缩为 42 人，各科室人员压缩 42%，镇办企业职工也从 1987 年的 7 000 多人减少到 1989 年的 4 000 多人。并缓建办公大楼，压缩一切非生产性开支，将有限的人力、财力和物力集中地用在“刀刃”上，保证重点企业的发展。

徐文荣在自筹资金 2 350 万元的同时，组织讨债队伍，收回 400 多万元拖欠款，保证了生产建设资金的需要。对 14 个新开发产品和技改项目，邀请有关专家进行现场论证，从中选出 12 项技术有依托、原材料有来源、产品有销路、企业有效益的项目继续生产，做到整顿中有提高、调整中有发展。

徐文荣的一系列改革，为横店企业的持续发展赢得了充足的时间和资金。后来当能源紧张、原材料涨价、资金严重不足的危机来临时，许多企业陷入绝境，一大批乡镇企业纷纷落马，停产倒闭。而横店在额外遭受百年一遇的洪涝灾害，有 14 家企业被洪水袭击，造成 1 648 万元特大损失的情况下，却仍然稳如泰山。横店人惊叹地发现，徐文荣简直是个奇才，他有预知能力，懂得及时调整企业发展动向，能够让企业在危机中化险为夷，因此获得巨大成功。

横店企业经过大调整后，企业发展到28家，工业产值增长64%，上交国家税金增加一倍。更重要的是，调整使横店企业从根本上优化了行业结构、产品结构，形成以磁性材料、机械电子、针织服装、纺织印染、有机化工、建筑建材、制药和贸易等多种经营、多元发展的格局。产品的调整和升级换代，还促进及带动了村联户办企业的蓬勃发展，企业总数高达2 000多家。

八、厚德载物——以宽容精神化腐朽为神奇

坤卦居于八卦之末，但并非表示它不重要，实际上它的地位与乾卦同样重要。更进一步说，八卦都有其各自不同的作用，都很重要，缺一不可。坤卦在数字中表示8；在五行中亦属土；在自然界中表示土壤和大地；在空间位置中处于西南方；在季节中表示夏末和早秋；在物品中代表大锅和大车；在人体中代表肚子和腹部；在企业中代表普通员工，代表广大群众与监督系统。

夏天将尽之时秋风乍起，树叶开始发黄与掉落，却有五彩之美丽，象征众口纷纭与言论自由；而大锅、大车都属于大肚能容的器物，因此又可象征宽容，可见宽容与言论自由联系在一起。据此卦原理，我们要以大肚能容、厚德载物的开明态度来面对监督，使企业化腐朽为神奇，永远焕发出勃勃生机。

案例

化腐朽为神奇的郭海婴

许多女企业家既有母性慈爱之心，还有宽厚仁德之心，往往能用一种广阔的胸怀去包纳万物，因而取得巨大成功。因此，我们要以敦厚之心做事情，不要与人斤斤计较，不要痴迷于争权夺利。郭海婴在整个创业过程中，不但不与上司、平级的同事、下属争利，对员工与投资者、对顾客与合作者都充满宽容之心，而且在遭受欺诈以后仍然拥有大地般的宽容之心，仍然充满母亲般的慈爱之心，仍然一如既往地为社会做贡献，真正可说是以宽厚仁德容纳世间万物。

经过“太太口服液”“丰韵丹”的辉煌，以及遭受欺诈陷阱之后，短短几年间就经历了事业高峰和低谷的郭海婴，仍然保留着初次创业的满腔激情，瑰丽的创业梦想再次萌发。她说：“把自己放

在高峰，这样才能有做大事的胸怀。同时也要把自己放在低谷，这样才能吸收别人的长处。”因此，她通读了国内外数十本现代营销和管理书籍，考察了国内外上百个经营项目，为东山再起做积极的准备，努力地积蓄力量！

她经过学习和思考得出的结论是，雪樱花公司的问题如果归结到一点，那就是企业没有核心文化。在公司快速发展的时候，只重视企业的短期利益，没有考虑到企业的长远发展，没有用文化的力量来规范员工的言行，进而引领员工不断攀登新的高峰。

因此，在新公司组建伊始，郭海婴就提出“时间晶体营销导论”作为企业的文化纲领。根据这套纲领，她在员工招聘及招商方面都提出严格的标准。比如说，员工必须有“敬天爱人”的思想，不孝敬父母的员工不要；经销商必须认同本公司的企业文化，只重视短期利益，没有与公司同呼吸、共命运思想的经销商不招。

“如实地传播产品功效是保健品的立足之本。这当然有个前提，就是产品确实要在某些方面具有独到的保健功能。”① 回归“产品力”这一营销原点，是郭海婴在保健品行业中浸淫10年的深切感悟。郭海婴现在做的“时间晶体”产品包括全蒜软胶囊、生命支架及钙咀嚼片等，她把诚信务实的作风贯穿于生产和销售的全过程。

① 潘海霞．重塑健康产品的诚信“健康”[EB/OL]．(2007-01-25)．http://www.witsee.com/article/zhgl/72986.html.

第六章
神奇的企业倍增计划

将易经思想应用到现代企业的管理经营活动中，既是传承，又是创新。这种创新能够给我们提供许多启迪，能够为我们创造许多奇迹。德国思想家歌德曾说过："奇迹是信仰最宠爱的孩子。"我在这里要说：奇迹是梦想最辉煌的衍生品。奇迹，就发生在地球上的这个世界中，就发生在我们这个古老的国度里，就发生在中国的企业界中。《易经》六十四卦中包含许多宝贵的哲学思想，如乾卦讲的是拼搏雄心，坤卦讲的是柔顺之心，中孚卦教导我们要有诚信之心，恒卦教导我们要有恒心。在实践中用好这些哲学思想，可以让我们见证奇迹的发生。

一、企业倍增方案的重要含义

人类梦想飞上天空，但实现这一梦想还是20世纪初的事情。湖南的张跃、张剑兄弟从小就梦想拥有自己的飞机、自己的天空，结果只用了很短的时间，他们的远大公司就实现了这一远大的梦想。新疆的孙广信从小就敢于编织常人不敢想象的辉煌梦想，结果也用他自己的双手创造出一个又一个辉煌的奇迹。这些奇迹是怎样实现的？他们的成功经验有许多，本文只讨论其中最为重要的一条——企业倍增方案。

所谓企业倍增方案，就是能够让一个企业达到每年销售额增加一倍的方案。"增"指增加，当然是大于0的增加，0是没有增加，负数更没有增加，只能称为减少。"倍"指倍数，如果是负的倍数，那就是递减，而不是倍增了。所以说，倍增方案就是要实现正数的增长，实现正倍数的快速增长方案。

案例

梦想远大的张氏兄弟

湖南的张跃、张剑这对兄弟在大学毕业后，都曾度过多年的教师生涯。到1988年6月，他们在长沙成立远大热工研究所，次年成功开发我国第一台无压锅炉。从1988年至1992年，他们主要做技术转让工作。他们把与生俱来的创业激情充分发挥出来，先后发明了上百项专利，比如1989年的无压锅炉、1992年的直燃式空调、1999年的冷热电联产系统、2005年的静电除尘空调室内机、2009年的工厂化可持续建筑等。

1992年6月，兄弟俩成立长沙远大空调实业公司，开始生产中央空调，并成功开发我国第一台直燃机空调。自1996年起，远大空调有限公司成为全球同行业产销量最大的企业。1996年底，该公司和日本铃木公司合资，组建远大铃木住房设备有限公司。次年7月，制造出首套远铃整体浴室。几年后，又推出中国第一栋集成房屋，揭开中国建筑史的新篇章。

1996年，张跃耗资7 000万元购买美国"塞斯那"公务喷气式飞机及"贝尔206"直升机各1架，成为中国首架企业公务飞机和直升机的拥有者。1997年，张跃考取了中国第一份直升机私人驾照。1999年，张跃、张剑成为第一批登上《福布斯》排行榜的中国人。同年在上海举办《财富》论坛时，张跃乘坐自己的私人公务飞机出现于会场上空，令世界500强巨头们惊叹不已。

此事不仅实现了张跃的梦想，而且在国内引起轰动，使得更多人知道了远大公司，使远大公司迅速成为全球最大的燃气空调供应商。在短短13年间，他们就把3万元的创业资本变成了17亿元的净资产总额，增长了5万倍。目前，远大公司拥有占地面积30多万平方米的远大城，拥有1 200多名员工和超过10亿元的自有资金。

企业在商海中遨游，竞争非常激烈，甚至有逆水行舟、不进则退的感觉。因此在企业创办初期，往往必须实现稳定的增长，才能在市场中站稳脚跟。就像吴一坚说过的那样：用1元钱去赚100元钱，而不是用100元去赚1元。这就是我们提倡企业倍增方案的意义所在。

二、企业倍增方案的基本模式

企业倍增方案可大致分为两种，一是原本意义的企业倍增方案，即每年增长一倍；一是扩充意义的倍增方案，即每年实现正增长，但增长的数量不一定是一倍。

（一）简单的企业倍增方案

最简单的企业倍增方案，就是说如果每过 1 年就能翻一番即增加一倍，那么 8 年后不是翻 8 倍，而是翻 8 番即 256 倍。这就是说，如果用 1 000 元创业，8 年后即可达到 20 多万元，这是一种非常惊人的创富方案。20 年也不是翻 20 倍，而是 1 048 576 倍，就是说用 1 000 元创业，20 年后就能超过 10 亿元。这不是做梦，美国的微软和思科、甲骨文等公司都曾经创造出这样的奇迹，而我们国家也不乏商界人士已经创造出这种奇迹了。

案例

“汽车狂人”李书福

浙江省台州市的李书福不仅是一个敢于“做梦”的人，而且是一个敢于“狂想”的人，被人们称为“汽车狂人”。

李书福开始做生意，应该是在 1982 年。当时父亲给他 120 元钱，刚高中毕业的李书福就买了个照相机，专门给人照相，赚到了第一桶金。到 1984 年，电冰箱成为热销商品，李书福就开办了黄岩县石曲冰箱配件厂，并出任厂长。一开始他就自己一个人生产，把零部件装包里骑着自行车送到冰箱厂。1986 年 11 月，李书福在自主研发、生产出电冰箱关键零部件——蒸发器后，干脆又组建起黄岩县北极花电冰箱厂，自己生产北极花牌电冰箱。到 1989 年 5 月，电冰箱销售额已高达 4 000 多万元，并与青岛红星厂合作，为红星厂生产冰箱和冰柜。此时，北极花牌电冰箱已成为国内冰箱行业的名牌产品，26 岁的李书福也已经是一个千万富翁。

后来，李书福先后到深圳、上海、哈尔滨三地的大学进修学习。因此，虽然他的普通话不太标准，却能说一口较流利的英语。在深圳学习期间，李书福发现一种进口装修材料的市场前景不错，随即返回浙江台州，联合兄弟们重新创业，生产这种材料。此事给李书福家族带来了巨大的成功，直到今天，这份产业每年还有上亿元的利润。

1994 年，李书福的摩托车生意正值红火，他却做出一个惊人的决定——制造汽车，并且在临海市征地 850 亩，筹建吉利“豪情汽车工业园区”。他终于在 1997 年寻找到机会，向四川一家濒临倒闭的、生产小客车的企业投资 1 400 万元，成立四川吉利波音汽车制造公司，并拿到小客车、面包车的生产权。1998 年 8 月 8 日，第一辆两厢"吉利豪情"车上线。2001年12月，吉利获得轿车生产资格，并拥有临海（豪情）、宁波（美日）和浦东（华普）3个汽车生产基地，完成了吉利汽车工业的基本战略框架。2005年9月，吉利集团应邀参加第68届法兰克福国际汽车博览会，成为百年车展上首次升起五星红旗的升旗手，实现了中国汽车自主品牌的历史性突破。2010年3月28日在哥德堡，吉利集团与福特公司签署吉利收购沃尔沃轿车公司的协议，吉利获得沃尔沃轿车公司100%的股权与相关资产（包括知识产权）。

李书福也并非是一帆风顺、永远成功的，他最大的商业失败是在1992年前后。当时海南的房地产热潮正猛，李书福砸进去数千万元，结果全赔了，连回家的路费都没有。但此次失败却给了他很好的教训，就是他以后只做实业，决不涉及其他行业。虽然中途时有挫折，李书福却实现了惊人的倍数增长。从120元到120亿元，李书福的资产在20几年间就增长了1亿倍，几乎刚好是年均增长一倍。

（二）广义的企业倍增方案

每年翻一番，就等于每年乘以2，或增长100%。这种目标可能很难实现，或者说无法刚好实现这个数值。那么我们也可以降低要求，争取达到每年增长20%（即乘以1.2）这样的目标。有时候，也可以是10%、30%甚至200%这样的增长率。这样我们就可以将倍增方案的范围拓展得很大，成为更加复杂的、广义的企业倍增方案。

案例

新晋商的代表吴一坚

山西永济的吴一坚在1985年辞职下海，只带着600元钱孤身闯荡广州、海南。经过短短7年时间的打工及创业生涯，他就已经攒下3亿元的巨额资产，实现年均增长率接近552%的惊人数字。1991年底，在海南事业有成的吴一坚回到西安开发房地产。1993年创办金花房地产有限公司，1995年建立金花企业集团。到2003年，金花企业集团已成为一家涉足投资、开发、制药、商贸、交通、旅游、房地产、酒店及高尔夫等领域，拥有内地和香港两家上市公司，员工4 000多名，总资产71亿元（净资产43亿元）的大型企业集团。

人类社会存在“二八”现象，即80%的财富掌握在20%的人手中，另外80%的人却只能掌握20%的财富。股市中也经常会出现这种现象，只有20%的股票能够上涨，80%的股票不涨甚至反而下跌。受此启发，对于条件不好的企业来说，如果达不到每年增长1倍的目标，那我们也可以降低一些要求，比如争取实现每年增长20%的目标。这也是一件了不起的事情，10年可增长6倍，20年就增长38倍。如果每年增长50%，则10年可增长57倍，20年增长3 325倍，这是多么可观的数字啊！

企业增长到一定高度的时候，反而需要控制增长速度，保持适当增长速度甚至不再增长。此时千万不要盲目扩张，不要盲目地搞多元化。这方面成功与失败的例子都有许多，长沙远大则属于不盲目扩张的成功实例。

三、企业倍增方案的主要手段

企业制订倍增方案后，还要有具体的手段去实施，才能取得真正的成功。在《易经》的六十四卦中，包含着64种甚至更多的经营手段。灵活运用、充分发挥《易经》告诉我们的这些经营手段，就能够让企业经营不断提高层次，最终实现倍数增长的目标。

（一）利用杠杆效应，变废为宝

案例1

出生在吉林省九台市的张兴民，曾经做过侦察连的副连长，不仅懂得侦察，把握市场上的各种商机，而且还懂得“四两拨千斤”的杠杆原理并将其应用到商海中。5年的军旅生涯，还赋予了张兴民强健的体魄、豪迈的性格与强烈的责任感和事业心。

1991年，张兴民向亲友借来20万元人民币，独闯海南岛，住进海口市中心的一家酒店。白天，他饶有兴致地与人聊天，了解情况，收集各种信息；夜深人静时，他反思人生道路上的各种坎坷与挫折，决心把海南当成自己人生的新起点、新舞台。

不久，张兴民承包了海南省热作乡镇经济发展公司。此时正值邓小平发表南方谈话，海南形成新一轮的开发热潮，急需大量钢材与建材。张兴民运用自己多年做外贸工作的丰富经验，将国内积压的电冰箱、洗衣机、羽绒服、茶叶、旅游鞋、小五金等，采取易货贸易的方式，从国际市场换回大量物资，不仅缓解了海南开发的燃眉之急，而且取得良好的经济效益。这一年，张兴民首战告捷，创利2 100万美元。

同年，张兴民还做了另外一件大事——把严重滞销的几十万吨白糖成功销往俄罗斯，解决了海南白糖积压的危机，使海南的糖厂和许多蔗农都大大地松了一口气。外销积压白糖的成功，使张兴民名声大振，同时也使他深深地感到：一个企业家，只有把自己的命运同国家、民族的利益联系在一起，才会有真正良好的发展前途。于是，他明确提出自己办企业的七字方针："兴民、兴国、兴海南"。

之后海南兴起房地产热潮，但张兴民并没有去赶这种浪潮，而是扬长避短，继续走自己的贸易之路。如今他领导的海南兴宝（集团）有限公司，已经拥有固定资产40多亿元，下辖16个子公司和分支机构，成为横跨商贸金融、旅游开发、房地产及工程建筑、农牧业、酒店、饮食业、文化娱乐等产业的大型的现代化企业集团。

"如果把办企业当作画龙，那么企业家的功夫就是点睛。"① 张兴民如是说。另外他还说："我比较欣赏犹太人的一句经商名言：'如果你有1块钱，却不能做成10元甚至100元的生意，你永远成不了真正的企业家。'这就要靠杠杆作用。即用自己最少的资源或主要借用别人的资源，'四两拨千斤'。外国人常常只把借款当成杠杆，而在中国，为政府解决难题、为老百姓做好事也会成为杠杆，而且有时还是最有力的杠杆呢！"②

（二）利用股票市场，飞跃前进

金融工具也是经济学中很有力的杠杆，向别人贷款是杠杆，发行股票也是杠杆，兼并收购则是又一种杠杆。尽管内部妥协是一种解决争端的好办法，可市场却不会向企业妥协，因此企业的内部妥协必须以市场需求为导向，否则就会遭受损害。个人或企业要想取得成功，就一定要想办法影响别人。

发行股票和兼并收购都是影响别人、提升自身的有力武器。以科利华为例，该公司在1999年成功收购阿城钢铁股权，实现了借壳上市，也实现了一次"核聚变"，使两家企业都实现了新的飞跃。

---

①② 石巍. 福布斯富豪力挡沙尘暴［EB/OL］.（2003－08－29）. http://www.gs.xinhuanet.com/zhibobd/2003－08/29/content_878826.htm.

（三）利用逆向思维，快速抢钱

除了发行股票，还要通过股市集资而实现快速发展。有的人只需在股市上买进和卖出，就能够实现快速赚钱、快速发展的目标。上海中路集团的董事长陈荣就说过，“要坐着火箭去抢钱”。当股民都如痴如醉地沉浸在乐观情绪中，以为股市还会上升的时候，陈荣却能够做到众人皆醉我独醒，从狂热的人群中悄然抽身退出。等股市暴跌到谷底的时候，人们都胆战心惊，认为股市还会继续下跌甚至“崩盘”，陈荣又有胆量能够抄底成功，结果在38天内就把120万美元变成了1 200万美元，创造了“38天赚1亿人民币”的资本神话。

（四）利用科技手段，高速增长

阿基米德有句名言：给我一个支点，我能撬动整个地球。这句话说的就是杠杆原理。事实上，科学进步就是推动整个人类社会及经济向前发展的最重要的“杠杆”。因此要实行企业倍增计划，我们首先应该考虑的，就是充分利用当代世界的科技成果及各种科技手段，实现高速增长。比如祝维沙在1991年创办裕兴电脑科技有限公司，10年中营业额每年翻一番，年增长率最低时都有100%，最高时达到400%。前文提到的吴一坚、李书福与张氏兄弟，他们的成功历程也都离不开科技力量的支持。

案例2

吴一坚在海南收获的第一桶金，就来自于生产电视机的工厂及相关技术。到1993年，吴一坚已经在西安房地产行业取得良好业绩，而且树立起金花公司良好的品牌形象。但他却以对新经济发展趋势的敏锐洞察力，把目光瞄准在生物制药行业，涉足生物制药、医药物流等新兴的高科技领域。今天，生物制药已成为金花集团的主导产业。金花企业（集团）股份有限公司生产的转移因子口服液、转移因子胶囊是国家批准上市的第一个国药准字号的转移因子口服剂型，拥有“西安市名牌”“陕西省名牌”称号；金花企业股份有限公司还拥有国家一类新药——人工虎骨粉以及金天格胶囊等一系列科技含量高、市场前景广阔的拳头产品。另外还投资5亿元人民币，兴建占地200亩的、全国最大的医药物流中心“金花西北药城”。

（五）利用博弈原理，实现共赢

科学技术能够发挥杠杆作用，人类的文化知识、人格力量也同样能够发挥杠杆作用。比如四川的薛永新就有这样的企业经营理念：把竞争改为竞赛，商场不是战场，而是赛场。企业同行之间并不一定是你死我活的关系，而是在竞争中含有合作的共赢关系，产业集群的发展就是这样一种典范。

案例3

薛永新祖籍是四川省潼南县，小学毕业，平生酷爱读书和静坐两件事情，还发表了《“道”与人生》《“无为”思想与现代社会的关系》等文章，以及专著《大道·无为》。在这本专著中他写道：“因一个‘争’字，就把人们带到了邪路。所谓商场如战场，你死我活，不择手段，尔虞我诈，这种血淋淋的经济对社会无任何好处。我认为，应把竞争改为竞赛，来一个市场大竞赛，相互帮助，相互学习，取长补短，市场自然会和谐地繁荣。”笔者赞成这种思想，把商场当作赛场而不是战场，把市场竞争改为商业竞赛，这才符合以人为本的精神，才符合经济学的根本宗旨——尽量提高人类的福利水平。

据此，成都恩威集团不与别人争强斗胜，而是专心致力于企业的自我完善。比如广泛收集市场信息，深入研究消费需求，努力挖掘内部潜力，积极改善生产和经营效率；在产品质量方面精益求精，在资源使用方面力求浪费最小化，在服务方面争取好上加好。

（六）利用人力资源，重赏勇夫

企业经营管理要取得成功，除了顺应天时，获取地利，还必须获得人心。上述杠杆作用，无一例外都要通过人的力量去实现。任何一个国家，不管它多么强大，都浪费不起人才资源；任何一个企业，不管它多么兴旺，也浪费不起人才资源。当你让企业员工感觉到他们被当作独立的人加以重视，当你尊重员工意见的时候，当你放手让员工施展他们的才能，自由运用他们的判断力和辨别力的时候，奇迹就会出现。而当你没有用好企业员工的时候，企业的失败也就不足为奇了。

案例4

每年高校学生毕业之际，深圳华为集团都会数以千计地狂招这些急于就业的“天之骄子”，而且年年如此。在人才招收方面，华为并非乘人之危来低价揽才，而是许以高待遇，如一名刚毕业的硕士研究生就可以拿到10万元年薪。同时，华为坚持“知识资本化”，员工均可分得自己的股份。在华为的股本结构中，由30%的优秀员工集体控股，40%的骨干员工按比例持股，10%～20%的低级员工、新员工亦可适当参股。员工所持有的股份，还能根据其才能、责任、贡献、工作态度及风险承诺来做出动态调整。

华为集团的老总任正非表示：“华为唯一可以依存的是人，认真负责和管理有效的员工是华为最大的财富，员工在企业成长圈中处于重要的主动位置。”① 为此，他坚持人力资本的增值一定要大于财务资本的增值。这符合经济学上一个最基本的原理：如果一个员工创造100元的价值，给他10元报酬，公司净得90元；假如一个员工创造了10 000元的价值，则不应按同样的比例支付人力资本1 000元，而是3 000元。这样才会激励员工去创造10 000元的价值，而企业也得到更多，7 000元当然大于90元。如果企业领导人认为企业应得9 000元，那么最终的结果可能却只有90元。这正是“重赏之下，必有勇夫”。时至今日，中华民族的传统智慧仍然为我们不断创造着无限的价值。

总之，为了达到企业发展的目标，必须经过两大步骤——首先是评估本企业各种生产要素的利用率和贡献率，确定有较大潜力的生产要素；其次是针对这些较有潜力的生产要素，采用积极有效的手段提高其利用率和贡献率。上面所讲的几种倍增手段，就是充分发挥了商品、资本和技术、人力资源等方面的潜力。

---

① 任正非．华为的红旗到底能打多久［EB/OL］．（2005－11－09）. http://biz.zjol.com.cn/05biz/system/2005/11/09/006361978.shtml.

第七章
个性张扬的企业和经济

在新经济时代和信息社会，世界各国之文化产业、休闲产业蓬勃发展。不仅信息产业发展神速，而且个性化产品不断涌现，越来越多的富有个性的企业家取得成功，国际社会的体验经济、个性经济方兴未艾。《易经》六十四卦各有独特个性，以此来描述丰富多彩、生机盎然的世界，可见张扬个性对企业和经济发展都有重要作用。八卦两两相叠之后，即可形成六十四卦，它们的卦辞与爻辞就共同构成《易经》的经文。六十四卦是一种高度的哲学概括，可用来形容丰富多彩的大千世界，乃至浩瀚无垠的广袤宇宙。当然，亦可用来代表各种各样的企业与城市。六十四卦各有其个性，越有个性的生物与事物往往越有创新能力。各种企业与各种城镇也各有其个性，因此企业经营与城市发展也要讲个性尤其是文化个性，发挥好个性的企业与城市往往就能有较强的竞争力。

一、张扬个性乃时代最强音

对于20世纪八九十年代出生的年轻人来说，他们很难想象其父母年轻时候的服装会是清一色的藏青色或陆军色，谁穿了紧身裤上街，往往就被人好奇地议论，甚至有“先进的革命分子”三五成群地用剪刀来“伸张正义”，把这种裤子剪开剪烂。如果有哪个男生将头发留长到十几厘米，都有可能被押到理发店“免费理发”；同时若有人胆敢把头剃光，则可能被当成劳改犯遭受众骂，甚或被当成坏人直接拖进派出所拘留起来。“文革”压抑人的个性，所以经济也得不到发展。相比之下，当今社会的“80后”“90后”就很幸运了，想怎么装扮自己就怎么装扮自己，有的甚至会把头发烫成一边弯曲、一边竖立，或者染成一边红色、一边金色……这就叫张扬个性。

今天，我们有幸生活在一个允许个性张扬的时代，个性张扬的时代，这必然会带来个性经济的发展。就以头发染成一边红色、一边金色为例，貌似很简单的染发，并不只是理发店的事情，而是可能关联着一整条产业链：染料生产商、药水生产商、包装材料生产商、染发液生产商、物流与终端配送服务商、销售与工艺服务商。由此可见，一种个性化产品能带动整个产业链。个性签名、个性画像、个性订制等各种个性化产品，成为我们个性经济时代的GDP越来越重要的组成部分。日趋丰富多彩、多样化的个性需求，引致了一条条的产品生产及物流至终端的供应链，进而形成个性经济。

二、个性经济有望形成第五次浪潮

在一个政治环境宽松的年代，我们没有理由拒绝个性经济的发展。20世纪80年代，建筑物的外墙砖几乎都是青白相间的马赛克或8 cm×15 cm的烧面瓷片，但今天，我们能看到各种款式的马赛克，乃至金色里透出小小荧光的，能看到各式浮雕纹的外墙砖等。类似的例子不可胜数，这些东西都能算得上个性化产品。

个性经济透过人们衣食住行、吃喝玩乐的各个环节走进我们的现实生活中来，使经济的车轮飞速前进。度假村的各种活动，没有个性就没有特色，没有特色就没有人到这里来观光和消费。因此，我们不得不重视个性经济，并有义务对个性经济作为人类重要经济活动的现象进行研究。从市场的需求、市场的存在、消费者的行为分析、产品开发设计的过程以及企业家对这一经济现象的重视等方面，都要一一进行深刻的研究和倡导。

个性化的典型案例就是产品开发，产品开发来源于个性化意识在产品中的体现。早在10年前，化妆品行业已在研究个性化产品的出路和问题。

宾利在很早以前就能按客户的意思去定做汽车，可以做到任何车不重复，以此带动了其高端品牌的地位。但事实上，宾利并不是绝对的个性，后来变成同一款车，有很多不同的东西可让你去选择。比如沙发、装饰木、色彩等，这一方法现在很多车都在用，已不新鲜。但它的个性化地位毕竟造就了它的高档地位。今天盛行于世的概念车，就是为了张扬人的个性所设计的。一款又一款推陈出新，已远远超越宾利刚打造品牌时汽车需求的个性设计范围。

由英文“Conception Car”意译而来的“概念车”，是当今时代最新的汽车科技成果，代表着未来汽车的发展方向。同时由于应用了最新的科技成果与超前的奇思妙想，概念车体现出独特的创意，同时兼具极高的鉴赏价值。在各大车展的展台上，概念车总是吸引人们眼球的一大亮点，它们或个性十足地张扬自我，或以创新科技来彰显实力，或是功能多样可一车多用。福特概念车打出这样的广告语：伟大的汽车设计触动心灵，激发渴望。

个性经济是休闲经济、体验经济的高级表现形式，甚或是超越休闲经济、体验经济的更高表现形式。或许可以这样说，个性张扬所带来的经济浪潮是继农业经济、工业经济、服务经济、信息经济的第五个经济浪潮。下面请看看一些成功的企业名人，他们是如何把握了自己的个性，并取得张扬个性所带来的经济成就的。

李书福的个性是自信与勇敢行动，他立志要做中国的福特，被称为“汽车狂人”。从开照相馆到制造摩托车、创办吉利集团，李书福走出一条白手起家的成功道路。吉利汽车横空出世后，立即在中国的汽车制造业、汽车销售业乃至整个经济界形成强烈的“吉利冲击波”。人们惊呼，中国汽车工业依靠政府保护、国有资本垄断的顽固堡垒，被一家民营企业攻破了，被李书福这条“鲇鱼”攻破了。李书福以其独特个性，将整个中国车市搅得浪涛滚滚，他制造出让平民百姓买得起的3万元轿车，让过惯了舒坦日子的国企巨头们头痛不已。不仅如此，李书福还有震惊世界之举。2011年3月28日，李书福从美国福特手中，收购了沃尔沃公司100%的股权。从中国的一个农民企业家，成长为发达国家跨国企业的老板。李书福，当然是中国汽车制造史上不能漏掉的重要人物。

牛根生的个性是坚韧与执着，甚至被称为中国的“乳业怪才”。他于1999年创办的蒙牛集团显然是一头真正的“猛牛”，仅用短短的3年时间，销售额就高达21亿元，在全国乳制品企业排名中由第1 116位飙升到第4位，创下震惊业界的神速成长纪录。这位“乳业怪才”的独特个性，使他在短短的4年时间里就创造了两项纪录：一项全国纪录——中国成长企业百强之冠，一项世界纪录——蒙牛利乐枕销量全球第一。牛根生奉行“超速才能生存”的信条，带领蒙牛集团昂首阔步走向未来。

朱保国的个性则富有冒险和拼搏精神。自从涉足保健品行业之后，数次冒险收购、孤注一掷，如收购健康药业、深圳海滨制药有限公司，购买鹰牌商标所有权等。他最欣赏的格言是“只有偏执狂才能生存”，这是英特尔公司总裁的一句名言。

至于大潮般兴起的电脑网络行业，更是涌现众多商业奇才，如柳传志、丁磊、马云、陈天桥等，相信人们都耳熟能详，这里不再一一介绍。

三、个性经济是活力四射的经济形态

为什么发型多变？为什么服装各异？说明人的本性深处，都有一种张扬个性的需求与冲动。个性的张扬，往往能带动多种行业的产生与发展。现在我们经常提倡创意，讲究亮点和卖点，也是个性经济的发展要求。

马斯洛将人的需求分成五个层次，从低到高依次为生理需求、安全需求、归属和爱的需求、尊重需求、自我实现需求。个性需求主要属自我实现的需求，因而是人性最高层次的需求。个性需求是社会富足、进步而自然产生的高端需求，个性需求能够催生个性经济，由个性需求催生出来的个性经济是目前最高层次的经济发展形态。

制造个性化产品、开展个性化经营，才会产生活力四射的效果，才能获取相当高的附加值。实际上，每一个时代都有那个时代的、活力四射的个性化商家作为经济潮流的领航者。以春秋末期的范蠡为例，他在越国取得仕途上的巨大成功后，却能够急流勇退、隐居经商，这已经是让人无限景仰的个性行为。而他辞官后竟然还能在“十九年之中，三致千金”，更是一种了不起的商业成就，这种商业成就又来自于他的个性化经营。特别是在陶邑（今山东定陶）的时候，其资产由“十万”到“千金”，再至“巨万”，成为当时首屈一指的富商。加之范蠡自称“朱公”，因此民间就把他称为“陶朱公”。

传说范蠡和西施共同创业、白手起家，他们既学会了做陶艺，又发明了以往从来都没有过的陶制大缸。这属于新产品开发，没有新产品就不会出现新的经济增长方式，没有个性就无法进行新产品开发。还有一个典型例子，范蠡专门购买价格便宜的树桩，无论大小与形状，哪怕是奇形怪状的也要。然后他们再进行加工，把小的树桩做成木榫，大的做成砧板，长的做成棒槌。这些加工后的成品能卖出的价钱，就往往数倍于甚至数十倍于原材料的价钱。

相传他们隐居于无锡五里湖畔时，曾教会人们养鱼种竹的方法，太湖边至今流传着这两句民谣：“种竹养鱼千倍利，感谢西施和范蠡。”今日无锡仍有许多地名与范蠡相关，如蠡河、蠡桥、蠡园等。

更了不起的是，范蠡还提出了一套“积贮之理”，就是说当物价便宜的时候，应像对待珠玉珍宝那样大量收进、储存起来——此即“贱取如珠玉”；等到涨到较高价位之后，却应像抛弃粪土那样毫不可惜地尽量抛出——此即“贵出如粪土”。和大多数人的做法迥异，这就是个性化经营的重要特征。如此，他不仅自己致富，还为平抑物价，避免丰年谷贱伤农、荒年民不聊生做出了积极的贡献。

个性化产品、个性化商家在人类社会中早就出现了，只是各个时代表现形式不一样，且往往是个别现象，直到我们这个时代，才会大量地涌现，并形成大规模的个性经济现象。我们研究个性经济，既应总结过去的经验教训，更应做好现在的事情，并描绘一幅美好的未来发展图景。

四、发展个性经济的基本路径

个性经济就是以个性发挥作为主要运营手段，以个性化产品作为主要运营对象，既发挥生产者个性又发挥消费者个性，使生产者、消费者都能在物质、精神两个方面得到满足的经济形态。个性经济不仅要张扬生产者个性，更重要的是满足消费者张扬个性的需求。个性经济既是当今正在形成的新经济形态，也将是未来最重要的经济形态。更为重要的是，个性经济将和我们一起开创新的生活，创造崭新的未来世界。

发展个性经济的基本路径，就是要激昂意志力、激发创新力、激活生命力，就是要充分张扬生产者、消费者个性，对各种运营对象进行个性化处理、制作和再创造，使每一个细胞都富含独特之文化元素，每一个细节都能体现出产品个性，尤其是文化个性。

发展个性经济，需要众多的个性化产品。前面所提到的奇特发型、概念车等就属于个性化产品。

发展个性经济，需要推广个性化经营。笔者提出在“天、地、人”和谐的情况下，还要重视变化。根据市场的不断变化，采用灵活的个性化经营，从而取得“核变化”一般的经营成就。

发展个性经济，需要众多的个性化商家和企业家。上文已经列举了不少例子，这里不再赘述。

发展个性经济，需要推广个性化教育。长期以来，我国的教育一直采用填鸭式、封闭式的教学方式。实践证明，这种教学方式只能让学生在考试中得高分，并不能培养和激发学生的创新精神与创造能力。因此我们必须采用开放式的、灵活多样的教学方式，比如合作学习就是一种值得借鉴的教学方式。

没有人生来就是有名望的，或生来就是富有创造力的。所以说，我们应当懂得培养创新精神与创新能力，允许更多人张扬个性，方能充分发挥其创造性；我们的社会应当张扬个性经济，方能使我们的国民经济上升到新台阶，社会发展到新阶段。

第八章
城市的竞争优势及发展战略

与企业经营一样，城市发展要想取得较好的效果，必须设法提高城市的市场竞争力。那么，如何提高城市的竞争优势呢？人们经常会使用“波特钻石”理论来做研究，并提出相关的竞争策略。但笔者认为，五行学说从理论方面概括了宇宙万物的组成要素。中医药实践方面的经验证明，五行学说在一定程度上有助于提高人体的健康水平。而人体健康水平的提高，又能提高个人在经济社会中的竞争力。以此类推，五行学说有可能帮助城市提高竞争力和竞争优势，值得我们加以借鉴且应用于竞争力理论中。

一、五行理论概说

五行原是自然界中金、木、水、火、土这五种物质及其属性，后来延伸为宇宙中具有这五种属性的万事万物，甚至包括人类社会中的文化属性。

（一）五行起源

五行学说的起源，最早当追溯到《黄帝内经·素问·阴阳应象大论》，该文中有这样的论述：东方生风，风生木；南方生热，热生火；中央生湿，湿生土；西方生燥，燥生金；北方生寒，寒生水。这清楚地说明，五行理论假设五行之气来自于五个方位，五个方位之气产生了五行。

另有一种观点认为，五行的来源和《易经》的阴阳学说相关，认为五行来自河图洛书中的天地生成数口诀：“天一生水，地六成之；地二生火，天七成之；天三生木，地八成之；地四生金，天九成之；天五生土，地十成之。”

在春秋时期前，中华民族就已经懂得使用这样一种极朴素的五行理论，将金、木、水、火、土作为宇宙万物的五种基本元素。后来，孔夫子编纂并作序的《尚书·洪范》将自然界中具有类似属性的事物抽象概括，归入五行之中，再用五行解释事物的存在与变化情况，发展为一种较为系统的理论学说即五行学说。《尚书·洪范》托名箕子对武王的话解说五行：“五行：一曰水，二曰火，三曰木，四曰金，五曰土。”

《荀子·非十二子》说子思、孟子是五行的创始者，五行与阴阳之合流大约在邹衍稍前。《史记·孟子荀卿列传》说邹衍“深观阴阳消息”，《史记·封禅书》说“邹子之徒论著终始五德之运”，可见邹衍是阴阳五行学派最早的代表人物。邹衍的“五德终始”即五行相胜说，是依照土、木、金、火、水的顺序排列的，即排在后面的一行都对紧挨前面的那一行有克制作用，以此来说明历史是依照五行运转而实现朝代兴替的。为了适应五行运转这种天道的变化规律，每个朝代都必须制定和实施相应的社会制度，方能实现健康的生存与发展。

（二）五行含义

五行学说是古代汉族人民创造的一种哲学思想。它以自然界的五种属性即金、木、水、火、土作为构成宇宙万物及各种自然现象变化的基础。这五种属性各有不同特征，就是说金有肃杀、收敛之性；木有生长、发育之性；水有寒凉、滋润之性；火有炎热、向上之性；土有和平、存实之性。五行学说把自然界一切事物的性质都高度概括，归纳为这样五大类的范畴。

在五行学说成型之前，先有一种朴素唯物主义观点的“五材说”。《国语·郑语》中说：“故先生以土与金木水火杂，以成百物。”《左传·襄公二十七年》里写道：“天生五材，民并用之，废一不可。”《尚书·洪范》把它们提升为：“五行：一曰水，二曰火，三曰木，四曰金，五曰土。水曰润下，火曰炎上，木曰曲直，金曰从革，土爰稼穑。润下作咸，炎上作苦，曲直作酸，从革作辛，稼穑作甘。”这说明到了战国后期，人们（以邹衍为代表）已经懂得将五行属性抽象出来，并推演到世间万物，构成一个固定的哲学概念及组合形式。

五行相生的关系为：金生水，水生木，木生火，火生土，土生金。

五行相克的关系为：金克木，木克土，土克水，水克火，火克金。

五行学说认为，大自然由金、木、水、火、土五种要素及其运行变化所构成，这五种要素的盛衰既能让大自然发生变化，使得宇宙万物循环流转，还会影响到人乃至国家的命运。五行学说强调整体观，五种要素共同组成一个有机的整体，可用来描绘各种事物的结构关系和运动方式。如果说阴阳是古代的对立统一学说，则五行可算是原始的系统观与方法论。

（三）五行应用

古代劳动人民通过长期的接触和观察，认识到五行中的每一行都有不同的性能。“金曰从革”，意思是说金具有肃杀、变革之特性；“木曰曲直”，是说木具有生长、升发的特性；“水曰润下”，是说水具有滋润、向下的特性；“火曰炎上”，是说火具有发热、向上的特性；“土爰稼墙”，是指土具有种植庄稼、生化万物之特性。古人基于这种认识，将宇宙间各种事物分别归属于五行，所以说五行的概念已经不再局限于金、木、水、火、土这五种物质本身，而是每一行都能代表一大类在特性上相似的各种事物或现象，以及它们所共有的抽象性能。

作为中国古代的一种世界观与方法论，五行学说主要应用于哲学、中医学和占卜方面，甚至在文化习俗与社会组织、国家行政系统中也有所应用。《左传·昭公二十九年》记载蔡墨曾说：“故有五行之官，是谓五官……木正曰句芒，火正曰祝融，金正曰蓐收，水正曰玄冥，土正曰后土。”

战国晚期形成的五行生克思想，将五行之间相生、相克的次序固定下来，作为各种事物间相互关联的哲学模式，以自然规律来总结和体现各种事物的内部结构关系，把握整体的系统观念。《黄帝内经》把五行学说应用于中国的传统医药学，对研究和整理古代人民积累的大量临床经验，形成中医特有的理论体系，起到了重要的奠基和推动作用。即便到了今天的信息社会，中医药理论仍能应用于临床实践。去年获得诺贝尔医学奖的屠呦呦，正是一个典型的成功案例。

五行代表五种自然条件，这些条件反映到天空中，就对应金星、木星、水星、火星、土星这五颗行星；反映在地球上，就是金、木、水、火、土这五种物质；反映到人类社会中，就形成仁、义、礼、智、信这五种品德。中国古人认为，这五行在天地之间是密切相关的。比如天上的木星发生了变化，地上的木类物质和人类的仁心也会随之产生变异。迷信色彩十分浓厚的占星术，就是以这种天、地、人三界相互影响为理论基础，逐渐演绎和扩充而得来的。

二、“波特钻石”模型简析

“波特钻石”理论主要是为了说明一个区域的某种产业为什么会在区域间有较强的竞争力，其中心思想是，区域兴衰的根本在于——能否在区域竞争中赢取优势，并强调所有行业和产品都会参与区域间竞争，且共同形成区域整体的竞争优势。而区域竞争优势的取得，关键在于以下六个要素的整合作用。前四个为基本要素，后两个为辅助要素。

（一）生产要素[①]

生产要素是赫克歇尔—俄林要素禀赋理论的核心，迈克尔·波特则对生产要素的特征展开更为详尽和新颖的分析。他把生产要素划分成基本要素（或初级要素）和高级要素两大类，前者包括自然资源、气候、地理位置、人口统计特征等，后者包括通讯基础设施、复杂和熟练劳动力、科研设施以及专门技术知识等。波特还指出，高级要素对竞争优势具有更重要的作用。更重要的是与自然赋予的基本要素不同，高级要素是个人、企业以及政府投资的结果。因此，政府可通过对基础教育和高等教育的投资，提高人口的普通技能和知识水平；通过刺激和鼓励高等教育与科研机构的高级研究，极大地提高区域的高级要素质量。

高级要素和初级要素之间存在复杂的关系。初级要素可为区域提供初始优势，这些优势可随着高级要素的投资得到加强和扩展。反之，初级要素所存在的劣势会形成一种向高级要素投资的压力。

（二）需求条件[②]

“波特钻石”理论十分强调区域内需求刺激和提高区域竞争优势的作用。对于越接近企业的顾客，企业的反应越敏感。因此，区域内顾客的需求对于塑造本区域产品个性、开展技术革新、提高质量发挥着尤其重要的作用。若消费者是成熟、复杂与苛刻的，就会迫使企业努力提高质量标准、加快产品创新，从而促使企业赢得区域间竞争优势。

（三）关联产业[③]

某个产业取得区域竞争优势的第三个因素，就是要在区域内拥有具备区域间竞争力的供应商及关联、辅助性产业行业。这些供应商及关联、辅助产业往往会投资于高级生产要素，这种好处会逐步扩展到本产业中，从而帮助该产业取得区域间竞争的有利地位。这种产业发展进程，可促使区域内的成功行业趋向集聚，形成关联行业集群。

---

① 指整个区域所拥有的各种生产要素，包括自然资源、人力资源、知识资源、资本和基础设施等。

② 指某种产品（或服务）的需求状况，尤其是本区域市场的需求状况。分析某个产业时，就是指区域内对该产业商品（或服务）的需求状况。

③ 指关联和辅助产业（包括上下游产业）的表现，尤其看这些产业是否有区域间竞争力。

（四）竞争状况[1]

形成区域竞争优势的最后一个主要因素，就是有关企业的战略、结构和竞争状况。对此，波特提出如下两个观点。

首先，不同区域有特色各异的管理意识形态，这些意识形态能帮助或妨碍形成一国的竞争优势。其次，激烈的区域内竞争与区域间竞争优势也存在密切联系。产业中存在激烈的区域内竞争，会引导企业努力寻求提高（生产与经营）效率的途径。反过来，企业提高区域内竞争能力的努力，也会促使其成为更好的区域间竞争企业。区域内竞争给企业带来创新、改进质量、降低成本等压力，促使其通过投资提高知名度、提升高级生产要素，从而成长为具有世界竞争力的企业。

波特将上述四因素构成一个菱形，认为当某产业或部门的菱形条件处于最佳状态时，该区域企业取得成功的可能性最大。同时，这个菱形还是一个互相促进、互相增强的系统，任何一个因素的作用发挥程度取决于其他因素的状况。举例说，良好的需求条件并不能导致竞争优势，除非区域内竞争的压力已达到促使企业做出反应的程度。

（五）机会

机会和政府，是另外两个能够对区域竞争优势产生重要影响的变量。波特认为，前四个要素有双向作用，形成钻石体系。后两个要素存在较大变数：机会是无法控制的，政府的影响则是不可漠视的。譬如说，如果发生重大的技术创新这种机遇事件，就会使有关产业的发展进程中断或突变，从而导致原有产业结构的解体或重构，为技术革新区域的企业提供了排挤、取代区域外企业的机会。

（六）政府

政府部门通过行政手段和政策选择，能够削弱或增强区域竞争优势。如政府的行业补贴和公共投资会影响该区域的资源与才能要素，区域内产品标准及规范则可塑造区域内需求与性质。通过政策法令等，政府还可影响某个产业的关联性或辅助性产业。通过市场法规、税收政策及反托拉斯法等手段，可以影响企业间的竞争状态。

“波特钻石”理论的基本观点表明，一个区域在某个产业的区域间竞争

---

① 指企业战略、组织结构及竞争对手的表现，该条件强调支配企业创建、组织和管理的区域内条件，以及区域内竞争的本质和状况。

优势，是该区域资源与才能要素、需求条件、关联性与辅助性行业、企业战略与竞争状况四个方面综合作用的结果。菱形的四个组成部分应当同时存在，方可有效地影响和促进竞争力的发展。而且，机会和政府对四个组成部分中的任何一个方面都会产生积极或消极的影响。据此，四个主要因素和两个辅助因素就组成了“波特钻石”模型。

三、五元结构图的提出

从上文可以看出，五行学说不仅能够应用于中医药，还能应用到其他领域。受此启发，笔者认为竞争力的影响因素应该是五个，而不是“波特钻石”理论所描述的六个。时至今日，世界已经进入信息社会，全球经济也步入一体化进程中。“波特钻石”模型已经不能完全适应新形势的需要，特此对其进行分析和改造，并根据我国传统的五行关系图，提出一个新的模型即五元结构图（如图1所示）。

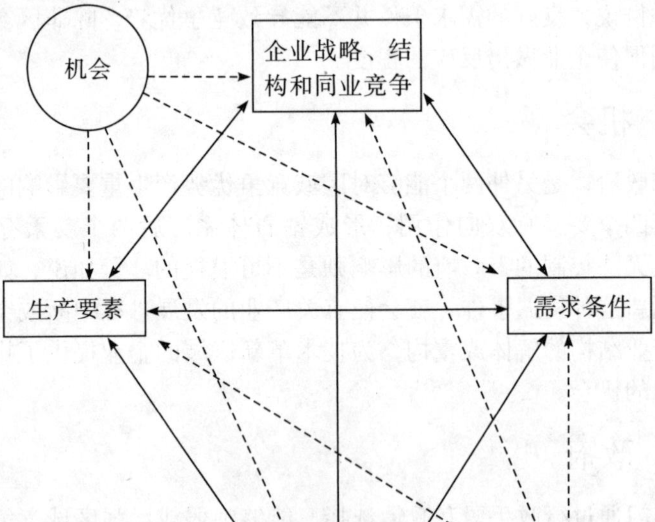

图1 “波特钻石”模型

（一）“波特钻石”模型的解析

首先，“波特钻石”模型中所讲的需求条件，自然就是需求方所拥有的条件，可以包括需求方的心理状态、购买能力和议价条件等。竞争企业也属于需求方所拥有的条件，并且能够对需求方产生影响，故不必单独列出，二者可合并为需求方条件（或者称为市场空间）这一个要素。因为有竞争企业的存在，需求方就可以在这些企业中做出选择，谁提供的商品或服务更好、更有价值，就购买谁的商品或服务，这也是迫使企业或城市努力提高竞争优势的根本动力。

其次，资源与才能要素则是供应方所拥有的发展条件，关联与辅助性行业仍然是供应方所拥有的发展条件，也不必单独列出，二者可合并为供应条件这一个要素。因为供应方要生产和供应适合市场要求的商品或服务，不仅要把资源与才能要素投入生产或服务过程中，往往还需要关联或辅助性行业所提供的服务或者原材料、零配件以及半成品等。

至于机会，有时候来自新的、更广阔的市场空间，有时候来自资源与才能要素的显著进步，还可以来自政府或政策之变革，因此也不必单独列出，我们可以从“波特钻石”模型里删去这一个尖角，而政府作用和竞争战略则仍然保留。

与此同时，有一个因素没被人们所重视，或者说没被当成一种经济要素，一种能够影响区域竞争力的重要因素，这就是文化资源。文化资源往往是独具个性的，因此笔者经常把它称为文化个性。所谓文化个性，包括各种文化载体和文化信息，以及文化传统、生活习俗、民族性格与群众素质等。因此，我们有必要在新的竞争模型里增加文化个性这一个尖角。

故笔者提出使用新的模型，由五个方面即市场空间（包括需求条件和竞争企业等）、文化个性、竞争战略、政府作用和供应条件（包括关联企业、土地和自然资源等经济要素）共同组成。而且每个竞争要素和其他四个竞争要素之间都存在着互相作用、互相影响的双向关系（如图 2 所示）。

对于区域（包括国家、城市）经济来说，影响竞争力的主要因素包括：政府作用—市场空间—区域竞争战略—文化个性—供应条件。

对于产业经济来说，五个主要因素就是：政府作用—市场空间—产业竞争战略—文化个性—供应条件。

对于企业经济来说，五个主要因素是：市场空间—文化个性—企业竞争战略—供应条件—政府作用。

需要指出的是，整个区域（包括城市）的竞争力，往往来自各大产业和所有企业的竞争力；产业和企业的竞争力，又与整个区域的竞争力密切相关。

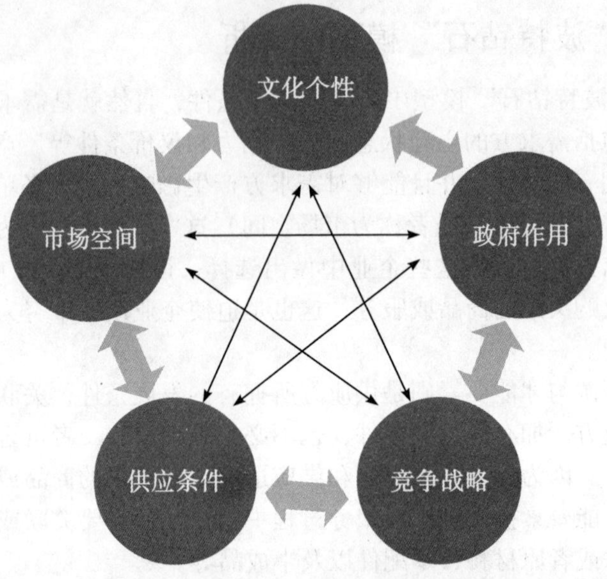

图 2　竞争优势新模型

某个产业的竞争力，往往由相关企业的竞争力整合而成；企业的竞争力，又依赖整个产业的竞争力。因此说，这三者之间存在相辅相成的作用和关系。

（二）文化资源的发掘

文化资源也是文化个性，其可划分为文化信息、文化品质两大方面（如图 3 所示）。

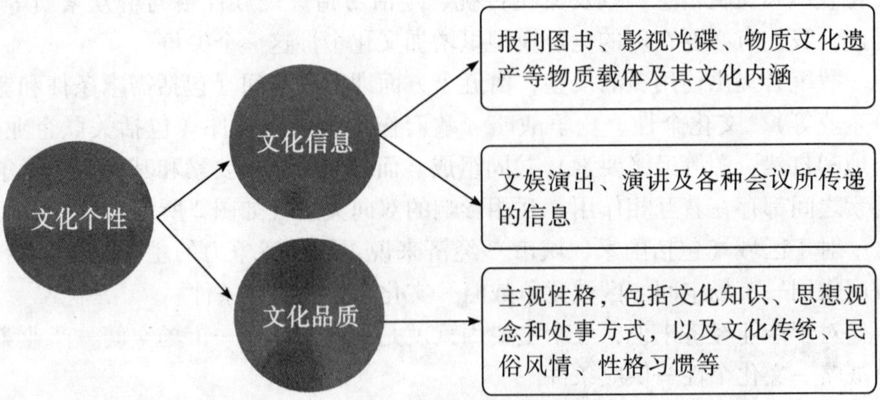

图 3　文化个性的组成结构

文化信息是一种客观存在或称为物质要素，包括报刊图书、影视光碟、物质文化遗产等物质载体及其文化内涵，或者是文娱演出、演讲及各种会议所传递的信息，可作为经济要素、生产要素，直接参与生产、服务过程。

文化品质则是一种主观性格，包括人们头脑中的文化知识、思想观念和处事方式，以及文化传统、民俗风情、性格习惯等，表面看好似文学概念，其实对经济活动和经济实体会发挥作用、发生影响。文化品质好像科学技术知识、经营管理知识那样，可作为人力资源的另一种禀赋，虽然只是间接地参与生产过程，只是一种意识要素，却拥有和物质要素同等重要的影响和作用。

不同的文化品质，能使人形成不同的处世方式，养成不同的生活习性和工作方法，造成不同的人生经历和结局；不同的企业文化，会使企业形成不同的经营与管理模式，制造出不同质量的产品，取得不同的经营业绩和市场影响力；不同的文化个性，则可让城市形成不同的发展模式，打造不同的支柱产业与不同的服务业，取得不同的发展成就，让城市居民过上不同的物质生活与文化生活。

文化资源可作为一种生产要素，可又不仅仅如此。因为文化个性不但能够体现在供应条件（尤其人力资源）中，而且能够体现在需求条件中（比如通过对需求方的消费偏好产生影响），还能对政府政策和发展战略（通过制定者）产生影响。因此在我们的竞争力模型中，有必要将文化资源作为单独的一极。

（三）新模型的构造

在波特模型中，经济要素和关联企业分别是两个独立的因素。我们认为，可将它们合成在一起，共同构成供应条件这一个因素，并和市场空间形成对立统一的关系。在波特模型中，机会主要指市场机会。我们所说的市场空间，则包括了波特原有模型的机会、需求条件和竞争企业这三大因素。

至于政府作用，则包括经济管理体制，政府的规划、调控与服务能力，各种政策法规等。文化个性主要包括风俗民情、人的思想观念以及由此形成的工作方法、生产方式等。文化个性是看不见、摸不着的，目前很难给予定量分析，但它对经济社会的影响却是确确实实存在的。

综上所述，“波特竞争”理论的钻石结构图亦可修改为五元结构图，或称为竞争力五要素结构图（如图4所示）。

从五行来说，如果供应条件属土，则政府作用属金，市场空间属水，竞争战略属木，文化个性属火。其相互关系可参照土生金、金生水、水生木、木生火，火又生土这样的循环；亦可有土克水、水克火、火克金、金克木，木又克土这样的循环相克关系。

在此结构图中，市场空间是客观存在的，其对文化个性的形成、发展起着决定性的作用；有什么样的文化个性，往往会对竞争战略的制定和执行产

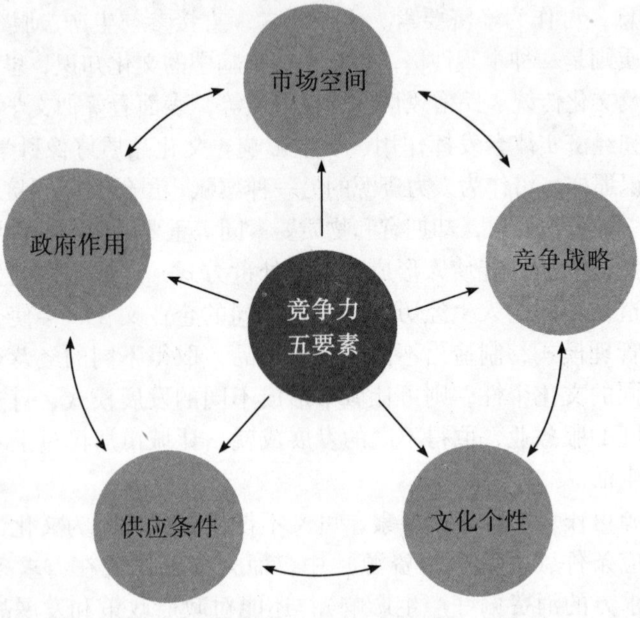

图4　五元结构图

生重要影响；主观的竞争战略，当然还要接受市场空间、自然资源的客观制约，但优秀的竞争战略，不仅能够发挥自然资源、文化个性的重要作用，还能占领甚至开拓新的市场空间，所以说竞争战略是整个结构图之核心；土地等自然资源所提供的发展条件，往往会影响政府的行为与政策；政府的作用主要来自于人的主观努力，可是对市场并非只能完全被动地接受，而是能对市场空间产生积极或消极的影响。从反方向来看，也有相互作用的逻辑关系。

四、增强竞争优势的战略设想

所谓竞争战略，就是这样一些战略部署，能够根据现有、预期的市场空间，将政府作用、自然资源与文化个性进行高效的配置组合，制造出富有竞争力的商品，为自己获取最大化的经济社会效益。

（一）优化政府作用

从理论上说，市场经济要求政府尽量不干预。然而在实际运作中，政府对经济的作用是不可忽视的。在中国国情下，政府对经济更是起着重要的作用。政府要为经济保驾护航，故优化政府作用就是要尽量发挥那些激活供应条件、商品市场的作用，减少阻碍作用。政府对经济和区域竞争力的作用，一方面可通过日常的管理行为和管理活动来实现，另一方面通过各种政策的制定与贯彻执行来实现。能够直接影响经济和区域竞争力的政策，大致有货币政策、财政政策、相关法律，以及人力资源政策、产业政策与金融政策、科技政策等。

一个区域的竞争力（或称竞争优势），源自其资源禀赋及各种商品的市场生命力，只有长久不衰的市场生命力才会有长久不衰的竞争力。因此政府的主要作用，应当是激活并提高生产要素、商品的市场生命力。提高竞争力不仅需要宏观政策的支持，更需要政府为发展经济创造良好的制度环境，加强与完善关键基础设施建设，规划并引导产业群的发展，在合理分配资源的基础上采取最优的经济发展模式。政府应引导并保障市场的良性竞争，而不是阻碍竞争环境的形成与存在，为企业发展尽可能提供更坚实的微观条件与更合理的宏观环境，提供信息沟通平台，使企业能够与政府进行平等对话。

我们需要解决的难点问题，就是如何对政府作用进行量化分析。既要评估各种政策对于竞争力的作用，还要评估整个制度环境对区域竞争力的作用。在此基础上，就可知道政府各部门还需做出何种与何等努力，以便有效地提升本地区的区域竞争力。

（二）发扬文化个性

人们早已知道，供应和需求是经济结构中的对立统一体。在此我们要说，文化个性和政府作用则构成另一个对立统一体，二者之间也存在既相互矛盾又相互依存的辩证关系。良好的文化个性能够促成良好的政策与工作作风，良好的政府作用则有助于发扬与发展良好的文化个性。

在某个区域经济起步发展的时候，模仿或许是重要的，但自主创新是必须要走的根本发展路向。那么，创新能力又来自何处呢？有个性才会有创新性和创造力，有创新性和创造力才会有生命力。个性往往又与文化习俗相联系，因此说文化个性对于产业发展、经济增长具有相当重要的促进作用。文化个性决定着创新能力，对于艺术家的成长来说是如此，对于企业、城市的发展亦如此。

文化个性不仅对文化产业具有重要作用，对服务产业、整个城市的发展都具有重要作用。由于生产要素的流动越来越方便，要素的自然禀赋也就显得越来越不重要，人力资源的创造能力则显得越来越重要，人的个性、企业文化、城市的文化个性显得越来越重要。因此文化个性对于现代服务业、都市区域的发展，对于区域竞争力的提升，都是一个相当重要的基础条件和必要的推动力量。

文化个性也不是不能量化的，比如说文化遗产的数量及其对经济（尤其是文化产业、旅游产业）发展的作用，区域人口的受教育程度，中产阶层（除了工程技术人员，还需特别强调老师和医生、科研人员、会计师、律师和编辑等）的数量，本区域的风俗民情、信仰及思维方式等对市场经济、开拓创新精神的认可程度，等等。

我们应尽量培养与发扬的文化个性，必须能够激活供应条件与商品的市场生命力，而不是阻碍供应条件和商品市场的激活。传统文化意味深远，当代文化积极向上，其中的积极成分都值得发扬光大，为提高区域竞争力做出独特贡献。

（三）激活供应条件

对于一个企业来说，供应条件既包括各种资源与生产要素，还包括关联企业，主要是为本企业提供原材料、零部件及配件的企业，实际上也可说是提供生产资料、生产要素的企业。对于一个区域来说，供应条件当然也包括土地和其他自然资源、人力资源及其他各种生产要素，也包括能够为本区域提供各种生产资料、生产要素的其他区域。

尽管区域竞争力属宏观层面的衡量指标，但也离不开微观层面的支撑，区域资源配置和经济布局都能对经济持续发展、竞争力提高和保持产生重要影响，能促进产业链的完善与发展，能促使关联产业和企业共生互利，在整个生产链中更合理地配置和使用资源，从而以创业整体的形式来提高各个企业的竞争力。所以，我们要尽量精确地评估供应条件，尽量精确地测量生产要素的生命力激活度，进而做好资源配置工作，以科学合理的经济布局提升企业和整个区域的区域间竞争力。

在新能源（包括替代性能源）、新材料等方面的研发工作，是经济长久发展、产品创新和竞争力提升的重要保障，提高资源利用效率也是提高竞争力的必要措施，因此我们一方面要提倡和鼓励供应环节的创新活动，另一方面要厉行节约，尽量减少生产过程中的浪费行为所带来的隐性成本。

（四）占领市场空间

市场空间指的就是市场需求所提供的市场容量，或者说是区域经济、企业的生存与发展空间。由于同类竞争的区域和企业要瓜分此空间，因此竞争区域和企业的情况也是必须考虑的关联要素。区域对于市场空间的占有情况，可以表现为区域内各相关企业对市场空间的占有情况，或者说是区域内所有企业对市场空间的占有量之总和。

每个企业在竞争战略上的创新和对市场的正确判断，不仅是企业自身发展壮大所必需的，也是促进区域竞争力提高的基础。因此，我们要设法测量市场饱和度，估量市场空间，并制订合适的竞争战略，以充分发挥自己产品（或商品）的市场生命力，进而占领尽可能大的市场空间。同时要了解竞争对手的优势和劣势，并与本区域、本企业的具体情况做必要的比较研究及定量分析。无论企业还是区域，都有必要选择自身具备相对优势的行业或产业，在相应的市场空间中求生存与发展。

区域内外各种市场的需求情况，往往会由于地域环境、文化个性的差异而存在差异，因此到不同的市场空间去开展竞争时，当然要采取不同的竞争战略。在企业持续进行市场空间的分析和发掘过程中，完全占领整个市场的可行性总是不大的，而且随着时间的推移，原有市场空间可能还会逐渐缩小，但仍然可以发掘某细分市场尚未饱和的需求，促进有效需求的凸显并及时给予满足，从而取得该细分市场的局部优势。这就要求企业居安思危，不断进行需求分析、开展产品创新活动，以求发掘和占领新的细分市场。

虽说自然资源是固定的，但随着科技进步，也会有新的资源或利用方式被不断发掘出来。市场空间也是有限的，但随着社会进步，也会有新的市场空间不断被挖掘甚至创造出来。对于当前中国来说，最为紧迫的任务还是必须尽量发挥政府的积极作用，尽量改善或完善文化个性。

案例

广州如何提高竞争力

为实现广州的长远发展，有必要制定长远的发展战略，树立一个“高端、大气、上档次”的发展目标。这个目标应该是什么呢？笔者认为，自由贸易区作为一种较低层次的经济特区，显然不适合作为广州的主要发展模式。在广东省“十二五”规划中，已提出珠江三角洲建设世界级城市群的长远目标。那么广州市的发展目标就应与此相适应，即建设成为这个城市群的核心大都市。这个核心大都市还要能够与另外两个核心——香港及深圳并驾齐驱，由此来共同引领粤港澳乃至整个华南地区经济社会的进一步发展，再创新的辉煌。

（一）合理发挥政府作用

广州，这个区域核心都市的主要定位及任务是什么？从目前的形势来看，就是要建设成为国际技术创新与文化创意之都，要积极开展科技开发与文化创意活动，尤其是新技术的孵化、推广和应用活动。大珠江三角洲城市群面临经济转型、产业升级与文化重生的历史责任，这就需要大幅提高创新能力尤其是技术创新与文化创意能力，通过持续不断的创新活动，增强现有产业的区域间竞争力，并扶植与发展新的产业尤其是战略产业。而城市群的创新与创意能力，往往又取决于核心城市的创新与创意能力。广州的文化潮流往往会影响全省、华南地区乃至全国，又与香港、澳门联系紧密，因此建设技术创新与文化创意核心城市责无旁贷。

广州这个核心城市，也有能力打造一个以创新为标志的国际性都市。2014 年春增城与从化成为新市区后，广州市区总面积从3 000多平方公里增加到7 000 多平方公里，已经超过上海市，不仅远远超过发达国家的国际大都市伦敦、纽约与东京，而且超过三者之总和。人口总数超过伦敦和东京，与纽约相仿。不过国民生产总值虽已过万亿元人民币，但与发达区域的这几个核心都市相比，仍然有不小的差距。

因此，广州眼前的首要任务还是要把经济实力做大做强。广州是古代“海上丝绸之路”的桥头堡，自古以来就与国际社会保持密切联系。在深化改革、扩大开放的新时代，广州可考虑在打造“新丝绸之路”的历史征程中再次扮演桥头堡角色，尤其要在中国与东南亚的国际经济交流与合作活动中扮演重要角色，比如多开展贸易服务、信息交流与会展等活动。

广州有丰富的水路文化资源，若能充分挖掘水路文化资源，并整合好地域文化资源，相信能够打造出一个崭新的滨江与滨海、河流文明与海洋文明有效融合的新城市。各种文化景观可被开发成旅游项目，民俗风情与思想观念也可作为经济要素，应用到相关产品的生产过程中。这些不仅是发展旅游产业、文化产业的资源条件，而且还能作为文化要素应用到其他有关行业中，提高其他产业的文化含量与文化附加值，进而提高产业竞争力和城市竞争力。

广州自古就融汇中西方文化，既有河流文明特征又有海洋文明特征，具备强烈的开拓与创新精神。可从社会管理体制等方面建设与完善创新环境，培养或引进各种创新及创意人才并促其健康自由地成长，提高所有市民的科技文化素质，尤其要帮助新市区实现从村民到合格市民的平稳过渡，让整个广州城充满乐观向上、积极进取的都市氛围，使技术创新与文化创意成为广州的城市精神与所有市民所推崇的时尚潮流。

（二）建立现代产业体系

广州要成为国际性的核心大都市，需加大力度建立完善的、富有区域竞争力的现代产业体系。因而必须增强本土企业的国际化规模，多培养一些富有市场竞争力的国际性企业，无论是从事对外贸易还是三大产业的企业。同时发挥外贸第一大省的优势，以对外经济活动来促进本土创新及创意活动。

广州是华南地区的经济中心，工业基础雄厚，服务业朝气蓬勃，可加大力度（甚至可吸引国内外的风险投资）来扶持技术创新与文化创意企业、行业及产业。广州的科学教育文化事业兴旺发达，可借此建立或培育多个技术孵化、信息咨询与成果转化中心或基地，争取大批量出产技术创新与文化创意成果，且高效运用到各大产业中。无论新区还是老区，都应注重培育和集合独具个性的企业、行业以至产业集群。

广州一直就是珠江流域的核心城市，自南沙新区建立且加快建设以来，广州更是拥有广阔的发展前景。广州是华南地区当之无愧的交通枢纽，但不能仅仅发挥交通运输功能，还要以强大的经济中心这种身份地位，发挥强大的区域集聚能力，有效集聚、高效整合各种资源，吸纳国内外优秀人才尤其是技术创新或文化创意人才，既可为几大产业提供人力资源保障，又可领导大珠江三角洲乃至华南地区的经济文化潮流。

广州文化个性兼具岭南文化和广府文化特色，是悠久灿烂的中华文化的重要组成部分，是祖国文化百花园中的一朵奇葩。广州个性文化以农业文化及海洋文化为源头，在其历史进程中不断吸取、融汇中原文化和海外文化，逐渐形成自身独有的特点，如开放兼容、务实创新等。自古以来，广州就是广东乃至岭南区域的政治经济文化中心。一方面，在建筑园林、宗教传承、音乐戏剧、文学艺术、工艺绘画、饮食风俗等各个文化领域，处处表现出悠久的渊源与鲜明的个性，给人以多层次、立体和丰富的感受，使广府文化在广东各民系文化中占有优越的地位。另一方面，由于最早受到海外，尤其是近代西方先进文化思想的影响，使广州得风气之先，广州文化独具冒险和创新气质，反抗性和斗争性也特别强烈，在中国近代史上精英辈出，在推翻封建帝制、建立新中国以及改革开放、经济建设历程中，有一种“敢为天下先”的最为宝贵的性格特征。这种文化个性，显然可为技术创新与文化创意之都提供必要的资源与社会基础。

（三）扩大市场空间

广州是广东省会与沿海开放城市，不仅对珠江三角洲而且对整个广东省都有引导作用。从化与增城撤市设区后，广州市资源更加丰富，经济实力更加强大。今后应认真考虑怎样进一步整合资源并实现优势互补，统筹规划所有旧区和新区的城市建设及发展战略，缓解中心城区在交通和居住等方面的拥堵局面，加快推进城乡一体化，更为科学地发展市场经济和公共服务，提高整个广州城的都市规模与区域竞争综合实力。

广州文化个性独特，文化产业的市场前景广阔。目前已建有亚洲最大、设施最先进的花卉拍卖中心，成为国内外鲜花交易平台；已有较大的珠宝玉石交易中心，可考虑设立珠宝交易所；在报刊出版、音像影视等方面已有一些优势，可与港澳加强合作，尽力开拓海外市场；收藏品行业在整个中国可谓方兴未艾，广州也有条件、有必要开拓这个市场，建立收藏品交易平台；等等。

近年来，广州市政府将文化产业作为转变经济发展方式、培育新兴产业的重要内容，尤其是广州旧城改造与“退二进三”产业升级相结合之后的新概念文化创意产业迅速崛起，正成为广州新的经济增长点和未来的支柱产业。例如太古仓码头废旧仓库，注入文化新元素之后变成葡萄酒批发基地，珠江啤酒则搬进了博物馆；再如广州纺织机械厂变成服装创意园，被称为“东方米兰”“广东纺织设计师总部基地”的时装秀影响着时装的最新走向。文化元素注入经济发展过程中，使得广州的文化产业以一种崭新的面貌崛起。仅在2011年，文化创意产业就为广州经济带来上百亿元的增加值。

另一著名的例子就是利用广州个性特色，重新打造荔湾老商圈，使之重新焕发新的生机。历史上的荔湾就是广州最重要商圈，近年来荔湾区政府对悠久的商业文化进行了挖掘，对骑楼不是拆除而是连片保护与开发，并实施一系列保护与开发岭南文化的措施，以求形成商业文化产业链，不仅彰显了文化引领功能，而且让荔湾区经济迈上一个新台阶，将特色文化发展成为新的文化产业。

(四) 发扬人文优势

竞争优势不只靠价格，还要依靠效率和效益，以及良好的文化品质。在大珠江三角洲城市群中，广州城市文化个性独特，文化产业前景广阔，可与港澳加强合作，尽力开拓海外市场；要发扬优良传统，为全国乃至全世界制作、供应文化大餐，而不只是饮食大餐。

首先，把文化个性融入广州城市规划中。结合老城改造和新城建设，规划设计具有广州独特文化内涵的标志性建筑、雕塑和主题公园等。其次，把文化个性融入广州文化建设与各大产业中。发挥广州传统特色文化节日的带动效应，推广城市品牌与城市个性特色。今后的文化设施改造与建设、文化活动策划与安排，以及企业文化的包装推广，均可广泛注入广州个性的文化创意和文化符号。再次，把文化个性融入广州社会建设中。通过各种传播媒体，以城市主题文化培育、弘扬城市的文化精神与文化个性，让市民在主题文化中实现价值认同并拥有广泛的幸福感，让城市个性文化自觉融入市民的生活形态，真正成为包容历史、照亮现实、引领未来的灯塔。

随着城市间的竞争日益激烈，国内众多城市纷纷确立和构建自己的文化个性，以此来统领城市的建设规划、经济规划与文化规划等，凸显城市的战略特色及品牌特色。城市文化个性既是发展主题也是文化主题，是当今城市最重要的精神资本、文化资本、经济资本及社会资本。因此，广州培养及发展良好的城市个性，尤其是文化个性，对于实现新型城市化，提升自身的区域竞争力乃至区域间竞争力都具有重要的战略意义。

第九章
城市经营的典型模式

20世纪70年代，西方发达国家的城市管理学者首次提出“城市经营”这一理念。他们认为城市的建设与发展也要尊重市场规律，因此可运用市场机制对城市资源、资产进行配置和整合。政府作为管理者，应把城市当作一个资源系统或者巨额“资本”，进行系统经营与整体的资本运作。

一、城市经营的根本目标

顾名思义，城市经营就是将整个城市当作一个巨大的企业来经营，是政府运用市场机制调控城市发展目标和有限资源之间矛盾的一种经济活动。在城市经营过程中，既有政府政策与政府行为，又有市场机制和市场手段，政府和市场这“两只手”相互影响、相互补充。对于我们国家来说，城市经营是遵循市场经济规律，对计划经济体制下形成的城市建设与发展方式的深刻变革。

但凡经营，都需要有经营目标，实现目标的经营模式、手段和工具；需要有经营主体和客体、经营要素和经营的产品。城市经营的主体比较单一，不是企业主就是城市管理者；相应地，经营客体可以是企业也可以是城市；经营要素可以是土地和其他自然资源，也可以是原材料、零部件和半成品，还可以是资金和信息，甚至可以是制度和政策乃至人本身；经营的产品既可以是有形的物质商品，也可以是无形的服务、文艺作品或知识产权等。

城市经营的目标，就是要优化城市功能，提高城市居民的福利水平；就是要促进经济效益、社会效益与环境效益的综合提升，实现城市的可持续发展。可有一些城市领导者在认识上存在误区，把城市经营的目标和作用单一化，只追求经济效益（比如卖地收入），而忽视了整个城市的社会效益与环境效益。

要实现城市经营的目标，往往需要打造独具特色的城市个性，这一点可以说是城市经营的核心理念。至于实现城市经营目标的经营模式和具体手段，可谓多种多样、丰富多彩。本章归纳出继承历史文化传统、创新文化、继承自然遗产和改造河山等主要手段，并选择几个典型案例，说明城市经营的主要形态与发展战略、策略措施等。

二、城市经营的主要模式

俗话说“一方水土养一方人”，不同地域的人有不同的性格，不同的性格造就不同的文化，不同的文化产生不同的思路，不同的思路形成不同的发展模式。城市经营的主要模式，大概可以归纳为两大类，一是通过商品运动来经营，二是通过生产要素的运动来经营。

首先，以商品运动促进城市经营，经营模式为商品运动，通过提高商品的运动效率，达到提高城市经营效率的目的。其经营手段为商品交易，起关键作用的经营要素为商品，经营产品还是商品。

商品运动不仅能够实现价值，而且能够产生新的价值。第一，把商品送到不同的消费者手中，可实现不同的商品价值；商品效用不仅会随着消费者数量的增加而递减，还会因消费者的不同而产生变化。第二，在此地为废物的商品到了另一地可能为宝物，说明商品的空间运动可提高使用价值，甚至创造新的使用价值。第三，商品的时间运动也可能提高甚至创造新的使用价值。

其次，商品运动能够创造价值，要素运动也能够创造价值。城市经营要取得成功，就需让城市资产都运动起来，并从运动中取得经济效益和社会效益。以要素运动促进城市经营，又可分为多种经营模式。

（1）经营模式为资金的运动，通过提高资金运动效率，达到提高城市经营效率的目的。其经营手段有拍卖、发行证券、银行贷款等，起关键作用的经营要素为有形或无形的城市资产，经营产品是崭新的城市资产。

（2）经营模式为信息的运动，通过提高信息资源的运动效率，达到提高城市经营效率的目的。其经营手段为信息资源的加工与传播，起关键作用的经营要素为信息，经营产品为加工后的有效信息。以旅游业为例，其经营手段为旅游资源的加工与包装，起关键作用的经营要素为特有的旅游资源，旅游产品则包括自然与人文景观、工艺品和纪念品以及旅游信息产品等。

（3）经营模式为人力资源的运动，通过提高人力资源的运动效率，达到提高城市经营效率的目的。其经营手段为人力资源的教育、培训与流动，起关键作用的经营要素为师资力量，经营产品为掌握信息和新知识的人才，一般由后发地区向先发地区提供这些高素质人才。

（4）经营模式为土地的运动，通过提高土地资源的运动效率，达到提高城市经营效率的目的。其经营手段为房地产的建设与出租，起关键作用的经营要素为土地和建筑材料，经营产品是独具特色的房地产，比如影视城。

（5）经营模式为自然资源的运动，通过提高自然资源的运动效率，达到提高城市经营效率的目的。其经营手段为自然资源的加工与销售，起关键作用的经营要素是自然资源（比如瓷土），经营产品则是由此生成的产品（如陶瓷制作品及工艺品等）。

众多经营模式看似眼花缭乱，其实可用一句话来概括：继承本地优秀传统，利用现代经营手段，打造新的城市特色与核心竞争力。换句话说就是，在和谐中追求变化，在变化中实现和谐。这种经营思想，不妨称之为“和变”经营学。

三、促进商品运动

商品运动能够实现使用价值，提高比较价值，因此商品运动是企业经营的基本活动。对于城市经营来说，商品运动也是很重要的。通过商品运动来促进城市经营活动，大约可有这两种途径，一是培养城市富有竞争力的一种、多种甚至一系列品牌商品；二是经销别人富有竞争力的商品，以商业的繁荣发展形成自己的独特优势。浙江省义乌市可谓两种途径兼营，刚开始的时候，主要经销别人的商品，后来干脆自己设厂生产，把商品生产、流通两个环节的利润都收入囊中，最终建设成为世界上最大的小商品城，并发行股票上市，极大地促进了经济社会的长足发展。

案例

浙江义乌——世界最大的小商品城

浙江义乌是一座神奇的城市。义乌市的总面积仅有1 105平方公里，却有“小商品第一市”的美誉。从20世纪80年代开始，义乌坚持改革开放、兴商建市的发展战略，致力培育以小商品市场为龙头的商贸业，同时利用上海市改革国有企业、调整产业结构的时机，大胆引入那些被闲置起来的日用百货及轻工业产品。因而义乌的经济社会蓬勃发展，综合经济实力已进入中国百强之列。

义乌的一切都是在动态中产生、动态中变化，人们甚至把义乌称为“一座流动中的城市”。当我们的目光定格于那波澜壮阔的人流、物流、资金流、信息流时，就可以非常清晰地看到一个新义乌的轮廓。

人们将义乌人比喻为蜜蜂，因为蜜蜂不畏艰辛，具有顽强的生命力。蜜蜂整日辛勤劳动，哪里有花，就飞到哪里去采蜜。只要有鲜花盛开的地方，就都是它们的工作间。义乌商人也是如此，哪里有生意做，哪里就是他们的工作间；哪里有利润可赚，他们就到哪里创业。由于他们经常行走在路上，因此被称为“行商”。据不完全统计，有20多万义乌人在外地经商或举办实业。义乌商人之所以能到全国各地的市场上开展经营，是因为背靠着义乌市场这棵大树，正如蜜蜂到处采集花粉，最终也要回到蜂巢中才能酿成花蜜。蜜蜂把花粉采回家，既为植物授了粉，又为自己酿成了蜜；义乌商人把商品采购回家，为商品增添了新的价值，酿成了世界最大的小商品市场。

每只蜜蜂每天采集的花粉都是很有限的，但整个蜂巢中所酿制的蜂蜜，其数量却是相当可观的。义乌商人也都是从小本生意做起的，在这个过程中，有人赚了钱，也有人亏了本。赚到钱的人会不断扩大经营规模，最终成为大老板；但亏本的人也不会就此泄气，而是会继续寻找商机，直到将买卖做成功为止。这也和蜜蜂相似，生命不息就采花不止、酿蜜不停。某个商人的生意做大了，企业发展了，所缴的税收就增加了，安置劳动力就业的岗位也会增加，对国家的贡献也更大。正如某只蜜蜂所酿制的花蜜越多，对整个蜂群、整个蜂巢的贡献也越大。

四、自强不息，促进资本运动

缺乏资本是中国地方政府需要解决的普遍问题，所以资本经营显得特别重要。在这方面做得成功的城镇，可谓八仙过海、各显神通。

案例

北京密云——拍卖换来的新城市

在当代世界中，拍卖是资本变现的有效途径，因此城市经营也可以采用这个办法——拍卖能够拍卖的城镇资产（包括有形的与无形的），北京市密云县就是其中一例。

密云县通过拍卖活动，盘活了27项闲置资产（包括办公楼），筹集到3亿元的城市发展资金。拍卖县城内闲置或不符合规划的办公设施，能够有效地筹集城市建设资金，推动城市快速发展。因此有人戏称，拍卖拍出了新城市，拍出了生产力。

有形资产能够拍卖，无形资产亦可拍卖。密云县以冠名权来换取建设资金，已取得成功，成为一段佳话。其中最有代表性的就是白河桥两岸的杨林亭与景林亭。

密虹公园内的钟楼是密云旧城的中心建筑。拍卖新年零点撞钟权，募集城市建设资金100万元人民币，这是密云县经营城市的又一次“撞”举。

五、创新发展，促进信息运动

在知识经济、知识社会中，信息已经成为相当重要的生产要素、经济要素。有时候，甚至是能够发挥决定性作用的因素，如教育培训与文化咨询、艺术创作等产业，就需要以信息作为主要的生产要素。信息还能够作为重要的商品，如科学技术、新闻出版及电脑网络等产业，其产品往往表现为一种信息。

在休闲旅游等行业中，信息既可作为生产要素（如“桂林山水甲天下”这句话）来运作，还可作为商品（如《印象刘三姐》这部文艺作品）来出售。因此，一个城市要将旅游业经营好，甚至打造成为本地的支柱产业，经营好信息要素、信息产品是非常重要的。

案例

广西桂林——山水甲天下

桂林市委、市政府的领导在深入调研后达成共识：桂林的战略地位和知名度，来自于绝世的、“甲天下”的风景资源。只有在城市建设方面也实现“甲天下”，方能保护及发展风景资源的战略优势，方可从根本上维护广大市民的利益，促进桂林这个国际旅游城市的发展。于是在1999年，桂林市委、市政府做出对城区进行脱胎换骨改造的决策。

如今的桂林，不仅是一个山水秀丽、历史厚重的文化旅游名城，而且是一个美轮美奂的园林城、清新怡人的生态城。当信息作为一种商品的时候，它的运动能够产生经济效益。这种原理和物质商品的运动原理是相通的，比较容易理解。

当信息作为一种生产要素的时候，它的运动也能够产生效益。信息的运动需要有传播者和接受者。传播者可以是人，也可以是其他生物，甚至可以是物品和自然景观。接收者也是如此，但如果要产生经济效益，接收者往往必须是人。只有人对信息产生感应之后，才会付出或产生货币报酬，从而使之产生利润。

信息的运动可有三种方式，一是信息在空间中的三维运动，二是信息在时间维中的运动，三是信息的不断更新和创新。古董的不断升值，就是因为古董中所包含的信息随着时间的流逝而不断升值。而桂林旅游业的不断发展，有一条很重要的原因就是，关于桂林旅游的有利信息在空间中的不断传播，以及这些信息的不断更新和创新。

六、无孔不入，促进人才运动

商品运动能够创造价值，要素运动也能够创造价值，而人力资源就是一种最为重要的生产要素、经济要素。城市经营要取得成功，必须让城市资产都运动起来，并从运动中取得经济效益和社会效益。前文讲过，让资金运动起来很重要，这里要说的是，让人力资源运动起来也很重要。

几乎所有行业，人力资源都是不可或缺的经营要素。可在教育、培训等行业中，我们要把它作为一种商品来经营。需要注意的是，人口并不等于人力资源，只有经过适当教育、培训的人口，才是有效的人力资源。

案例

广东梅州——客家人的“香格里拉”

“香格里拉”来自藏文，意为心中的日月。广东梅州被称为“世界客都”，是客家人心中永远的故乡，因此，我们亦可称之为客家人的“香格里拉”。梅州在借鉴国内外各种先进发展模式，结合梅州具体市情的基础上，进行创新发展，走出一条自己的劳动力培训转移道路。总结起来，大致有如下一些成功经验。

第一，更新理念，领导重视。近年来特别是全省召开“双转移”工作会议以来，梅州市按照科学发展观的要求，积极更新思想观念，转变发展思路，注重克服“见物不见人”、一味追求经济总量的片面发展观，牢固树立“人均”概念，把劳动力资源开发作为推动“绿色崛起”、改善民生状况的“一把手”工程，因而在较短时间内取得可喜成绩。

第二，财政支持，提高效率。财政补贴是做好山区劳动力开发工作的重要保证，加强协调管理则是提高农村劳动力开发效率的基础条件。在梅州，一个农民要学会一项职业技能，短则两三个月，长则半年或一年，通常所需费用（包括培训费、职业技能鉴定费、食宿费和路费等）至少在1 000元左右。对参加培训的农民给予补贴，是解决农民培训经费问题的必要举措。在此过程中，政府还要发挥主导作用，解决各地自成体系、缺乏协调的问题，避免劳动力开发工作的盲目性与无序性，使有限的培训资源得到最充分的利用。

第三，面向市场，培输结合。面向市场是改善培训效果和资金使用效率的重要手段，培输结合则是农村劳动力开发实现科学发展的关键。劳动力受训后能否实现稳定就业，当然要看其所学专业和技能是否适应市场需求，是否适应企业用工需要。因此，梅州把拥有委托培训的订单作为首选条件，从而在很大程度上保证了受训劳动力能够顺利地在本地就业或转移就业。开展农村劳动力培训转移工作，如果积极引入、有效利用市场机制，依靠社会资源，实行管培分离，就能够极大地提高资金使用效率，取得良好的培训和开发效果。

七、厚德载物，回馈大地母亲

土地都能够运动起来，其他自然资源的运动就更加容易了。运动中的自然资源都有什么呢？水流、空气属于自然运动，电力、石油与天然气的应用属于人为运动，陶瓷与其他土特产品也可算是人为运动的自然资源。中国地大物博、物产丰富，全国各地都有各具特色之产品和土特产。对于世界来说，能够代表中国的特色产品是什么呢？其一应该就是陶瓷。

案例

福建德化——陶瓷古都的新面貌

大地母亲给予我们生命，我们必须有所回馈。自觉地节约资源、保护环境就是我们的回馈，泥土中生长的植物能够养育我们，赋予我们生命；反过来，我们也能够赋予泥土新的生命。用泥土建造我们的建筑物，这就是建筑艺术；用泥土制作出精美的陶瓷作品，这就是陶瓷艺术，一种能够赋予泥土新的生命的艺术。

陶瓷来自于泥土、来自于大地母亲，故陶瓷也能代表广袤无垠的大地。大地母亲给予我们的资源太多了，绝不仅是能够让我们盖房子、发展房地产行业，制作陶瓷的泥土就是这些资源之一。使用大地中的泥土，就能烧制精美绝伦、用途广泛的陶瓷作品，将自然界中不起眼的泥土转变成人间珍品，可谓一种了不起的智慧。因此笔者认为，在中国传统文化产品中，陶瓷甚至比金玉珍珠、青铜器皿还更加珍贵。因此盛产陶瓷的中国城市，其发展经验非常值得我们深入研究、大书特书。

地下的泥土包括用来做陶瓷产品的瓷土，本是安静不动的自然资源。但人们赋予其生命之后，立即就有了运动的活力，成为生动活泼的陶瓷工艺品。从静态的泥土到动态的瓷艺，聪明的德化人赋予泥土新的活力和生命力。

德化瓷雕以独有的自然资源与民族风格，精湛的制作工艺及创造才能，在我国乃至世界雕塑史上成为永不凋零的艺术奇葩，勇敢地立足于世界雕塑艺术之林。德化陶瓷作品通过瓷雕技法，使用纯朴的艺术语言与独到的审美意识，精心刻画其塑造对象的内心世界，惟妙惟肖地反映传说中的神话人物及现实生活的人物故事，形成与众不同的美学理念，开辟了瓷雕艺术的崭新境界。德化瓷雕既保存了泥土独特的芬芳气息，又发挥了人类的艺术创造力；在竭尽文饰之功的同时，又保持了陶瓷作品朴素无华的本质。

企业在生产过程中，难免要用到其他企业提供的生产工具、原材料及零配件，还需要用到自然界提供的自然资源或生产要素。这些自然资源的合理、高效运动，也能为我们的企业经营、城市发展带来巨大效益。而土地，正是最基础又最重要的一种自然资源。

第十章
商品市场和经济要素的激活

随着信息技术的不断进步，3G（第三代移动通信技术）概念越来越普及，3G技术正在走进千家万户，走进每个人的日常生活与工作中。笔者在此提出另一种“三激”概念，即激活商品、激活经济要素、激活企业的经济学观点和管理学观点。根据易经思想，笔者认为可以应用和谐与变化来搞好企业经营与城市发展，并且同样可以应用到经济学中，成为“激活生命力”的经济学。在经济学中，和谐就代表均衡，代表供求关系、生产关系的均衡；变化则代表创新，代表激发出资源、经济要素的内在能量。

一、激活的重要性

企业与城市发展、经济增长中，和谐与创新、激活商品和经济要素、激扬意志力、激发创造力、激活生命力才是最重要的。企业的本质是用来激活生命力的主要工具。城市既是人类社会发展的必然产物，也是地球生命进化的必然产物，反过来又能够促进人类激扬意志力、激发创造力、激活生命力。

“激活”原意是指刺激有机体内的某种物质，使之能够从“冬眠”状态活跃起来，并有效地发挥作用。在某些情况下，激活也是对于原有趋势的修正、改变方向，甚或转换到完全相反的方向。在电子信息技术中，激活是按照一定的算法把软件随机生成的代码转化为激活码，如果正确的话就成为正式用户，是软件厂商采用的防盗版技术，意味着软件必须激活才可以成为正式用户，如果不激活的话就不可以使用或者有功能限制、时间限制等。

用激活比喻经济要素发挥作用，真是再好不过了。对于人力资源来说，当然需要激活生命力，而且往往需要通过激发创造力、激扬意志力来实现。即使对于土地、矿藏等自然资源来说，也同样需要激活生命力。产品周期理论告诉我们，各种产品或商品都会有一定的生命周期。同样道理，资源与经济要素也会有生命周期。不但商品具有生命力，各种资源与经济要素也具有生命力。

商品及生产要素的生命，指的是市场生命，而不像植物、动物的生命那样，属于生理学、医学中的生命概念。这里，我们需要引入一对新概念，这就是商品的生命力指数和经济要素的生命力指数。商品的生命力指数包括市场占有率和占有时间两方面，经济要素的生命力指数则包括三个方面，一为利用率，二为贡献率，三为经济要素发挥作用的时间周期。

商品的生命力指数就是该商品在整个市场中所占的份额（即市场占有率），份额越高表明生命力越强，份额越低则说明生命力越低。一旦市场饱和了，商品的生命力指数就会开始走下坡路了。由此形成商品的生命周期，不是指它的使用寿命，而是指它的市场寿命，即商品在市场上的占有时间。

对于一个城市来说，生命力的强弱取决于其所拥有经济要素的生命力的强弱。经济要素的生命力，指的就是该要素对经济增长的贡献率，以及在经济发展过程中被开发利用的比率，简称利用率。这种生命力能够维持的时间长短，则代表着经济要素的生命周期。

从商品价值的角度来说，要素贡献率就是经济要素对商品价值所做出的贡献占整个商品价值的比率。从城市发展的角度来说，要素贡献率就是经济要素对城市所做出的贡献占整个城市经济总量的比率。

为了激活商品的生命力、延长其生命周期，我们需要激活商品市场；为了激活资源、经济要素的生命力，我们就需要激活要素市场。均衡不是市场发展的根本动力，因而不是市场的主要特征，不是激活市场的主要源泉。变化和应变才是市场发展的根本推动力，才是市场的主要特征，才是激活市场的主要源泉。因此变革与创新是非常重要的，激活生命力是非常重要的。

二、激活点的确定

成功激活的关键，在于找到激活点并启动激活点，应用、修改和完善激活措施。对于市场来说，价值是商品和市场的太极，供应和需求则是商品和市场的阴阳两极。具体的平衡点应该如何确定？这就需要通过各种博弈活动来完成。

我们居住的空间，由东、南、西、北四个方向所组成，我们所处的经济世界也有四维空间，这个四维空间就是由要素市场的供求双方、商品市场的供求双方来共同组成的。而企业，正是联结要素市场和商品市场的必要环节。

如前所述，建立企业的主要目标不只是追求经营利润，而是激活生产要素，把资源变成符合市场要求的合格产品。那么企业的激活点是什么？企业的激活点就是这样的一个临界点，在此点上，企业能够制造出符合市场要求的合格产品，并且能够在市场上成功销售出去，然后还要保证该产品在使用过程中不会出什么问题，并且能够完美地做好售后服务。

因此在这个激活点上，企业能够充分发挥员工的创造力。这种创造力可以表现在许多方面，比如文化创新、技术创新、产品创新、市场创新、管理创新等。要把生产要素中的生命力都激活起来，发挥效率。具体一点说，要找到一个企业的激活点，首先要找到其产品的激活点，找到尚未激活的生产要素，或者提高生产要素的激活程度。这里又涉及两个新概念——激活程度和激活指数。实际上，激活程度可以用利用率来表示，激活指数可以用贡献率来表示。

对于各种产业来说，激活点在于能否发挥出乘数效应；要把乘数效应充分发挥出来，也需要激活。乘数效应本来就是经济学的重要概念，指的是某个经济变量的增减，会造成一系列的连锁反应，使得其他经济变量乃至经济总量也会发生变化，其变化幅度可以是原先那个经济变量增减幅度乘以若干倍数。

各种产业与整体经济要实现乘数效应，归根结底还需要企业实现倍数增长，需要有关企业激扬意志力、激发创造力和激活生命力。无论是企业还是政府，如果管理者的激励方法要产生乘数效应，往往需要一系列的配套措施，比如相应的企业文化、有关成员的向心力等。

三、商品市场的激活工具

用来激活市场的工具，往往就是货币。对于普罗大众来说，赚钱往往就是激发创造力的主要推动力。实际上，这也是企业发展的主要推动力。因此说，金钱往往是激发创造力的有效工具，货币也成为最重要的激活工具。当然，理想和信仰才是激扬意志力、激发创造力、激活生命力的根本源泉。但有不少理想和信仰，显然要借助金钱的帮助方能够实现。

（一）财政政策的激活作用

如上所述，财政政策能够产生乘数效应，对整体经济发挥激活作用。乘数效应指政府投资或公共支出的变动引起的社会总需求变动，进而对国民收入变动的影响程度。它包括正反两个方面：当政府增加投资、公共支出或减少税收时，对国民收入有倍数增长的作用，从而产生宏观经济的扩张效应；当政府减少投资、公共支出或增加税收时，对国民收入有倍数消减的作用，从而产生宏观经济的紧缩效应。

所谓投资，就是把资金投入生产、创造过程中，它能够把生产要素转变成新的产品。某个产业部门增加的投资主要用来购买生产要素，因此会转化为其他部门的收入，得到收入的部门在扣除储蓄后用于再投资或消费，又会转化为另一部门的收入。如此循环下去，将会导致国民收入以增加投资额的若干倍数来递增。反之，投资减少将导致国民收入以投资减少额的若干倍数来递减。

公共支出的乘数效应与投资相类似，税收乘数效应的变动方向则与之相反。但一般来说，税收乘数小于投资乘数及政府公共支出乘数。

（二）货币政策的激活作用

需求特别是有效需求，往往表现为看得见的货币。因此，货币的增减也能够对经济发展起到激活或者压抑的作用。甚至有人认为，发行货币与财政支持相类似，也会产生乘数效应。在中央银行的初始货币提供量与社会货币最终形成量之间，存在数倍扩张（或收缩）的效果或反应，这就是货币的乘数效应。当中央银行创造或减少一单位的基础货币，将会造成整个社会货币供应量增加或减少若干倍数，这个倍数就称为货币乘数。

案例

货币有无自我创造能力

这是一个被广泛采用的案例，它包含以下几个假设：一是假设最低准备金率为20%，即当银行得到100元存款时，必须留存20元，只能贷出80元。二是商业银行为了利润最大化，总是会设法将这80元尽数贷出。三是中央银行发行100元货币之后，都被存进商业银行中。

现在，商业银行将其中的80元放贷给乙方。如果乙方把这80元又全部存入银行，银行再将其中的64元贷给丙方。丙方又把64元存入银行，银行再向丁方贷出51.2元……依此类推可得到如下结论：中央银行只需向社会投放100元人民币，市场上就会创造出更多的货币，使得社会上增加的货币总数为100＋80＋64＋51.2＋…，即100×（1/0.2）＝500（元）。这里的1/0.2就被称为货币乘数，0.2则是现行的法定准备金率。

笔者要指出的是，上述推算过程显然犯了重复计算的错误，正确的结果只能是最后的51.2元甚至更少的数目。笔者以为，这个结果能够推翻“货币能够产生乘数效应”的错误论点。正确的论点应该是：货币能够发挥激活作用，但不会产生乘数效应。

（三）消费政策的激活作用

有人说，消费项目与投资项目同样会产生乘数效应，因为当某种商品的消费增加后，卖出这种商品的社会成员收入就增加了，这些人用这些收入进行新的消费活动，如此循环下去，就会产生消费量倍数增加的乘数效应。并且与投资相比，消费还是更为稳定的有效需求。可事实上，投资乃创造财富

（包括物质财富及精神财富）的过程，消费则是消灭财富的过程，因此其效果是截然不同的。这就是说，增加的消费额是多少，经济就只能增长多少，而不可能产生乘数效应。

投资项目能创造供给，消费项目则提供需求。投资项目所创造出来的财富，不管是物质财富还是精神财富，最终都必须由消费项目消化之后，才能转化为真实的经济增长。故投资是乘数效应的创造源泉，消费则是乘数效应的实现工具。消费本身并不能创造乘数效应，但能帮助投资实现乘数效应。对于政府的公共开支，则可分成投资和消费两大部分来对待。

至于出口，无非就是进口国的投资、公共支出或消费，其中道理相同，不必赘述。

（四）技术进步的激活作用

产业政策当然也能对经济发展产生激活作用，它往往包括财政、货币金融、消费等方面的政策内容，因此不必重复论述。而技术进步对于商品市场及生产要素，往往会发挥至关重要的激活作用，我们一定要高度重视。

但要实现经济社会的健康、可持续发展，只有这些激活工具是不够的，还必须具备其他一些保障条件。比如说，法制与诚信就是维护经济发展、激活生命力的两种重要保障。

四、经济要素的激活路径

货币主义学派主张：货币是中性的。弗里德曼有句名言是："在当今世界上，通货膨胀是有关印刷机的现象。"我们在此要说，所有的经济学问题（尤其经济增长问题），都是关于如何激活经济要素的问题，特别是如何激活人力资源、如何发挥人类创造力的问题。

（一）商品市场的激活路径

货币可以作为激活工具，但不是激活的源泉。货币自身不能创造货币或财富，只有投入人力资源的地方，才有可能创造出新的财富，才有可能激活生产要素和商品市场。欲将这种可能性转化成现实，又需要激活被投入的这些人力资源。

环境资源是有限的，物质资料即使能够再生，也还是有限的。只有人的创新精神与创造能力是无限的，因此最重要的事情，就是要努力激发人的创新精神与创造能力。对于企业经营来说，要使用换位思考、逆向思维等不同寻常的思维方式，走出与众不同的新路，方可在激烈的市场竞争特别是国际市场竞争中占据优势。对于城市发展来说，要让货币、科学技术、自然资源、信息等经济要素整合起来、运动起来，使之发挥出尽可能高的经济社会效益。

商品市场要激活，既要使需求得到满足，又要使供应得到保障，让商品充分运动起来，在运动中激发活力和生命力。激活商品市场的主要办法，大约有这样几种：生产者自己推广、中介者负责营销、展览会推销及广告宣传等。

要把一种商品制造出来，并激发出其中的市场生命力，大约需要经过如下路径：组织生产要素，制造及包装产品，运输及销售商品，广告及售后服务。在整个路径中，每个步骤都要依靠人力资源去实施，从而实现和增加商品的内在价值。

（二）经济要素的激活路径

生产要素可以看成特殊的商品，因而其激活路径和商品相类似。但人力资源又是一种特殊的生产要素，一种对商品价值起到决定性作用的生产要素，因而需要特殊的激活办法及路径。这些办法有自强不息、不断学习与创新、推动技术进步等。

综上所述，我们可以得到如下结论：经济要增长、企业要盈利、城市要发展，就必须激扬社会成员的意志力，激发各种生产要素的创造力，激活产品的生命力。为达此目的，我们需要做到各种资源的有效配置、生产要素的有机组合、商品及产业的有力运动。

沉睡中的经济要素，应设法激活它；已经激活的经济要素，应设法提高它的激活程度；已经利用的经济要素，应努力提高它的使用效率；相对丰富的经济要素，应努力提高它的贡献比率。把这些经济要素的生命力有效地组合在一起，就是整个社会的生产力。

对于企业经营者来说，可以通过如下途径实现激活目标，即要素评估—树立正确的企业理念—掌握正确的经营方法—预测经营目标—建立数学模型—制订激活方案—落实激活措施。这里的数学模型，就是根据企业经营目标，计算出商品的市场饱和度、商品的生命指数、生产要素的激活指数等，从而确定商品的市场前景、企业潜在的生产要素、生产要素的激活潜力等指标。评估之后的最终目的，正是为了能够更好地激励人力资源、激活各种生产要素。

对于城市管理者来说，可以通过如下途径实现激活目标，即要素评估—树立正确的发展理念—掌握正确的发展方法—预测发展目标—建立数学模型—制订激活方案—落实激活措施。这里的数学模型，就是根据城市发展目标，计算出各种产业的市场饱和度、产业及商品的生命指数、经济要素的激活指数等，从而确定城市的发展前景、城市潜在的经济要素、经济要素的激活潜力等指标。

中编

企业个案分析

第一章
自强不息的拼搏精神

一、卦象分析

《易传·序卦传》开篇就说："有天地，然后万物生焉。"乾为天，坤为地，因而乾坤二卦被列为六十四卦之首。《易经》原有三种版本，分别是夏、商、周三个朝代的不同版本。较早的那两个版本早已失传，流传至今的《易经》是周朝的版本，故称《周易》。在此版本中，乾卦为第一卦，反映出当时已经是父系社会的时代特征。

乾卦象征苍天，乃创始世间万物的本源。其卦象为两天重叠，表示复杂的天道变化，表示天体的运行日复一日、永不停歇，表示一颗生命不息、奋斗不止的拼搏之心。乾卦六爻皆为阳爻，故乾卦代表阳刚之气，代表雄性或男子汉，代表长者、名人或高官。既然居于全经之首位，当然就可以代表首领。在封建社会的家庭中居于首位的是父亲，在国家中居于首位的是君王；在企业中，居于首位的自然是最大的股东，中国习惯称之为"老板"，国外习惯称之为"董事长"；在各种物品中，居于首位的是金玉珠宝；在建筑物中，代表宫殿、教堂或者最高的大楼；在行政区域中，代表京城或大都市。

在动物中，乾卦五代表马，故有"一马当先"之说；在传说中，居于首位的则是龙，所以乾卦的爻辞中讲的都是龙。"龙马精神"这个成语，最早出自唐代李郢的《上裴晋公》一诗。它的含义是精神旺盛，这显然与乾卦有关。因为龙和马都是乾卦的象征，而乾卦代表着自强不息的拼搏精神。

案例

中国的西门子——陈志列的研祥集团

陈志列把自己的成功之途简单地概括成一句话："我是一个顺应大势的人——1978 年的科学大会让我弃文从理；在 1992 年邓小平南方谈话时，我趁势下海，创办研祥；2003 年，香港 H 股首次接纳内地民营企业，研祥是第一个实践者。”

一、第一个问题：文科还是理科

俗话说：男怕入错行，女怕嫁错郎。因此对一个男人来说，选择学习的专业与从事的行业、工作的单位显得至关重要。陈志列原本热爱诗词歌赋，可高考填报志愿却没报文科专业，而是选择理科专业。究其原因，就是1978年3月18日在北京召开的全国科学大会。大会召开后全国掀起一个学知识、重科学的浪潮，“学好数理化，走遍天下都不怕”的说法盛行一时。此事显然影响了陈志列及其家人做出的决定，也影响了陈志列后来的人生道路。

陈志列选择学习理科后，在学校一直保持前三名的成绩，可惜高考时发挥失常，与原先水平差不多的同学相比，陈志列的总分低了整整90分，因此无法上北京大学、清华大学，而只能留在辽宁省会沈阳上大学。这可算是他人生旅程中所遭遇的一次大挫折。

该挫折曾经使得陈志列有所懈怠。因此在大学里，陈志列没有努力保持好成绩，反而将大量时间用在运动场上及摄影协会中。这给陈志列带来了一些意外的收获。在学习专业知识外，陈志列更多地学会了怎样与人沟通，怎样与队友合作去赢得一场球赛的胜利，怎样从各种不同角度拍下同一个场景的春夏秋冬。

大学毕业后，陈志列进入辽宁省机械研究院工作，但只干了3年。如果就那么按部就班地干下去，陈志列也许会成为一个出色的研究专家或行政干部，看上去似乎也没有什么不好。但陈志列不满足于此，毅然决定离开生活了20年的沈阳市，前往西安去攻读研究生。

1990年，27岁的陈志列被分配到航空设计院下属的一个名叫“银燕”的中美合资企业，在北京开始人生中的第二段工作经历。从表面上看，陈志列的工作和3年前没有本质差别，但不同的社会环境使得陈志列的内心发生了较大的变化。

陈志列深刻感受到，在合资企业的发展空间有限，头顶上的“天花板”较低。这种局限对年轻人来说无异于走进死胡同，陈志列觉得“掉头换路”势在必行。之后，陈志列又被派往一家台湾企业在深圳设立的工作室，此后的经历更坚定了陈志列掉头换路的决心。处处被外国人“欺压”的生活让陈志列无法忍受，许多经历都告诉陈志列，其实那些外国人的技术还不如自己的。

在那段日子里，陈志列每天都在思考自己的未来，身高一米八几的大小伙子瘦到不足130斤。其实那家台湾企业给予陈志列的待遇相当好，1992 年在深圳的月薪能够达到 2 500 元。然而这种高收入的代价就是高压，台湾企业对人才成长有太多限制，使得陈志列总感觉头上有块大石头压着，怎么也长不高。

二、第二个问题：是否下海创业

陈志列是幸运的，他说自己总是能得到春天的眷顾。正当他觉得陷入两难境地的时候，改革开放的总设计师邓小平来到了深圳。邓小平同志的南方谈话肯定了深圳特区的发展成就，并在深圳掀起一个下海创业的新热潮。随着大潮的涌动，陈志列也被潮水卷下海了。有一次陈志列与 5 个挺要好的哥们一起就餐，那 5 个人全都开了自己的公司，他们在饭桌上怂恿陈志列说："你不比我们差，赶紧开公司吧。"

结果在 1993 年，陈志列终于正式辞去公职，开始了下海自主创业的生涯。他希望做自己想做的事情，希望改变中国计算机产业的落后局面。"当时就觉得眼前是一片蓝海，很有希望。"① 陈志列回忆起当时的情景，仍然激动不已。当时国内的特种计算机市场前景广阔，但主要份额却掌握在少数外资巨头手中，加上深圳浓厚的创业氛围，让他做出自主创业的决定。

不过陈志列的决定遭到家人、领导的强烈反对。那时候陈志列还不满 30 岁，是最年轻的科研干部之一，且待遇十分优厚，如果辞掉公职，简直就是一种离经叛道的疯狂之举。为了挽留陈志列，单位领导提出可以在深圳开设一个分公司，由他独立经营，公司收益由单位与他共同分享，但亏损风险全部由公司承担，即使失败了，他仍然可以回单位做一名业务骨干。

经过一个晚上的思考，陈志列还是婉言谢绝了领导的好意，因为既然"决定了创业，就不能留下任何后路，没有破釜沉舟的勇气，创业就不可能成功！"于是，陈志列和另外几个研究生一起，联合创办研祥公司，开始从事特种计算机的自主研发工作。创业时期的疯狂工作，让陈志列至今都被同事们认为是超级工作狂。有一年的大年三十，他回家吃点饺子就睡着了，一直睡到大年初二上午 10 点，这就是一年的所有假期了，那时候陈志列每天睁开眼睛就上班，没有休息日，只要睁着眼睛，除了吃饭基本都在工作。

---

① 马文婷. 顺应大势成就新锐企业家 [N]. 京华时报，2008-11-10.

三、第三个问题：谁是老大

陈志列不以公司首领自居，让许多员工都能成为某领域、某部门的首领，因而让研祥集团成长为行业里的首领。

（一）对内不称老大

1. 营销行家樊小宁

樊小宁原本学的是中文专业，在1999年加入研祥时对计算机行业可谓一窍不通。面试时他自己都很不自信地问陈志列："你们这样的高科技公司要我来干啥？这些产品和技术我可什么都不懂。"①

陈志列的回答非常耐人寻味："比你懂该行的人我们已经都淘汰了，懂技术的人研祥多的是。我们要的就是你这个外行来帮我们做市场，教我们如何做品牌！"陈志列这种不拘一格选人才和礼贤下士的精神打动了樊小宁，当时连如何开关电脑都不会的樊小宁，后来凭借其原先在大众消费品领域丰富的市场营销经验，在短短数年内，就把专业化程度很高的研祥特种计算机推广为全国第一的品牌。

2003年，研祥集团的子公司"研祥智能"在香港成功上市后，集团一方面加大研发力度，另一方面亟须开拓市场。樊小宁就带领销售团队到全国各地铺设销售网点，每年都超额完成销售任务，从而使企业保持年均140%以上的增长率。随着研祥成长为国内领先的特种计算机企业，樊小宁也逐步荣升为集团的执行副总裁。

2007年年底，陈志列召集大家讨论进军国际市场的问题。在国内市场，很容易地将某个地区的营销经验、管理模式照搬到别的地区。但在国际市场，却不可能将某国的经验复制到另一个国家。国际市场虽然充满诱惑，更充满了挑战。

不会说英语的樊小宁却再次从容地接受了新的挑战，自告奋勇充当研祥公司开拓国际市场的先锋。立了军令状之后，樊小宁丝毫不敢怠慢，对下属说："我们都不是专家，但如果每个人都能把所承担的工作研究透，那我们加在一起就不是外行，而是个专家团队！"② 在这种不断接受挑战、勇于尝试创新的精神指引下，樊小宁

---

① 佚名. 樊小宁——"侃"出来的老总［EB/OL］.（2009-04-13）. http://www.china.com.cn/economic/txt/2009-04/13/content_17598130.htm.

② 佚名. 研祥：铁打的营盘铁打的兵［EB/OL］.（2009-05-15）. http://finance.ifeng.com/hk/gs/20090515/667475.shtml.

带领海外销售团队到国际市场上披荆斩棘、乘风破浪，为研祥争当全球第一的目标而努力拼搏。

2. “外交官”孙伟

在研祥集团，“诚信祥和，永继经营”这八字箴言是每位员工都必须铭记于心的，而这8个字是出自集团副总裁、研祥股份有限公司总经理孙伟之手。

孙伟也是在1999年加入研祥集团的，10年中一直在陈志列的背后默默奉献。有人说生活在巨人的身影下会令人感到压抑，但孙伟却能够将这种压力转化为工作动力。孙伟原本性格内向，做事稳重而不喜张扬，但由于待人诚恳，陈志列就有意把一些“外交”工作交给他去做。大到国家项目的申报，小到辖区卫生的管理，孙伟总是事必躬亲，勤勤恳恳地将每件事做好，力求完美。渐渐地，孙伟在与深圳市政府乃至广东省政府的联系工作中游刃有余，给各方来访的政要、客户及外宾都留下良好印象，其知名度甚至超过了陈志列。

此外，孙伟还担任特种计算机行业国家标准的编审小组组长，为研祥集团树立行业标准倾尽全力。在某次集团高管会议上，陈志列询问选择ERP系统还是SAP系统，很多老员工都认为ERP系统已使用多年，大家都已经掌握并熟悉，因而不建议更换新的管理软件。只有孙伟表示不同意见，他说选择SAP系统虽然短期内会造成不习惯，但从长远看还是会提高工作效率、降低管理成本，并详细分析两种软件的优势和区别，使得大家非常信服。结果达成一致意见，集团下属的40多家分公司全部更换SAP系统，后来证明此举让研祥集团受益良多。

2007年，集团公布第一届“研祥风云人物榜”，孙伟心情激动地走上红地毯，陈志列亲手为他颁发象征荣誉的寿山石印章，表彰他为公司管理和发展做出的突出贡献。2008年年底，孙伟又当选为深圳市南山区政协委员。

3. 闻鸡起舞的白洪波

走进研祥集团北京分公司的办公室，无论你来得多早，都会看到昏暗的灯光下，有个身影正在忙碌着。不知道的人会以为这是哪个勤奋的新员工想“笨鸟先飞”。实际上他却是研祥集团副总裁兼华北地区业务总经理白洪波。公司规定的上班时间为上午9点，白洪波却经常在7点半之前就到达了。

1999年，白洪波以业务员的身份加入研祥集团北京分公司。他每天都是头一个来到公司，熟悉公司产品、挖掘客户信息。他认为早上特别安静，头脑最清楚，所以希望把这段时间充分利用起来。

在2000年的春游活动结束后，陈志列召集研祥集团北京分公司全体员工开会。会上他慷慨激昂地宣称，三四年以后，要让他们都开上车，买上房。陈志列的话深深地震撼了还在懵懂时期的白洪波，当时他还住在每月200多元房租的农民房里，感觉陈志列勾画的美好前景非常遥远，是他从前想都不敢想的。可正是从那时候开始，白洪波的心里开始发生"化学反应"，虽然仍不敢想象自己何时能够买房，但至少觉得这个公司有盼头，一定要好好干！

怀揣这样的梦想，白洪波工作起来更加勤奋刻苦。这种坚忍不拔的拼搏精神，还真给白洪波的生活带来了巨大的变化。到2004年，白洪波果然搬进了自己买的房子，并且开上了私家车。4年前陈志列"吹下的牛皮"、白洪波的梦想竟然全都变成了现实！

晋升为总经理的白洪波，仍然没有改变从前的工作习惯，每天还是第一个来到公司开始工作。白洪波常说："管理一个团队最好的方法，就是自己树立起好的榜样。"① 他既说到也做到了，他正是用自己兢兢业业的工作态度，向下属展现人们应当具备的敬业精神。

4. 晚归的樊海方

如果说白洪波是闻鸡起舞，那么每天最晚离开公司的当属同一公司的副总经理樊海方。樊海方与白洪波截然不同，他认为在晚上更容易集中精力，可以多做一些计划性的工作。

樊海方早在1998年就加入研祥集团，担任华北地区业务员。向客户介绍产品、主动发掘客户对于生性内向的樊海方来说，真是一件难上加难的事情，因此，他经常紧张得汗如雨下。但经过不断地磨炼和积累经验，到了2000年，樊海方已能够从容地面对客户包括英特尔、微软这样的大客户，就是在研讨会上也都能应付自如了。

2001年，樊海方在业务方面已经小有成就，被集团调往深圳总部PM部门，负责产品规划和市场推广。从产品设计到定型选型，等于摆在樊海方面前的又是一道新难题。樊海方相当于又从头做起，经常与研发人员一起加班，探讨和学习特种计算机知识。经过

---

① 佚名. 研祥：铁打的营盘铁打的兵［EB/OL］.（2009－05－15）. http://finance.ifeng.com/hk/gs/20090515/667475.shtml.

他们的不懈努力和深入细致的产品推广，研祥公司赢取了很好的市场声誉。

研祥智能科技股份有限公司在香港上市后，樊海方被调回北京分公司，负责华北地区的产品推广工作。此时的樊海方在特种计算机领域内已身经百战，具备了更加专业的管理能力，而且对整个集团的运作也有了更深刻的了解。于是在2003年下半年，樊海方通过公开竞聘，晋升为华北地区业务副总经理，成为华北地区业务团队的绝对领袖。此后在他带领下的6年间，研祥集团的华北地区业务不断进步，所占市场份额年均递增25%，赢得许多重要大客户，获得极佳的工作业绩。

（二）对外争当老大

研祥集团经过10年发展，2003年已经成为国内特种计算机行业的老大，但陈志列的目标是战胜德国西门子这样的跨国公司。有一次陈志列和西门子自动化部门的全球总裁同桌吃饭，对方通过翻译问他："陈，你觉得全球自动化控制人才最多的国家是哪个？"陈志列回答"是德国"，没想到对方却很认真地对他说："不对，是中国，中国已经在这方面处于全球领先的地位了。"①

事后陈志列感叹道："说句老实话，德国人是很难承认外国人的，当时虽然我心里知道（自己的差距），但对方这么说我还是非常兴奋，这比挣多少钱都过瘾。"② 基于这种出发点，陈志列提出要将研祥集团打造成"中国的西门子"，争当全球特种计算机领域的市场老大。

1. 地铁事故的检阅作用

在深圳地铁一期工程的建设过程中，研祥集团和外国公司的产品各占一半，在地铁投入运营后，曾经发生过一次意外事故。事故的检测结果表明，90%的故障来自外国某名牌产品，研祥公司的产品却只有10%的责任。此后，深圳地铁从二期到四期的建设过程中，自然就全部采用研祥公司的产品了。

在中国市场击败洋巨头后，陈志列宣布启动"研祥 inside"品牌战略，模仿计算机芯片巨头英特尔，立志在特种计算机领域树立研祥品牌的核心地位，掌握特种计算机的定价权；要在特种计算机和自动化领域，成为中国的西门子！

到2008年陈志列和他的团队创业仅15年，就已经在中国市场

①② 刘奇. 白手起家欲创"中国智造"[N]. 京华时报，2008-11-10.

击败了GE、西门子这样的强大对手，让自己的企业牢牢占据着中国市场第一、全球市场前三的地位。研祥集团参与制定了中国工业计算机的国家行业标准，引领着中国特种计算机的潮流。目前，研祥拥有一支1 000多人的研发队伍，掌握着工业计算机的核心技术，2007年新推出的特种计算机“天傲2007”在世界上属于首创。研祥集团已拥有国家级科研成果鉴定12项，申请专利121项，发明专利67项，授权发明专利19项，软件登记产品21项。由研祥打造的“EVOC”品牌，已成为全行业的知名品牌。该集团旗下的特种计算机形成17个系列、500多个型号，广泛应用于石油石化、交通通讯、金融博彩、能源电力、煤矿安全与工业现场等领域。陈志列在2009年初满怀信心地表示：2008年研祥集团销售额达46亿元，比2007年增长四成，预计2009年将保持50%以上的速度增长。

为了占领特种计算机的世界市场，特别是美、德、英、法等这些全球最大的市场，研祥集团拟通过收购当地企业的方式进入这些市场。目前正在洽购的一家德国企业在欧洲有较强的品牌影响力和销售渠道，研祥与它在技术方面基本处于同一水平，存在互补优势。而并购完成后，德国企业的管理团队基本不会变动。

2. 引领市场而不是盲从于客户

在市场中打拼一段时间后，研祥公司总结出一条深刻的教训：我们要把客户尊为“上帝”，但不要忘记“上帝”也会有问题。原因有三：一是“上帝”只关心自己的利益，不会理睬供给者的苦恼；二是“上帝”也要由和我们相同的人来代表，在选择机会越来越多的市场里，他也会挑花眼，甚至都不知道自己到底需要什么；三是“上帝”乃市场的一个必要组成部分，但市场并不只包含一个“上帝”，因此任何一个制造商都不要企图将市场利润一网打尽。

研祥智能是中国特种计算机行业唯一的上市公司，而上市的主要目标却不是融资，因为上市所融到的1亿元资金，根本不能与研祥集团的年利润相比。研祥上市的主要目标是成为规范的公司，从而进军海外市场，通过股票在香港上市奠定走出去的基础。目前，全球排名前三的特种计算机企业分别是德国西门子、中国台湾某公司与研祥集团。

1993—1999年，研祥集团主要做前期性投入与打基础的工作。接着当了七八年的本土品牌老大，此时的研祥当然很想再接再厉，争取早日当上全球老大。研祥集团希望最迟到2017年，要在销售额、利润额上均达到全球老大的地位。陈志列豪情满怀地说："实际上，我们内部还有第二个时间表，就是要在2013年提前完成这个目标，如果到2017年才完成，说明我们太不用功了，那我们这帮高管就在完成那天集体辞职！"①

2008年，研祥集团的高管团队平均年龄是41岁，他们自己期望的退休年龄平均起来是61岁，这意味着如果不出意外的话，这批高管还有十几年的奋斗时间。笔者相信，等到陈志列他们这些企业经营者退休的时候，必定能够自豪地向全世界宣告："今生无悔！"我们期待着这一天。

二、经营理念总结

在中国自主创业的企业家当中，陈志列无疑是比较突出的一位，因为他创办的研祥集团打破了西方国家对中国特种计算机领域的垄断地位，他不仅是中国最大的特种计算机企业的创始人，而且可称作中国国产特种计算机行业的开创者之一。经过十多年的历练，陈志列已逐渐形成自己的管理风格，他认为决策更多的是一个权衡利弊的过程，老板要看得更远一些，如果实在定不下来，就多和管理层、顾问讨论。而行政级别则是官僚主义、腐败行为的温床。为了淡化人与人之间的等级观念，研祥在整个公司内要求所有员工不得使用"×总""×总监""×经理"等称呼，相互间都必须直呼其名，而且要用全名。就连陈志列本人，员工们也直接称他"陈志列"，而不使用"陈总""陈老板"或其他头衔。

（一）自强不息的拼搏精神

《易传·象传》说，"天行健，君子以自强不息"（天的运行刚健有力，君子据此激励自己不断努力，发愤图强）。有一首广为人知的闽南语歌曲叫《爱拼才会赢》，表达的也是这种拼搏精神，特将歌词抄录于下：

一时失志毋免怨叹
一时落魄毋免胆寒
哪怕失去希望
每日醉茫茫
无魂有体好像稻草人

① 刘奇．白手起家欲创"中国智造"［N］．京华时报，2008－11－10．

人生好比是海上的波浪
有时起有时落
好运歹运
总也要认真起来行
三分天注定
七分靠打拼
爱拼才会赢

对于个人来说，乾卦讲的是如何进行人生奋斗，散发出自强不息的阳刚气概和拼搏精神，是一种老板哲学或想要成为老板的哲学。对于企业来说，乾卦讲的是如何从无到有、从小到大，从行业新手成长为行业老大的哲学。在这一过程中，一方面必须得到尽可能多的支持，尤其是来自于“强者”（如君王、父亲、上司或男子汉）的支持。另一方面则必须不断修炼自己，提升素质，《易传·象传》中的“天行健，君子以自强不息”说的就是这个意思。

（二）非经典管理

泰罗在一个世纪前提出的科学管理理论被称为企业管理的经典理论。由于中国和西方发达国家的文化背景不同，于是有学者提出“非经典管理”的新理论。为了完善这种理论体系，需要一些具有独特企业文化的中国企业作为案例分析，研祥集团有幸被第一个选中。实际上，非经典管理在研祥集团发展壮大的过程中起到非常重要的积极作用。

在研祥企业文化的六大价值观里面，最鲜明的特色就是市场导向，而非决策者导向。陈志列自己所讲的几个例子就能说明这一点：

“公司在开发一个新产品的时候，不会以老板的喜好来做决定，也不会只听开发人员的意见，而是市场部、生产部、财务部等各个部门都参与讨论，看市场是否真正需要。”①

“虽然我是大股东，有足够权力让公司按我的命令做事，但逢到我头脑发热的时候，公司里就会有很多人站出来反对，说你不能这么做。比如说去年我们决定要买另外一个写字楼作厂房，当时是我和另外一位副总亲自负责谈判，还找了熟人帮忙，定金都交了，结果被大家给否决了，只好作罢。”②

“再比如说公司上市的进程，我原本打算用两年完成，大家说你不能规定时间，只能慢慢来，等条件成熟了水到渠成，最后花了三年半的时间。”③

---

① 吕璋婷. 陈志列的“榔头故事”[J]. 董事会，2008（4）.

②③ 张婷. 陈志列：不怕被否定[J]. 经理人，2005（5）.

但不要据此认为陈志列是一个“耳朵根很软”的老板，在原则性问题上恰恰相反，陈志列绝对要充分行使老板的权威。研祥集团的员工都很清楚，这个平日里随和健谈的老板最不能容忍的就是办事拖拉、缺乏效率。陈志列与高层管理者们经常挂在嘴边的一句话是：“说就是撒谎”，他经常告诫全公司的员工要“一张纸、一支笔，写清楚、给专人”。此句陈氏格言到2001年升级为“用电脑、用网络，写清楚、E专人”，但精神实质不变。陈志列甚至鼓励这种“推卸责任”的行为——当某些需要备忘的工作只做口头传达而被遗忘时，那个遗忘的人就会以“说就是撒谎”来回复传达者，从而在整个企业中养成一种严谨、准确的用“写”来沟通的习惯。

（三）两个男人的“高手”故事

在招聘员工方面，陈志列也有自己独特的一套，除了德才兼备这种基本条件之外，还有一个重要的标准就是看这个人身上的“味儿”对不对。用他自己的话说，“如果你身上有一股和我们这些人相同的味儿，你就是我们要找的那个人。如果你也是这样选企业的话，那就更好了，说明我们有更为牢靠的共事基础。”① 研祥集团从管理层到一般员工，都有一大批和公司“对味”的元老级人物，有的一干就是十年。

研祥集团刚成立时，就到媒体上打招聘广告。当时媒体上招聘人才用的广告语都是“高薪诚聘高手”之类，但有一次打字员一时疏忽，误打成“高手诚聘高手”。结果这则广告语刊登出来后，竟从全国各地寄来125份简历。多少带着一点打擂台的心思，一位名叫朱军的高级工程师也加盟于该公司。“我们公司现任董事兼总工程师朱军就是被这则广告吸引过来的。他说当时看到这则招聘广告，就觉得这家公司太牛了，对自己太有信心了。”陈志列回忆起这段往事，禁不住哈哈一乐，“听说年底这则广告还被那家媒体评为‘年度最佳广告语’了。”②

陈志列与朱军这两个男人相会之后，正好与乾卦的卦象相吻合，并且促成了后来研祥集团的风云际会。乾卦的爻辞说：“巨龙高飞上天，利于出现大人物。”当研祥这条巨龙高飞上天的时候，陈志列、朱军与前文介绍的白洪波、樊海方等人显然都已经成长为本行业之“大人物”。

（四）参与社会公益事业

企业要取得成功，必须要得到社会大众的支持，必须要从客户手中获取

---

① 吕璋婷. 陈志列的“榔头故事”[J]. 董事会，2008（4）.

② 师毅. 陈志列：中国工控机行业的先行者［J]. 新财经，2008（8）.

利润；而成功的企业家，往往都重视回报客户、回报社会大众。回报社会的方法很多，其中最常见的就是积极参与慈善活动，积极支持社会公益活动。

1. 技术扶贫带动落后地区建设

陈志列认为，授人以鱼不如授人以渔，因此用技术扶贫的办法，能够比捐赠金钱更有效地帮助贫困地区发展、搞建设。因而从1999年至今，研祥集团针对广东河源市新源县、广西梧州市、河南兰考县等地因贫困未能上大学的青年学生，开展技术扶贫工作。每年从这些地区招聘数十名贫困学生，到研祥特种计算机生产基地接受技术培训，使他们通过研祥的专业培训之后，回到家乡能够带动当地的自动化、信息化建设，有些人甚至成为当地信息化科研事业的骨干力量。

2. 帮助改善生态环境与生存条件

2006年，陈志列担任阿拉善SEE生态协会常务理事，该协会以保护地球生态为实践目标。2008年元旦，在中央电视台“春暖2007，滴水汇聚爱心”大型公益晚会现场，陈志列向中国妇女发展基金会“母亲水窖工程”捐助30万元现金，并充满深情地说道：“我们是一家搞科技的专业公司，但是专业的企业更应该在社会公益事业和扶助弱势群体方面奉献出更多的爱心，研祥愿意把每位员工和公众的需求当作自己的事业来做，并将其做好！”[①]

3. 关注和捐助儿童教育

2006年9月，联合国儿童基金会发起一项活动，计划在中国西部10个省（自治区）的32个县，为150个自然村的校外青少年与辍学儿童建立“非正规教育学习基地”。来自书画界、演艺界、工商界（包括研祥公司）等领域的各界精英共150多人出席了慈善晚宴，并为“童梦园”这一长期项目慷慨解囊。同年，“爱心·光明”西藏盲童学校纪实摄影展在深圳举办。陈志列得知西藏盲童学校的困境之后，也慷慨捐款资助西藏盲童解决手术经费问题，希望他们能够早日重见光明。

---

① 佚名. 陈志列个人简介［EB/OL］.（2009-06-12）. http://finance.jrj.com.cn/people/2009/06/1213175225728.shtml.

第二章
愉悦大众的“天使”形象

一、卦象分析

兑卦之上、下两卦都是八卦中的兑卦，兑为泽，两个泽重叠在一起，表示泽水相连，流动顺畅，滋润万物，因而能够亨通。兑卦中的阴爻上升到两个阳爻之上，有愉悦之情由内及外、溢于言表之象。如果领导者广施恩泽于民众，使得民众心情愉悦，他们自然就会不辞劳苦，甚至舍生忘死地追随领导者。不过，使民众愉悦的做法必须出于真诚，而不是装模作样地欺骗民众，更不能为了达到牟取私利，甚或达到某种罪恶目的而取悦于民众。如果是这样的话，总有被民众识破的时候，“水能载舟”就会变成“水能覆舟”。所以说，喜悦及亨通并非不分是非，而是应有纯正的动机，坚持诚信方能真正使人悦服，方才有利。

兑卦以快乐有别、是非分明的原则，教给人们如何正确处世的道理。该卦告诫我们要公正无私，上不骄傲、下不谄媚，却因诚信而达致上下一心、共同发展。委曲奉承表面得利，实则有祸；坚守正道、顺从天意而不强求吉庆，反倒可获吉祥。居上位者容易遭受蒙蔽，故应坚定立场、谨慎交友；应乐于带头冒险、不避艰难，才能勉励人民努力拼搏；应与良朋益友共同讲解哲理、研习学业，使民众和谐相处，方可共同进步、共同获益。

案例

从今日集团到天使投资

商场上经常能看到这样的现象：一个企业家创造了一个品牌，甚至发展成为经久不衰的名牌。我们这里要讲的却是反过来的一种新现象：一个品牌造就了一个企业家。广东省中山市的何伯权就是这样一个企业能人，“乐百氏”这个品牌成就了他；当然，他也让这个品牌大放光彩。

（一）“乐百氏”大获成功

从20世纪80年代末至90年代，整个中国的保健品市场都是风生水起，众多品牌轮番上场。其中由广州掀起了第一次高潮，领军的品牌除了“太阳神”，还有“乐百氏”。实际上，太阳神与乐百氏本是由同一个团队创造出来的。太阳神全面导入企业形象设计，在整个中国也是首次。当时这个品牌与它的企业形象一样，如一轮红日喷薄而出、咄咄逼人。但不久后，太阳神的早期创业者中便分出一支人马，自立门户。为了得到一个堪与“太阳神”媲美的好名字，他们翻遍词典并绞尽脑汁，终于在不经意间，“乐百氏”这三个字闯进他们的脑海，这个读起来朗朗上口，既洋味十足又充满喜庆味道的中西合璧的名字，一下子就博得众人的喜爱。于是，他们立刻与另外两个机构联合成立广州乐百氏公司。

与此同时，中山市小榄镇有一位28岁、名叫何伯权的年轻人，接受镇政府之命创办新企业，目标是发展本镇的经济。从此，何伯权站到一个新的人生舞台，除了镇政府投资的95万元人民币和4个创业伙伴之外，他别无所有。经过一番权衡，他决定投身于当时热火朝天的保健品市场。

机缘让何伯权与乐百氏联系在一起，他一听说“乐百氏”这个商标就特别喜爱，以至于不再去想其他的品牌。在此背景下，中山乐百氏保健制品有限公司诞生了，它由广州乐百氏与小榄镇工业总公司合资成立，何伯权任总经理。广州乐百氏以品牌及20万元资金入股，占总股份的1/3。合作一年后，为了促进企业的自主发展，小榄镇决定买下广州乐百氏所持有的1/3股份。经协商，这部分股权折价为380万元。从此，何伯权就完全掌握了中山乐百氏公司，但“乐百氏”商标的所有权仍在广州乐百氏公司手里。因此，何伯权还须租用“乐百氏”在奶类制品领域的商标使用权，期限为10年（从1990年到1999年）。在整整一个90年代中，何伯权精心培育着“乐百氏”这个品牌。

何伯权显然是幸运的，他不必像别的成功者那样白手起家，而是从一开始，就有镇政府提供的95万元资金，加上还刚好有“乐百氏”这个充满潜力的舞台空在那里，让他上台表演。因此中山乐百氏公司发展神速，到1992年其产值已高达8 000万元人民币。这时，何伯权也开始为他掌管的企业思考后路：数年后，如果不能继续使用“乐百氏”这个品牌，中山乐百氏怎么办？很显然，他们必须拥有一个自己的品牌。

（二）今日集团与“生命核能”

为此，何伯权亲自出马，从北京大学征集到“今日”商标，何伯权对这个新商标十分满意，因为“今日是历史和未来的分界点，今日的结束是新的今日的开始”。“今日”这一特殊内涵准确反映出何伯权对“乐百氏”虽然珍爱备至，可又不得不忍痛割爱，让它从自己的事业中逐渐淡出，以便全力以赴地去发展“今日”这个新品牌。1992 年，中山乐百氏保健制品有限公司改名为广东今日集团，不过在短期内，乐百氏商标的奶制品仍是该集团的主导产品。

为了向市场尽快推广“今日”，何伯权招徕一批广告人（包括广告学博士），发动强烈的宣传攻势，并在 1994 年达到顶峰。1994 年 1 月 19 日，今日集团出资 1 000 万元人民币，买下了神话人物马俊仁的“生命核能”技术配方，这是当时全国最大的一宗知识产权交易，也是企业和个人之间价值最高的一宗产权交易。

今日集团根据“马氏配方”制造出“生命核能”产品后，又在全国范围内拍卖该产品的经销权，很快就回款 1 800 万元。在持续的广告炒作中，今日集团的知名度迅速上升，“生命核能”俨然能够与“乐百氏”平分秋色了。这一时期的中国，媒体都在爆炒“马家军”。人们提到“马军家”的时候，必然会提到“生命核能”；提到“生命核能”的时候，又必然要提到今日集团。何伯权的成功经营，起到了“一箭三雕”的作用：一是向全国隆重推出了今日集团；二是为今日集团隆重推出了一个新产品——“生命核能”；三是在中国率先成功地举办了竞拍经销权的全国性活动。

到 1997 年，何伯权向广州乐百氏公司开出 1 500 万元高价，完全取得“乐百氏”商标在奶制品方面的所有权。广州乐百氏的经营处境正在走下坡路，因而很快就接受了这一收买价格。从此，它既不能再向别人授权，也不能自己生产“乐百氏”奶制品。到此为止，“乐百氏”奶制品终于被完全收归到何伯权麾下。一个好商标归于经营大师所有，真可以说是各得其所了。当然，广州乐百氏也并非输家。这家公司最初由中山乐百氏投资 20 万元人民币，最终却拿回了将近 2 000 万元人民币。这家公司的创业者最了不起的地方，在于想出“乐百氏”这三个字。今天，这三个字的品牌价值已经高达 30 亿元人民币。

1998 年，今日集团花大价钱聘请麦肯锡咨询公司做企业高级管理战略咨询，引进全球最先进的 SAP 管理信息系统。以该年何伯权在集团所拥有的股份来计算，此时他的个人财产已经高达 8 500 万美元。

1999年，乐百氏创下年销售额20亿元人民币的奇迹，成为业内广为传颂的经典案例。也就在这一年，今日集团又改名为乐百氏集团，还入选了哈佛大学的民营企业教学案例。

2000年，乐百氏集团已成为中国饮料工业十强企业之一，乐百氏也成为中国乳酸奶市场第一品牌，是全国著名的食品饮料品牌与行业内为数不多的中国驰名商标之一。

在12年间，何伯权带领着一群年轻人，把一个名不见经传的地方商标培育成中国的著名品牌，创造了广为传颂的乐百氏奇迹。

（三）娃哈哈与达能集团

何伯权创建中山乐百氏保健品有限公司的时间是在1989年，就在同一年，44岁的宗庆后也带着两名教师，在杭州一家校办工厂里加工口服液。谁也没想到，几年后他们都取得巨大的成功，两人各自培育出饮食行业闻名全国的两大品牌，并成为饮料市场上最大的、势均力敌的竞争对手。

从20世纪90年代起，各国企业巨头纷纷涌入中国市场，把目光瞄准在那些已在本土市场上家喻户晓的公司和品牌。1996年，娃哈哈公司与达能集团合资。宗庆后甚至还在达能集团与何伯权之间牵线搭桥，讲述娃哈哈在合资后的新发展，以及两家公司引入同一个大股东的好处。最终在2000年3月，何伯权与达能集团签订合资协议。在经历了连续4年超过50%的增长之后，乐百氏的品牌价值达到巅峰。这让何伯权把握到一个最好的时机，使达能集团为乐百氏支付了23.8亿元的真金白银。

之后，何伯权就平静地离开了，虽然在合资的新公司里面，何伯权仍持有8%的股权。实际在达能集团全面接管之前，双方就已经完成自财务监控到经营管理的审慎交接。何伯权从引入达能集团开始，就已经想到自己要退出，只是要有步骤地、逐渐地退出，因为企业的震动太大是双方都不愿看到的结果。从那一刻起，他就变成一个隐形人，保持沉默且行踪难觅，享受着被遗忘的自由与从容。但实际上何伯权从未被人们彻底忘记，他仍然有所作为而不露痕迹。

何伯权沉默8年后才开口解释说："我做乐百氏，很难再走上另一个高峰了，继续和娃哈哈打又怎么样，只是第一、第二的区别。人不可能永远在自己最好的状态，在不同的阶段，要有不同的经历，要有第二人生，而且越早开始越好，那样你的学习能力会更强，而不是凭经验去做事。”① 2008年11月5日，何伯权对《创业家》的记者表示吃惊地说：“当时我为什么不说？我觉得卖掉企业的话，5年内中国商业社会不会理解。可现在8年了，还是不理解。”也就在这一年，当朱新礼把汇源卖给可口可乐而处于舆论的风口浪尖时，何伯权站出来为他打抱不平，可能就有同病相怜的原因吧。

离开乐百氏以后，何伯权就陪伴着家人，到西藏等地旅行，甚至到美国、加拿大等国家去游历。接着，他又在哈佛商学院落下脚来，开始进修与学习，他研究的主要课题就是“中国民营企业与政府关系”。何伯权在1960年出生于广州，15岁就辍学了，可后来到大学里进修过。这次又经过几年的调整、再进修后，何伯权转身做天使投资，从实业家变成了投资家。他已经喜欢上这种新事业，因为新事业使他感到了“在没有压力下做事”的从容与淡定。

（四）何伯权介入天使投资

2003年夏天，何伯权在哈佛做访问学者的期限即将结束，但他还没有想好今后要做什么事情。于是就回国看看别人都在忙些什么，他先到了上海，约一些以前乐百氏的老部下吃饭。那天所有人都很开心，讲了许多笑话。何伯权也了解到他们有不少人仍在创业，既有做物流的，亦有搞无框画的，甚至还有卖鸭脖子的。

顾青就是卖鸭脖子的那一位。当年，他是乐百氏引进的第一批大学生，先是担任副总秘书，后来又到乐百氏湖北分区做营销经理，1999年离开乐百氏。2002年9月与朋友合伙创业，启动资金只有55万元人民币。刚开始的时候，顾青把创业想得挺简单，觉得卖鸭脖子利润高，自己在乐百氏期间又把“钢材、水泥、沙子什么都学到了，只剩最后成型”。没想到结果却是，光建厂房就花了将近40万元人民币，两家直营店都开张后，每天营业额最多才1 000多块钱。见到何伯权的时候，顾青几乎已经弹尽粮绝了，他把家里所有的存折都加在一起也只有4 000块钱。

何伯权敏锐地注意到顾青的变化。以前顾青的业绩很好，但花起钱来也以大手大脚而出名。现如今顾青却穿得很马虎，一边喝酒一边感慨地说：“以前老何你说的话都特对，现在我为了买到便宜点的牙签，都要跑好几个批发市场。”饭后，何伯权让顾青开车带

---

① 佚名. 何伯权：不想把乐百氏做成一个百年老店［EB/OL］.（2009-12-24）. http://www.ebusinessreview.cn/articledetail-4721.html.

路去看看厂子。路上何伯权就问他，到底还需要多少钱？顾青坦白地说要50万元。何伯权又问："你自己占多少股份？"顾青说了一个数字。何伯权立刻点头说："好，我给你50万元，股份比你少两个点，剩下的算我借给你的。"①

何伯权这样做的理由很简单：我投的钱，一定要比你顾青投得少，否则你就变成为我打工了。你为我打工，我就有负担，你就没动力。所以还是要由你来做老板，这毕竟是你自己的事情。所以要投一部分借一部分，顾青你还是董事长。这让顾青很感动，50万元资金也在一周内就打到他的账上了。

随后顾青又陷入另一个困惑，有了资金要不要继续开设分店、扩张规模呢？他回忆说："老何给我算了笔账，连锁店最核心的是分店能否赚钱。一个分店只要能够保平，或者略微开始赚钱了，就可以继续把连锁店开下去。"当时的久久丫账面上亏损10万元，但每个分店每月仍可以赚500元。因此何伯权说："行了，你这事成功了。"顾青犹豫着说："我不敢投入分店啊。"何伯权却态度坚决地说："不投肯定死，投进去才有机会活。"②

就这样，久久丫2003年在上海总共开设16个直营店，当年营业收入为1 800万元。第二年上升到4 000万元。第三年更高，达8 000万元。目前在全国已经有500多家直营连锁店，年销售额数亿元，利润高达数千万元。

这件事也让何伯权意识到，自己对实业还是充满浓厚的兴趣，而且还有良好的感觉。他对记者说："投资久久丫完全是随意的，只是帮忙，但我发现我的思维和想法对创业的年轻人很有帮助。我对做企业很熟悉，对一个企业从小到大的成长过程很了解。这些对创业者很有用，我和他们之间存在一种落差。你有没有力量，关键看你有没有落差。"③

在美国的那段时间，何伯权也曾经和段永平在电话里聊过投资的事情。20多年来，他们一直都是好朋友。久久丫成功后，何伯权就开始专注于天使投资。此后再没有买过1分钱上市公司的股票，就连对Pre－IPO基金的赚钱机会也不涉足。"我所有的投资都是天使投资。唯一一个例外，就是蔡达标的真功夫快餐，实在是喜欢，所以就跟着VC（风险投资）投了A轮。"④ 何伯权如是说。

2003年9月，他注册成立广东今日投资有限公司。整个公司只

---

①②③④ 刘涛．何伯权：第二人生［J］．纪实，2009（8）．

有两个半人，包括秘书和董事总经理石闵建，他以前是达能派驻乐百氏的财务总监，与何伯权很投缘。另外半个就是何伯权自己，因为他大概有一半的时间不待在国内。身为天使投资人的何伯权，辉煌的、新的发展道路正在他的脚下延伸。

二、经营理念总结

兑卦是八卦中比较特殊的一卦，既可代表水，亦可代表金。水代表商品流通即营销，金代表金融行业、金融工具等。因此兑卦的哲理既可为企业营销提供参考，亦可为企业融资提供参考。

（一）取舍得当的人生

做创业家而非企业家，这是何伯权在十几年前就决定的事情。他与大多数企业家不同，他要做的是创业家，要过一种有舍有得的创业人生。他视没有激情的创业为一种苦难，并决定把这种苦难结束在自己 41 岁的时候。他没有把企业当成儿子养，没有想当然地认为自己要照顾它一生一世。创业而不一定守业，否则既苦了自己，又苦了企业，那样就不是创造价值，而是毁灭价值。他认为要有自己的第二人生，而且越早开始越好。

于是他从乐百氏全身而退，重新做回一个好丈夫、好父亲及好儿子，和亲人们在异国享受创富后的快意人生。直到今天，他都把一大半时间用来陪伴家人与发展个人爱好，真正用在投资企业的时间只有 1/4 罢了。今天的何伯权，皮肤被阳光晒得黝黑，脸上看不到愁苦的皱纹，牙齿洁白，笑声洪亮。在加拿大，他为了拍一张猫头鹰眨眼睛的照片，可以在郊外的草地上趴上两个小时。

2008 年 11 月 5 日下午 3 点，有记者来到广州天河广场，已经是上班时间了，可是广东今日投资有限公司却有点特别。几十套办公桌椅空在那里，无人使用，只有一位前台秘书在上班，公司门口立着烫有《六祖坛经》的金色屏风。但整个公司的装修雅致，最大的办公室在最里间，那就是何伯权的办公室。

当时他身上穿一件橘红色短袖 T 恤，那是他喜欢的颜色。手上戴一块很普通的日本精工表，用的是价值 1 000 多元的诺基亚手机，据说还是用通话积分换来的。办公桌旁边放着一个双肩旅行包，好像刚从外面回来。除了偶尔犀利的眼神，你很难再从他的脸上找出 10 年前那位穿着双排扣西装、留着港式大分头、意气风发的青年企业家的痕迹。挤在下班高峰期的电梯里，也没人认出来他是这个城市里最富有的人物之一。

这个人已经在公众视野里消失了许多年，可事实上他的商业故事依然精彩无比，并且从未真正离开过中国。相信很多人都会像何伯权那样，憧憬和追求独立自主的生活。这个世界充满机会和挑战，未来也会无比精彩。我们虽然不能改变世界，但能够从生命中获取精彩甚或辉煌。

（二）乐百氏的营销手段

众所周知，百事可乐的广告策略往往别出心裁。在与老对手可口可乐的百年交锋中，百事可乐的广告常有好戏出台，使可口可乐备感压力。其中所运用的名人广告，就是一个重要的传播手段。美国的迈克尔·杰克逊和麦当娜，香港的张国荣、刘德华、郭富城、王菲与郑秀文等都曾为百事可乐拍过广告。好听的歌曲旋律、打动人心的歌词，都是与消费者沟通的最好语言。有了这样的信息，品牌理念也会自然而然地深入人心了。

与此同时，百事可乐始终致力于建立以“百事可乐基金”为切入点的良好公共关系，真心赞助体育赛事以及其他公益事业。如赞助“中国八运会”“中国甲A足球联赛”，支持中国申奥成功等，不仅在当时取得明显的效益，而且还为该公司在中国的进一步发展打下了坚实的基础。乐百氏认真学习百事可乐这种广告策略，成功地、极大地提升了自己产品的美誉度。

整个兑卦从头到尾都不断论述，要光明正大，要以诚信取得愉悦，让别人真心愉悦，自己才会真心愉悦，才会达到心灵的安宁，才能消除悔恨乃至凶灾，才能取得吉祥的成果和结局。

为此，今日集团分别在北京与《北京日报》联合，举办声势浩大的、题为“我和妈妈”的少儿征文朗诵比赛；在上海举办“上海少年爱上海，争做上海好少年”活动，为当选的十佳“上海好少年”颁发奖品；在天津举办“小学生爱护环境，变废为宝大行动”活动，并且设立20个“乐百氏图书角”。另外，还与《中国少年报》共同举办“同在阳光下，大家共快乐”知心姐姐接待日活动，为小朋友解答问题；在华东地区举办“学雷锋、学赖宁”活动；在大连举办规模盛大的“乐百氏献爱心，开放的中国盼奥运”活动；等等。

乐百氏向百事可乐学习，用的是一种叫作整合营销传播（IMC）的广告策略。其中心思想是在与消费者的沟通过程中，统一运用与协调各种不同的传播手段如公共关系、媒体宣传、人员推销、营业推广等，使不同的传播工具和信息载体相辅相成、相得益彰，在每个阶段发挥出最佳的、集中和统一的作用，协助本公司品牌建立起和消费者之间长期的友好关系。

（三）何伯权的投资方式

在哈佛结束学习之前，何伯权特地拜访了一位美国著名的创业学教授。他告诉对方说回国后想做天使投资，请问教授有何忠告。该教授讲了如下三条：一是不要插手太多，尽可能脱身。不要因为自己有经验，就乱指挥，不要让自己成为一个管理者，否则创业者会失去判断能力，十分依赖你，最后很可能大家一起迷失。二是如果投资的公司不行了，千万不要拿过来自己做，那样只会脱离投资者的轨道。三是业绩不行的时候，要有胆量去处理。你是做企业出身的，对创业者容易抱有同情心，不像一般的投资人那样能下狠心换人。

何伯权听后觉得很有道理，只是第三条比较难以做到，因为他一直以来都是个比较随和的老板。此后5年中，何伯权一共投资了十几家企业，从最高的8 000万元到最少的70多万元，总投资金额接近3亿元人民币。和一般的天使投资人相比，他投资的案例成功率相当高，很多成为大牌VC追捧的对象。

虽说何伯权仍然是乐百氏的副董事长，但与他经常有联系的早就不是乐百氏了，而是那些朝气蓬勃的年轻公司，如7天连锁酒店、久久丫、OFFICEBOX、诺亚财富、爱康国宾、九钻网、万乘金融等。何伯权已经变成一名不在任何压力下做事的天使投资人，他追求质而不追求量。他用实业家的眼光寻找机会，再用投资家的手段来整合资源，并总结出一套独门的何氏投资秘诀：第一，只投与终端消费者相关的产业；第二，经营模式在国外要有成熟的样板，而在国内还没有先例；第三，找一个合作伙伴来当CEO，他必须也要投钱进来；第四，关注企业的原则、底线和价值观。兑卦的初九爻辞说，“和兑，吉”（与人和谐相处但不相互干扰，因此会愉悦而又吉祥）。何伯权正是这样做的，他正像个天使一般，为创业者带来及时雨般的启动资金，但绝不干预创业者的经营活动。

中国第一代企业创始人既有钱、有经验，又有号召力。我们或许可以预见，他们中相当一部分人会卖掉企业、扔掉烦恼。这一天何时到来？那就要看他们对得失进退与人生目标的认知态度了。当然还有更重要的一点，那就是要看他们够不够胆，有没有这样的勇气和魄力。

第三章
正大光明的企业文化

一、卦象分析

离卦卦象由上下两个太阳重叠而成，象征双重光明照耀四方，象征伟大人物光明磊落。大人物应据此原理，连续不断地把光明普照天下四方。上下皆如火一般光明，故能教化天下、移风易俗。在上下两个离卦中，都是柔顺的阴爻居于中正之位而致亨通，且又像蓄养的母牛一样柔顺且多产，故吉祥。因此卦辞会说："利贞，亨。畜牝牛吉。"

光明物体（如日月两个星球）轮流升起，象征附丽，因而离卦还有一层意思，就是依附于华丽之物。日月附丽在天空之中，植物附丽在大地之上。光明重叠又附丽于正道，就能推行教化，促成天下昌盛。柔顺者附丽于中正之位，故能亨通。总而言之，宇宙万物都有附丽对象，但必须符合正道才会亨通吉祥。传说当年隋炀帝杨广曾占得离卦的九四爻辞："突如其来如，焚如，死如，弃如。"而他最后的结局也正是如此——被烧死并抛弃，究其原因，就是他虽然登上皇帝之宝座——这个人世间最高的位置，却不能像太阳一般光明磊落，做事情也不符合正道。

世间万物的生存与发展，需要依附于太阳的万丈光芒；企业的生存与发展，则需要依靠光明磊落的企业领导人与经营者，需要依靠光彩照人的企业文化。香港面向广阔的海洋，故能在最近几十年中，培育出大批优秀的、有大海一般宽阔胸襟的商人，他们甚至敢于化敌为友，让自己的企业获取得道多助的利益，形成独特又正大光明的企业文化。

在中国大陆也有一位企业家，不仅他的企业文化与离卦的含义紧密相关，就连他本人的名字都与离卦的卦象相吻合。他就是浙江省著名企业家南存辉——南方存在太阳的光辉，离卦不正好象征南方和太阳的光辉吗？南存辉创办的并已取得巨大成功的企业——正泰集团股份有限公司，也像太阳一般充满正气和泰然自若。对于"正泰"这一名称，南存辉有过精辟的阐释：经营要走正道，为人要讲正气，产品要做正宗，因而企业不管遇到什么样的困难，都能够泰然处之。

案例

坚守正道而泰然自若

离卦的初九爻辞说："履错然，敬之，无咎"，意为践行过程错落有致，保持恭敬谨慎的态度，没有害处。也有人这样解释，脚步错乱有陷入险境的可能，因此必须提高警惕，才能避免灾祸。"敬之，无咎"的含义有两点：一要尊敬别人，二应互惠互利。

（一）从小鞋匠到小老板

1963年7月，南存辉出生于浙江温州的乐清市柳市镇。由于家庭经济条件很差，本该是"不知愁滋味"的少年时代，南存辉却尝尽人间的艰辛磨难。从六七岁开始，南存辉就挑着米糠、提着鸡蛋到街上去卖。13岁那年，他父亲在劳动中被水泵砸伤，造成脚部粉碎性骨折，长期卧床不起。此后，拉扯弟妹、养家糊口的重担就落在南存辉和母亲的身上。由于父亲是镇上人人皆知、手艺精湛的老鞋匠，作为长子的南存辉辍学后便子承父业。他每天挑着工具箱早出晚归，在柳市镇走街串巷，到处摆摊替别人修鞋，就这样坚持干了3年。

1978年，党的十一届三中全会召开后，精明的温州人立即行动起来。在当时的计划经济体制下，工厂卖出的机械设备都是整机，一旦零件坏了就很难买到新的。极具商业头脑的温州人抓住这种潜在的市场需求，把坏机器拆开后卖零件，甚至有先行者开始制造机器零件，于是在市镇上就出现了装配作坊。

1979年南存辉就发现，整个柳市镇的大街上几乎全是前店后厂，而且都是生产电器的：这其中有专卖电器零配件的，有专门做电器装配的，也有专门替别人做电器零配件的……善于观察和总结的南存辉觉得，小小柳市镇就出现这么多作坊式的电器厂，电器厂一多，产品销售就是个大问题。于是，他就开始进入电器销售行业。

20世纪80年代初，温州掀起一阵低压电器的创业热潮。南存辉和几个朋友一起投资5万元，在喧闹的柳市镇上一个破房子中，因陋就简地兴办一个作坊式开关厂，开始他在电器行业的新征途。4个人没日没夜地干了1个月，做的是最简单的低压电器开关。赚到的第一笔钱只有35元，那3个合作伙伴都沮丧极了，可南存辉却兴奋异常，因为他觉得自己终于找到了一条通往财富的道路，区区35元让他看到了创业的曙光。

（二）从小工厂到大公司

1984年7月，当过鞋匠的南存辉与做过裁缝的童年伙伴胡成中合资，建立了乐清县求精开关厂。当时的市场状况非常不利，可谁能料到，这家小小的低压电器厂发展壮大且分立之后，竟孕育出今日中国赫赫有名的正泰、德力西两大企业集团。

1. 经营环境与困难

那时的温州，由于少数经营者利欲熏心，以次充好、以假乱真，假冒伪劣的电器产品和假冒伪劣的温州皮鞋一样盛极一时。没有技术标准、没有专业技术的温州低压电器简直成了"假冒伪劣"的代名词。因此，国家六部委开展大规模的打假治劣活动，200多人的工作组对温州生产的假冒伪劣产品进行长达5个多月的整顿。在杭州发生了一件轰动全国的事情，假冒伪劣的温州皮鞋、低压电器等被集中在武林广场，像当年林则徐焚烧鸦片那样付诸一炬。又像离卦的九四爻辞所说的"突如其来如，焚如，死如，弃如"（突如其来的万丈霞光，如同火焰在燃烧）。顷刻间把假冒伪劣的东西都消灭干净，并抛弃到历史的回收站中。

这次整顿对时年20岁出头的南存辉触动很大。回想当初自己修鞋因速度快、质量好而引来众多顾客的经历，他清醒地认识到，国家是决不会容许假冒伪劣产品长期发展下去的，因而企业经营者一定要严格把好产品质量关。

2. 与众不同的经营对策

必须拥有优秀的技术人员，才能保证产出优质的产品。为了解决产品质量问题，南存辉决定聘请上海的电器工程师。当这些工程师来到求精开关厂时，都大吃一惊，因为在他们眼中，这个工厂比作坊还不如，什么东西都没有。好多工程师来过又回去了，因为这里连最基本的工作模具都没有。但南存辉没有轻易放弃，他给工程师们讲柳市镇的故事，讲自己修皮鞋的经历和感受，一次不行再去第二次、第三次。他的真诚最终打动了蒋基兴、王忠江、宋佩良三位老工程师，他们决定加盟求精开关厂。

出发前，王忠江还特地试探性地询问南存辉："你想赚今天的钱还是明天的钱呢？如果只想赚今天的钱，那根本就用不着找工程师，回去生产些假货就行了。"南存辉当即表示，假货只能骗得了一时，骗不了一世，依靠假冒伪劣产品牟取暴利，不是企业生存之本，反而得付出沉重的代价。

回到柳市镇，南存辉就把工程师们安顿在自己家里，一起商讨如何共同创业，如何把求精开关厂做大做强。在几位工程师的帮助下，求精开关厂在1986年8月建立了温州第一个热继电器实验室。

3. 惊人的经营效果

一分耕耘一分收获，付出的努力都不会白费，南存辉的努力换来了巨大的市场回报。1988年1月，求精开关厂成为温州市乐清县首家取得国家机电部颁发的生产许可证的企业，“求精”牌电器在市场上一路畅销，求精开关厂也在形形色色、参差不齐的低压电器企业中脱颖而出。

此时，国家六部委再次派出工作组进驻柳市镇，对低压电器市场进行3次拉网式的清理整顿。大部分低压电器生产厂家由于质量问题而跌入低谷，昔日车水马龙的街道一下子变得冷冷清清。然而工作组却猛然发现，这里竟然有一家领了生产许可证、拥有自己品牌、产品质量过硬的低压电器生产厂家——求精开关厂。在因质量过硬而得到褒奖的同时，求精开关厂也成为乐清县、温州市两级政府的重点扶持对象。正是在这一年，求精开关厂首次得到农业银行的50万元贷款，这笔如雪中送炭的贷款使求精开关厂迅速扩大规模，产品畅销全国。仅1989年一年，求精开关厂的产值已达到100多万元。

1991年，胡成中想创办另外的企业，求精开关厂因此解体。南存辉就吸纳弟弟、妹夫等家族成员入股，组建一个新企业——温州正泰电器有限公司（中美合资），他本人占60%以上的股份。为什么要与美国商人合资？因为外商投资企业可享受本土民营企业所没有的政策优惠，这有点像离卦的象辞所说的，“六五之吉，离五公也”（吉祥来自附丽于国王公侯的尊位）。

到1993年，正泰公司的年销售收入达到5 000多万元。锋芒初露的南存辉意识到，正泰公司要想继续做大，必须进行一次脱胎换骨的变革。于是就充分利用正泰这块牌子，走资本联合扩张之路，先后把当地38家企业纳入麾下，在1994年2月组建成低压电器行业的首家企业集团。正泰公司的股东增加到数十个，南存辉的股权则被稀释到40%左右。这又像上九爻辞说的，“王用出征，有嘉折首，获匪其丑，无咎”（君王用来出兵征战，嘉奖斩获敌人首级者，俘获、降服不愿亲附之异之，没有害处）。象辞说的“王用出征”是君王出兵征战，目的在于让整个国家走上正道。应用到市场经营中，企业家并购其他企业，目的在于使整个行业走上正道。

(三) 敢与跨国公司叫板

作为全国最大低压电器企业的老板，南存辉是一个敢于向跨国公司叫板的中国人。当许多人还在谈论、分析加入WTO对中国的影响时，南存辉就已经大胆地走出国门，昂首阔步地走向世界了。

2002年3月，在意大利国家电力公司年度招标大会上，来自全球各地的近30家电气公司展开激烈竞争。5轮过后，一家来自中国的民营企业脱颖而出，战胜了通用、西门子和施耐德等大型跨国企业，夺得6 000万欧元的标。这家震惊世界的中国企业就是正泰集团，它胜出的原因就是南存辉告诉记者的话："我们的成本领先战略是取胜的法宝，正泰的产品比那些跨国公司的报价都要低，质量却不比他们的差。"①

其实早在20世纪90年代，南存辉就已经拥有不输给外国巨商的自信与豪情。那是在1992年，还在发展初期的正泰以其良好的企业信誉，引起了外国电器行业巨头的注意。那年秋末的一天，法国梅兰日兰电器集团的中国总代理和随同人员一起来到温州，考察柳市镇的低压电器市场，并有意寻找具有竞争力的子公司。

"成为集团子公司有什么优惠条件?"南存辉慢条斯理地问。对方总代理的回答很明确："技术、资金和梅兰日兰的国际品牌。"南氏兄弟相视一笑，这三样东西恰好是正泰所急需的，但他们还是婉言谢绝了："作为一个中国人，我们更愿意创中国人的品牌。"②

正泰集团到海外开始办厂，都是采用"先有市场，再建工厂"之策略。南存辉为企业设定三道关卡：首先是通过在海外建立销售机构，使当地市场达到一定的成熟度。其次再选择行业关联度紧、技术含量高、需求空间大、市场竞争力强的国外科研机构合作。最后要通过产品出口，进行产品定位和市场定位，达到在当地设厂的盈亏平衡点。

从一开始，南存辉就有这样的梦想：让全世界的同行都知道在输变电行业中，有一个品牌叫正泰，它来自中国。这个梦想，今天已经实现。

(四) 向往阳光的新事业

正泰集团准备从专业技术向高新技术转型，载体就是前景光明的光伏产业。2009年1月，该公司自行研制的太阳能薄膜电池正式下线，这是中国第一个真正意义上的薄膜太阳能电池，填补了国内

---

①② 何文琦. 南存辉：最大对手是自己［J］. 深圳商报，2004－08－28.

空白。5月25日，该公司首条20兆瓦微晶非晶薄膜电池生产线将投入试产，中国太阳能电池将从此迈入“薄膜时代”。正泰公司在太阳能电池上的投资已近20亿元，试投产的20兆瓦薄膜电池生产线，预计当年产值就可达到10亿元左右，可以满足1 300个家庭的日常所需用电。南存辉说，他们的目标是到2013年，做到1 000兆瓦的年产能。

浙江正泰太阳能科技有限公司总经理杨立友博士，为正泰带来了第二代薄膜太阳能电池技术，他在太阳能电池和其他光电器件领域拥有18项发明专利。杨立友告诉记者①，目前整个光伏产业普遍采用的是第一代生产技术，用料比较多，成本相对比较高。晶硅太阳能电池的厚度在0.2毫米左右，而正泰生产的第二代太阳能电池厚度只有它的1%，不到头发丝的二十分之一，其发电成本仅为一代产品的一半。因此说，再过几年，利用第二代薄膜太阳能电池产品的发电成本，可与目前的火电成本持平。

二、经营理念总结

如前所述，离卦象征太阳的光芒，对于企业来说，企业文化就是指引员工前进的红太阳。树立良好的企业文化，员工才会有共同的奋斗目标，企业方能取得成功。南存辉的成功经验，主要是为企业打造一种“向日葵文化”——正大光明，共同分享。

（一）重视产品的质量和品牌

南存辉曾说，父亲对他的影响非常深，他本人深受中国传统文化的浸润，就与他父亲的教诲有关。小时候父亲对他的教导，促使南存辉做事更加认真与踏实。当乐清县的低压电器企业在混乱中大洗牌时，南存辉早就甩开大步向前迈进了。当年被洗牌退出舞台的一位企业主曾感慨地说，因为当年产品非常紧缺，产品不管好坏都有市场，大多数企业主只图眼前利益而粗制滥造，甚至生产假冒伪劣产品，最终走上被淘汰的末路。而南存辉却能够把市场看得非常透彻，认准产品质量及品牌的重要性，终于笑到最后并铸就今日正泰的辉煌。这正如离卦的六二爻辞所说的“黄离亢吉”，黄色本为中正

---

① 应建勇. 浙江正泰上马太阳能薄膜电池线　填补国内空白［EB/OL］.（2009-05-22）. http://news.sohu.com/20090522/n264107322.shtml.

之颜色，具有中正品德，而且六二阴爻又处在中正位置，深得中正之道，当然就会有至为吉祥的结果。

（二）信心、勇气和俭朴

生活的艰辛，并没使天资聪颖的南存辉放弃对自己未来的憧憬及对社会的观察与思索。当记者问到南存辉如何评价自己的时候，他的回答是："中学毕业，修鞋匠出身，当过农民，开过个体电器店，现仍正在慢慢做的当中。"① 少年生活的苦难塑造了南存辉坚强不屈的性格，更坚定了他的生活信心。也是在这种信心的支撑下，南存辉才会很早就有挑战跨国公司的决心和勇气。

艰苦的生活经历，使南存辉养成节俭的生活习惯。进入 21 世纪后，南存辉虽然多次登上福布斯中国富豪榜，但其生活依然俭朴。他从来不是一个享受奢华的人，工作安排极为紧张，一年有多半时间在路上奔波，日历上排满了各种会议、接待及商务安排，吃饭经常简单到几块面包、一袋方便面。从创业之初到现在，正泰的员工数量增加了 1 000 倍，企业资产增长了 2 万倍，年产值增长了 10 万倍，利税增长了 15 万倍。经过 20 多年的发展，正泰集团年销售额已超过 100 亿元，连续几年名列全国民营企业综合实力 500 强之前茅。"正泰"商标被认定为中国驰名商标，有三大系列产品被评为"中国名牌产品"。

南存辉不仅自己勤俭节约，还将这种优秀品格传给在美国留学的儿子。留学美国的儿子除了学费由南存辉负担之外，其他费用都要靠他自己勤工俭学挣得，他每月必须挣到 700 ~ 900 美元的生活费，而这些辛苦挣来的生活费显得捉襟见肘，每个月都要节衣缩食地过日子才行。假期回到家乡温州时，南存辉也要求他隐姓埋名，换上工作服到正泰集团的车间打工，和普通工人们同吃同工作。

（三）阳光般的分享精神

南存辉说，每个温州人都有投资的欲望，不给他分红，就会认为他是给别人打工。给他股份就不同了，有了股份他就有老板的感觉了。而这样的"老板"越多，自己的风险也就越小，大家也能群策群力，投其所好又能将企业做好，何乐而不为呢！因此，正泰集团的股东已从最初的 10 个扩充到 100 多个。

在吸引更多资本加盟的同时，南存辉动起温州销售大军的脑筋。1993

---

① 何文琦．南存辉：最大对手是自己［J］．深圳商报，2004－08－28．

年，他从温州销售队伍中挑选出一部分作为自己的“特约经销点”，进而对资金较强的经销点给予资金周转和价格上的优惠，先后在上海、西安、郑州、济南等地组建正泰销售公司，以极小的代价，初步建起自己的销售网络。

南存辉对质量的刻意追求达到令人叹服的程度。他有句著名的话：宁可少做亿元产值，也不可让一件不合格产品出厂。有一次他的企业出口货物时，在运输过程中有只货箱出现破损，重新装箱时发现有一件产品不合格。南存辉得知后，毅然要求将全部货物开箱检查。检查后时间来不及了，为了不影响及时交货，只好由海运改为空运，因此多花了80万元运输费用。

可南存辉毫不动摇地说，“‘正泰’的牌子和信誉岂止值80万元？尽管今天公司损失了80万元，但保住了公司的信誉。有了这个信誉，公司往后能赚回的就是10个80万元，100个80万元，1 000个80万元!”一分耕耘一分收获，南存辉的认真与执着并没有白费。1999年底，“正泰”商标被国家工商行政管理局确认为中国驰名商标，正泰电器在国内20多个省市被列为“免检”产品，畅销世界30多个国家和地区。

（四）关于太阳能的思考

地球对于太阳能的依赖，刚好符合离卦的“附丽”含义。大量地转化和利用太阳能，可以降低地面温度，缓解地球气温上升问题，可谓两全其美。

狭义的太阳能就是太阳光的辐射能量，广义的太阳能则包括地球上的各种能量，比如风能、化学能与生物能、水的势能等等。太阳能的利用有被动式利用（光热转换）、主动式利用（光电转换）两种方式。光电转换就是把光能转换成电能，即用太阳能发电，可算是一种新兴的可再生能源利用方式。

太阳能可分为两种：首先就是人们熟知的太阳热能。利用太阳热能之现代科技可将阳光聚合，直接运用其能量产生热水、蒸气和电力。除了采用适当的技术来收集太阳能之外，建筑物亦可利用太阳光及其热能，方法是安装合适的设备，比如巨型的向南窗户，或是先吸收和储蓄，然后缓慢释放太阳热能的建筑材料。

其次是太阳能光伏。简单的光伏电池可为手表、计算机等提供能源，较复杂的光伏系统可为房屋照明，甚至为电网供电。光伏板组件是一种暴露在阳光下便会产生直流电的发电装置，由薄身固体光伏电池所组成，这种电池几乎全部由半导体材料（如硅）所制成。光伏板组件可以做成不同形状，而且还可互相连接，以便产生更多电力。这些组件可设于天台或建筑物表面，甚至能用作窗户、天窗或遮蔽装置的一部分。

阳光普照大地，永远都认真地放射光芒与能量，地球上所有人都能受惠于此。我们的企业如果也能建设这样的企业文化，认真做出高质量的产品，认真做好售后服务，让越来越多的人直接或间接地受惠于我们的产品和服务，那么，何愁企业不能发展壮大呢！

第四章
创造新名牌的张瑞敏

一、卦象和卦理分析

六十四卦中的震卦由八卦中的两个震卦重叠而成，震为雷，两雷重叠，象征雷声隆隆、接连不断。雷声重重象征巨雷，象征大的震动。君子仿此，诚惶诚恐地修养道德、反省过错。震卦的卦辞说：“震来虩虩；笑言哑哑；震惊百里，不丧匕鬯。”雷动来时万物恐惧，但我们平时若有戒备，就可以谈笑自若，谨慎应对以摆脱险境，化险为夷甚至化祸为福。谈笑自若、冷静处理，为的是吸取教训，为将来总结或制订可依循的规则。

震卦的哲学思想和价值所在，是要阐释面临大的震动、面临意外事件的应对之道。在事物发展过程中，有时难免发生意外的重大事件，以致震惊百里。此时最为重要的，就是要及时应对，认真分析问题，冷静思考对策，总结以往经验，吸取当前教训，小心谨慎地处理好令人震惊的意外事件。应用到企业经营管理活动中，就是要采取合适的企业危机处理方式。

震卦的另一哲理和价值所在，是提醒我们即使在日常的平安时期，也要有危机意识，经常保持警惕性。平常也要遵循基本法则，经常反省自身，培养刚强性格。这样方可防患于未然，即使在意外事故降临时，也不至于惊慌失措，能够从容镇定地应对，尽量把损失减到最小。

《易经》是一部高度抽象、概括世间万物的哲学经典。震卦也不仅仅只有雷动这一个象征，它还可以象征天上打雷以及雷声；不仅能代表自然界中有声响或者震动的事物，还能代表人类生活中有震惊效应的各种现象。对于企业来说，好的政策及政府行为会像春雷一般，带来绿色生机；同时，企业也应该奋发努力，抓紧时机创造出名震天下的产品及品牌。

案例

砸了冰箱又砸了仓库的张瑞敏

雷动来时惊动范围有百里之广，远方震动可使近处警醒戒备，但虔诚祭祀的人不会丢掉手中的酒匙，说明是多么从容镇静。这样的人可以选出来留守宗庙社稷，作为祭祀典礼的主持人，或者担当保家卫国之重任。山东海尔集团的张瑞敏正是这样的人才，他作为山东海尔集团的开拓者，为该集团立下了名震天下的汗马功劳。

（一）砸醒质量管理意识

自从中国共产党第十一届中央委员会第三次全体会议召开以后，国家政府陆续出台各种政策，以经济建设为中心展开各方面工作。该会如同一声春雷那般，开启了整个中国万象更新的历史新篇章。许多新企业如雨后春笋般出现，原有的许多企业则不断成长，甚至从一棵小苗成长为参天大树，青岛海尔集团就是其中的典型代表。

海尔集团的前身是1984年由濒临倒闭的两个集体小厂合并成立的青岛电冰箱总厂。该厂在1985年引进德国利勃海尔公司的先进技术及设备，生产出亚洲第一代“四星级”电冰箱。为体现出双方的合作，当时双方签订的合同规定，海尔可在德国商标前加注厂址在青岛，于是用“琴岛—利勃海尔”（“琴岛”是“青岛”的别称）作为企业名字，并且成功地设计了象征中德儿童的吉祥物“海尔图形”（现在的海尔兄弟，琴岛与海尔），其商标由文字“琴岛—利勃海尔”与“海尔图形”组成，寓意中德双方之合作如同这两个孩子一般，充满朝气和拥有无限美好的未来。

1984年，当时年仅35岁的张瑞敏临危受命，接任当时已资不抵债、濒临倒闭的青岛电冰箱总厂厂长。在张瑞敏接手之前，该厂还只是这样一家小企业：产品单一而且质量差，职工总数不到800人，不但没有盈利，反而亏损147万元，处于濒临倒闭的状态。而张瑞敏上任之后只用了一年的时间，营业额就从1984年的300多万元上涨到1 800万元，总营业额翻了将近6倍，并且实现了扭亏为盈。

然而也就在1985年，有位用户向海尔反映：工厂生产的电冰箱有质量问题。于是张瑞敏突击检查了仓库，发现其中有质量缺陷的冰箱还有76台。当时在研究处理办法时，张瑞敏做出了一个令人意外的决定：召开一个全体员工的现场会，当众将这76台冰箱全部砸掉，而且还要由生产这些冰箱的员工自己来砸！

听闻此言，许多老工人当场就流泪了。要知道，那时候别说“毁”东西，企业就连开工资都十分困难。在那个物资紧缺的年代，这个决定甚至连海尔的上级主管部门都难以接受。

但张瑞敏明白：如果放行这些产品，就谈不上质量意识。不能用任何姑息的做法来告诉大家可以生产这种带缺陷的冰箱，否则今天是76台，明天就是760台、7 600台……所以必须实施强制措施，必须要有震撼作用。最后的结果是，张瑞敏选择了不改初衷。

后来的事情已为世人所熟知，就是用一柄大锤，伴随着阵阵巨响，真正砸醒了海尔人的质量意识。从此，在家电行业中，海尔人砸毁76台有缺陷冰箱的故事就传开了，而那把著名的大锤，已被中国国家博物馆收藏为国家文物。

从1983年到1988年，中国家电市场呈现爆炸式的增长状况。所以，很多工厂拼命地上规模，海尔也在扩大规模。然而，张瑞敏并没有被暂时的成功冲昏头脑，在产品能够热销的历史时期，海尔却砸掉了有质量缺陷的冰箱，而且随后一点都不松懈，继续坚持抓产品质量。张瑞敏组织全厂员工，开展了“假如两年后市场疲软，冰箱销不动怎么办”的大讨论，提出“海尔绝不能盲目扩张，必须在保证质量的前提下扩张”；同时，提出“优秀的产品是优秀的人干出来的”，以不断强化工人的质量意识。① 他还开始在海尔建立全面质量管理体系，狠抓基础管理工作，创造性地推出“日事日毕，日清日高”的管理方法。

1989—1990年，中国家电市场出现饱和状态，市场空间大幅度地萎缩。消费者逐渐提高了对产品质量的要求，家电产品从原先的供不应求，转变成供过于求。于是乎，许多工厂纷纷降价促销，有的甚至倒闭了。但海尔产品因质量符合消费者的高要求，并且已经名声在外，所以反而能够提价12%却仍然畅销。即使在20世纪90年代初期的家电“逆市”② 中，海尔也保持着80% 的年增长率。

震卦的初九爻辞说，“震来虩虩，后，笑言哑哑。吉。”（雷动来时万物恐惧，震惊之下谨慎应对终能得到福庆，因此会有笑声阵阵。这种做法是吉祥的）谈笑自若、冷静处理，为的是吸取教训，

---

① 肖进. 张瑞敏：“砸”出品牌管理经［J］. 中国林业产业，2010（4）.

② 指该时期整个家电市场都在走下坡路，有关企业走下坡路这样一种趋势。

以后才有规则可循。张瑞敏使用震惊百里的方式，一锤砸醒了海尔人的质量意识，与此同时，也为本企业砸出了名牌效应，让家电市场都知道有个极其重视产品质量的海尔品牌。

（二）抓住机遇出国创牌

在家电业蓬勃发展的20世纪90年代前期，家电企业几乎都在巨额利润的推动下迅速实现了规模扩张。但从20世纪90年代中后期开始，由于城市市场趋向饱和，家电产品供大于求的矛盾日益突出，产品开始积压，产量出现负增长。[①] 许多企业把降价作为企业发展的战略，不计成本地打价格战，虽然得到了一点点市场份额，却牺牲了企业持续发展的动力。价格下降导致利润水平也逐年降低，许多家电生产企业利润持续下滑，有的甚至出现巨额亏损。我国加入WTO（世界贸易组织）之后，外国大家电公司纷纷到中国设厂，有的甚至把总部迁到中国，作为向世界市场推进的基地，中国市场的竞争更趋白热化。2001年，上市公司中的15个家电企业出现多家亏损，亏损额高达数十亿元。

在行业整体不景气的时期，却还有一批企业仍在发展，甚至实现了高速发展，海尔便是其中的佼佼者。海尔依靠其多元化的产品组合、国际化的营销思路与完善的售后服务体系，在激烈的市场竞争中赢取了主动，实现了业绩稳步增长、规模不断扩大的目标，在不太景气的家电行业中成为一个醒目的亮点。

1991年，商标“琴岛海尔”被认定为驰名商标。随着企业声誉不断提升，1991年企业名称确定改为“青岛琴岛海尔集团公司”。1993年5月，琴岛海尔公司在深入调查研究的基础上，认为原有名称的地域性影响了品牌的进一步拓展，于是将企业名称简化为“海尔集团”[②]。从“琴岛—利勃海尔”到“琴岛海尔”再到“海尔”，从名字的演变可以看出海尔塑造品牌形象，逐渐走向国际化品牌的发展历程。

海尔认为，表面上看似乎价格对产品销售起到一定的作用，但真正起作用的是如何满足用户的潜在需求。中国市场越来越开放，很多企业响应中央号召“走出去”，但“出去”之后发现非常困难

---

① 杨远新. 我国家电企业如何开辟农村市场［D］. 北京：对外经济贸易大学，2005.

② 佚名. 海尔集团实施商标战略创建国际知名品牌［N］. 青岛日报，2014-04-29.

退回来。秉持宁可在国内喝汤也不到国外去啃骨头的观念，让很多家电企业决定在国内做“定牌”，而不是“创牌”。但正是在这个阶段，张瑞敏抓住了中国加入WTO的机遇，提出“走出去、走进去、走上去”的“三步走”战略，以“先难后易”的思路，首先进入发达国家寻找及整合资源，建立信誉，开创名牌，再以高屋建瓴之势进入发展中国家，逐渐在海外建立起设计、制造与营销“三位一体”的本土化模式，占领了巨大的市场份额。

当时海尔采取了两个差异化的竞争战略，亦称为两条竞争路径，一是到美国的南卡罗莱纳州兴办起新的工厂，二是直接采用并购方式，收买了意大利一家现成的冰箱厂。但这两个举措，在当时却引起很大的争议。

1999年，张瑞敏决定投资3 000万美元，在美国南卡罗莱纳州建立海尔工业园，主要生产家电产品。有的媒体评论，许多美国工厂到中国来设厂，海尔却反其道而行地跑到美国去设厂，最后肯定会以失败而告终。而张瑞敏心里清楚，去美国设厂肯定没有成本优势，但从长远看会有很大好处。后来的事实已经证明，该决策是正确的。

至于并购意大利工厂的行为，也曾被一些媒体记者认为是一个最愚蠢的决定。可是后来的发展实践证明，该决策不但不愚蠢，反而是很有前瞻性的竞争策略。如今，意大利工厂已在海尔“三位一体”战略的落地进程中发挥重要的作用。

震卦所展示的不仅有消极的一面，即天灾人祸（比如雷动）会带来伤害；同时也有积极的一面，就是要以超前意识打造名震天下的企业品牌与产品品牌。随着中国企业“走出去”竞争战略的起航与大规模开展，海尔的国际化行动越来越显示出其难能可贵的前瞻性，而且让海尔自身成为中国企业“出海”当之无愧的、毫无疑问的领航者之一。

（三）零库存应对金融危机

2008年爆发了由美国“次贷危机”引起的全球性金融风暴，但在中国并没有蔓延到实体经济中来，至少在家电市场还看不出这种迹象。尽管如此，海尔仍在张瑞敏的主导之下，进行了一次非常重要的转型：从“以企业为中心”向“以用户为中心”转型，从制造业向服务业转型。

2008年8月28日，这是海尔历史上又一个值得铭记的日子。

就在这一天，张瑞敏再一次举起他那把“大锤”，但这次砸的不是冰箱，而是仓库。

当整个家电行业都在大打价格战的时候，张瑞敏却率先推进零库存下的“即需即供”战略。为此，海尔建立了一些社区店，配以建成的“三专店”体系，走出一条“以企业为中心”转向“以用户需求为中心”的道路，目的是要做到零库存下的即需即供，也就是说当用户需要的时候，就能马上供货；而当用户不需要的时候，也不会造成库存积压问题。

当张瑞敏及海尔决策层提出要取消DC库①的时候，整个营销系统都炸开了。负责营销的员工们直截了当地说：这是不可能的，市场形势那么差，有仓库都未必能满足客户的需求，更别说取消仓库了。要是取消仓库的话，销售额肯定会大幅下降。客户方面的反应也很大。有位老客户（也是大客户）说：“你们要取消仓库，大方向我们认可，但你们这样做是违约的。”因为按照经销合同，客户都在当地的海尔仓库提货，一旦没了仓库，可能会造成交货不及时的麻烦。

张瑞敏和海尔的决策层顶住压力，采用了非常规的做法——产品卖不出去就停下来，停下来怎么办？停下来倒逼企业内部的生产和营销体系。为了不让变革成本影响到客户，海尔改变了自己的供应链流程，采用周下单、下周单的方式，严格按订单安排生产。虽然没有仓库了，但通过订单模式和供应流程的变革，海尔把货物都放在公路上，放到集装箱里，从而实现了即需即供的新商业模式。

2008年国庆节过后，金融危机明显波及中国市场，市场零售大幅下滑，行业库存大幅上升，可是海尔的库存处理做得恰到好处。就像当年砸掉次品那样，砸掉仓库的行动不仅化解了外来危机，控制了内部成本，而且完成了以用户为导向的企业转型。从满足大规模制造转变为满足用户个性化需求的观念，海尔加快了“走上去”的步伐，并且从创造用户需求和用户满意度的角度，为全球用户提供了引领白色家电②消费潮流的新体验。

震卦的上六爻辞说“震索索”，雷动来时畏缩不前，说明上六未能得到中庸之道。此时视线惶恐不安，若贸然出征会有凶灾。美

---

① DC库是海尔在各工贸公司设立的物流仓库。

② 按功能国外把家电分为三类：白色家电、黑色家电和米色家电。其中白色家电指可以替代人们家务劳动的产品。

国的次贷危机也有不守中庸之道的原因，让没有还贷能力的人也能够贷款买房，并且无须交纳首付款（或者只交纳极少的、象征性的首期），还加了很大的金融杠杆。震卦的上六爻辞还说“震不于其躬，于其邻，无咎”，不要等到雷动波及自身，应在波及邻近地区时就采取戒备措施，方可避免伤害。张瑞敏与海尔集团正是这样做的，结果虽有凶险却不会受到伤害，这是由于邻居遭灾而提前戒备的缘故。不仅如此，海尔还因此创造出新的商业模式，从金融危机中获取了新的发展。

（四）网络化取消企业边界

在2012年12月26日海尔创业28周年之际，张瑞敏正式宣布，此时的海尔已经度过名牌战略、多元化战略、国际化战略与全球化战略这四个阶段，即将进入第五个战略阶段，其战略主题为网络化战略。也就是在这个月，全球知名商学院瑞士IMD将“IMD管理思想领袖奖”颁给了海尔集团首席执行官张瑞敏，以表彰其对现代管理艺术与实践所做的贡献；张瑞敏应邀赴西班牙IESE商学院，在IESE商学院院长卡纳尔陪同下，做了一场精彩的演讲，由此展开一场互联网时代企业管理的思想大碰撞。

当知悉张瑞敏受邀即将来西班牙，就互联网时代企业管理话题，阐释海尔人管理理论而做演讲报告的消息后，有不少欧洲管理领域的各界精英都来到现场。“由于海尔人单合一双赢模式在其所属国际化企业推广获取的成功，这一管理创新模式也在欧洲引起极大关注。原本计划300个到场听讲名额，结果有600余人申请，这在IESE商学院历年举办的学术讲座活动中是非常少见的。”西班牙IESE商学院相关人士介绍。在一个多小时的演讲中，张瑞敏的观点和见解让全场听众聚精凝神。

IESE商学院卡洛斯教授对张瑞敏此行的评价是：张瑞敏先生的演讲，给沉闷的欧洲经济吹来一股清新之风，张瑞敏先生带领海尔所进行的商业模式创新，就是一场互联网时代管理思想的解放运动。从传统走向现代，从封闭走向开放，从守旧走向创新，海尔模式创新的本质就是一种对进取、速度与价值的追求，通过对人单合一文化融合的研究，海尔的探索具有了时代意义。

在电商尚未足够强势的时候，有些家电企业还能在卖场里用“比网络最低价更便宜”展开促销，然而在它们纷纷投放大幅广告为自家电商导流的时候，人们却能够发现：电商完全消解了那些原本存在于多层分销体系中的信息不对称。原本在大城市购买可能更便宜的冰箱、彩电和洗衣机，如今不论在多么偏远的角落，只要电脑能够联网，消费者看到的价格就都是一样的。流量已经代替渠道，成为商品销售的命脉。传统的零售商丧失了渠道的优势，消费者也不再像以前一样只能关注少数商品，而是根据信息网络在所有产品中选择差异性。

而张瑞敏给海尔定下的目标是要成为一系列平台，取消所有中间管理层，只剩下平台主、小微主和创客三种人。每一个平台都能感知消费市场中的各种变化，并通过支持与协作，灵巧地做出调整，从而适应这些变化，以满足新兴的市场需求。在此过程中，员工也就从雇佣者、执行者转变为创业者、动态合伙人，目的是要构建社群最佳体验生态圈，满足用户的个性化需求。张瑞敏在海尔发动的所有变革的指向，是在消解海尔作为一个制造业企业的属性，最终也可能会消解原先清晰的企业边界。

二、经营理念分析

张瑞敏在企业经营过程中，提出许多富有独创性的经营理念，并以此带领整个海尔集团兢兢业业地努力拼搏，最终让山东青岛这家企业开创了一片新天地。笔者在此根据震卦的哲学思想，把他有关的经营理念归纳为以下几条。

（一）打造名牌的企业战略

我们先从震卦思想的积极方面来看，企业要想取得成功，打造名震天下的产品及品牌，无疑是一种值得重视与尝试的发展战略。从一家 1984 年年亏损 147 万元的小工厂，成长为 2015 年营业额达到 1 887 亿元、年利润达到 180 亿元的巨无霸跨国公司，张瑞敏及海尔集团正是这样做的。

张瑞敏从砸冰箱到砸仓库，都是为了使海尔能够打造成为一个名牌，但也不是单纯地为了创名牌而创名牌，而是在过硬的产品质量、及时满足客户需求的基础之上创名牌。自从他砸了质量不合格的冰箱之后，海尔生产的冰箱就成为优质冰箱的代名词，因而海尔冰箱成为一个富有市场竞争力的新品牌，成为一个名副其实的名牌。后来实施多元化战略也取得成功，海尔又成为其他家用电器如洗衣机的优质品牌。自从他砸了仓库之后，海尔不仅顺利化解国际金融危机的冲击，而且还乘势扩大市场份额，成为家用电器领域一个名震天下的优势品牌。

到20世纪90年代，家电产品从原先的严重短缺变成有库存积压。从1991年开始，电视机行业每年产量都大于市场需求，1998年库存几百万台。各厂家为消化库存拼命降价，甚至降到成本之下。但是海尔的做法却与众不同，坚持一定不要为库存生产，而是要为有价值的订单生产。以洗衣机为例，当时每到夏天销量就非常小，一般厂家到这时就只能减产。有心的海尔人经过分析发现，其中原因并非用户在夏天不需要洗衣机，而是当时制造的洗衣机都是较大容量的5公斤洗衣机，在夏天衣物薄、少的情况下显得不实用。因此，海尔就开发出一种1.5公斤的小洗衣机，结果在整个中国市场上销量非常好。这就是张瑞敏开发新产品、制造新市场的新理念，能让企业快速发展甚至名震天下的经营理念。由此可见，只有淡季的思想，没有淡季的市场。张瑞敏领导下的青岛海尔不仅能创造新品牌、新名牌，还能创造新产品、新市场，从而取得辉煌的经营业绩。

“没有成功的企业，只有时代的企业”，这是张瑞敏最常说的话，也成为引领海尔创新发展的路标。① 你不可以期望市场不变，实际上市场永远都在变。所以企业不能墨守成规、坐享其成甚或坐而待毙，而应积极地创新求变，要变到市场前头去，预先做出能适应市场变化的企业决策。在不断创新创业的进程中，海尔最大的不变就是持续地改变，持续地踏准时代的节拍。因此说“海尔之道”就是创新之道。张瑞敏与海尔的商业模式创新，是一个主动求变、积极应对危机的探索过程，支撑这种变革策略的正是海尔人永远“自以为非”的创新精神。

（二）居安思危的企业家精神

张瑞敏对待成就的一个口头禅是：“永远战战兢兢，永远如履薄冰。”实际上，居安思危不仅是政治家、军事家需要具备的素质，也是企业的经营管理者需要具备的一种企业家精神。

震卦卦辞说雷动来时万物恐惧，但我们平时若有戒备，就可以谈笑自若，谨慎应对以摆脱险境。因而企业不要等到危机发生时，再考虑如何应对，而是应在平时就有所戒备，等到危机真正降临时，就可以从容镇定地自如应对，化险为夷甚至化祸为福，这就是一种居安思危的危机意识。20世纪80年代，家电市场在中国兴起并呈爆炸式增长，各大厂商纷纷抓紧扩大规模，忽视产品质量，而张瑞敏却在此时意识到未来家电市场将达到饱和，从

---

① Haier全球专家共话互联网时代模式创新　海尔召开互联网模式创新国际研讨会[J]. 中国人大，2015（2）.

而狠抓产品质量，等到90年代家电行业出现危机时果然成功度过。

震卦的上六爻辞说，不要等到雷动波及自身，而是应在波及邻近地区时就采取戒备措施，方可避免伤害。当企业看到其他地区的同类企业、本地区其他行业的企业发生危机时，就应及时采取戒备措施，预防同样的危机也降临到自己头上，这是另一种危机意识。2008年的金融危机爆发后，还未波及中国，但已经在其他国家显现出有关迹象，张瑞敏见此果断砸了仓库，实施即需即供战略，从而躲过了危机。

上六爻辞还说，雷动来时畏缩不前，视线惶恐不安，此时出征有凶灾。成功的企业家往往具备敢冒风险的勇敢素质和创业精神，但如果企业明知道某件事情有危险，或者会造成损失，就不要冒险前行，免得遭受不必要的损失，这应能算是第三种危机意识。进入国际化战略阶段在美国扩张时，张瑞敏并没有盲目建厂，而是经过审慎思考，直到出口美国的冰箱超过当地生产30万台的盈亏平衡点后，才下决心在当地建设工厂。海尔到意大利收购现成企业，则更能够节约成本，充分利用别人现有的资源和市场空间，从而稳步实现其占领国际市场份额的国际化战略。相比之下，我们也能看到有些其他企业，过于乐观地估计市场和估计自身的能力，盲目建厂而导致设备闲置或生产线开工不足而被拖垮的例子。

虽然海尔已经连续保持30年的高速增长，到今天成为一家千亿级别的跨国集团，但张瑞敏对待如今的成功仍然像当初一般谨慎、谦逊，永远战战兢兢，永远如履薄冰，在安逸的环境中永远怀揣着危机的意识。

（三）应对危机的企业策略

任何企业都可能会遭遇挫折甚至失败，企业的决策也不会永远都正确，再优秀的企业和企业家也会有失误甚至犯大错的时候。但这不是最重要的，最重要的是如何看待和应对失误和失败。其实和成功经验相比，失误和失败的教训更值得总结。但历史只是抛去细节后的简单相似，从来不会完全重演。我们可以吸取此前发生危机后的经验教训，但绝不能照搬照抄，同样的方法并不能解决实际不同的问题，就像人不能两次踏入同一条河流。

历经三十多年风雨的海尔集团，在迅猛发展的同时也伴随着许多困难乃至危机，如家电市场饱和、全球金融危机、大型商场渠道挑战、互联网渠道挑战等。然而正是在危机中，张瑞敏从容镇定、锐意创新，从产品更新和技术改良，到理念更新和战略调整，再到组织结构的改革，他与海尔共同成长，企业上下的所有员工风雨同舟，共渡难关。一以贯之的创新精神成就了海尔，也成就了张瑞敏。

震卦的六二爻辞说，“震来，厉；丧亿贝，跻于九陵”［雷动来临时很危险。丧失大量作为货币的贝壳（或宝贝），登上崇山峻岭以避难］。但六二是阴爻，居阴位，柔顺中正，故不必追寻所失财物，七天内就可失而复得（“勿逐，七日得”）。六三爻辞说，“震苏苏，震行无眚”（雷动时惶惶不安，若能改过自新、谨慎行动，就不会有祸患）。

当 1997 年发生东南亚金融危机的时候，市场消费情绪（包括家电行业在内）持续低迷，欧美和日韩等多个国家的家电企业都采取战略收缩的举措，纷纷撤出在东南亚地区的投资。但是张瑞敏却另辟蹊径，认为消费者此时处于持币待购状态，因此，海尔在收缩库存的同时却逆流而上，加大对东南亚地区的投资力度，同时加大广告等传播力度，并依靠过硬的产品质量赢得当地用户之认可，在马来西亚、菲律宾等国的市场占有率迅速上升。在这场东南亚金融危机中，许多人和企业丧失了大量财物，而青岛海尔却能够认真应对，采取正确又合适的应对措施，因此反而能够获得较大的利益。

到 2008 年发生全球金融危机的时候，海尔采取更进一步的措施，彻底消灭库存及相关成本，实现“即需即供”策略，把“仓库”放在为用户配送产品的物流链条上，而且建立社区店，完成企业向用户需求导向的转型。

震卦的九四爻辞说“震遂泥”，雷动时惊慌失措，掉进泥泞中而不能自拔，说明未能发扬光大阳刚之气是不利的。而六五爻辞说“震往来，厉；亿无丧，有事”，雷动之时不论上下都有危险，慎守中道就万无一失。美国次贷危机不光危害了本国经济，还影响到其他许多国家经济的健康发展，导致许多人和企业惊慌失措、人心惶惶，青岛海尔却能够坚持中庸之道，发扬光大阳刚之气，因而再一次顺利度过危机时期，并以新的商业模式去获取新的发展空间。

从两次危机的对比中可以看到，从东南亚金融危机到全球金融危机，海尔采取了不同的应对策略与实施方案。经历了前一次危机后的海尔在应对库存管理上，显然变得更加有经验也更为大胆，但没有趁机加大广告投入来占有市场。因为后一次危机在全球波及范围更广，影响更深远，加上广告成本相当高昂，海尔需要把资金投放到其他更为紧要的库存改造等方面。值得关注的是，有句哲学名言说“我们不会两次踏入同一条河流”，世界上也不可能出现两次完全相同的危机，如果采取完全一样的应对方案，恐怕就会得不偿失。

不管是大企业还是小企业，只要存在一天，必然要面对种种危机。除了青岛海尔的张瑞敏，深圳华为的任正非也是一个充满危机意识的企业家。当华为公司向海外市场拓展时，刚开始的 4 年中未能获得一张订单，让任正非陷入一大困境。百度公司的李彦宏经常遭遇竞价排名、版权等问题的质疑，官司缠身成为他经常要面对的难关。阿里巴巴的马云由于“中国供应商涉嫌欺诈”问题，不得不挥泪斩马谡，批准 B2B 公司 CEO（首席执行官）卫哲、COO（首席运营官）李旭晖引咎辞职的请求，由此引发了一场高层雷动。但回头看的目的，是为了更好地向前看。总结企业应对危机的经验及教训，为的是更好地应对将来注定要面临的、形式和内容均不同以往的新危机。

第五章
不断创新的人生历程

一、卦象分析

巽卦由两个风重叠而成，能够吹遍大地，无孔不入。风之所以能进入，是因为它能够遵循一定的客观规律，穿透各种管道以至缝隙。和风阵阵，能够无孔不入，象征顺从，象征命令的执行过程非常顺利。据此道理，君子应努力修养自己的品德，一方面要有包容万物的博大胸襟，另一方面要有坚持到底的恒心，像风行天下一样把政令贯彻始终。

除了风，巽卦还能代表树木及工巧之器物。江西省的果喜实业集团有限公司所做的木雕产品正是一种工巧之器物。古代的行军作战以及今天的市场竞争，不仅是斗武的过程，更是斗智的体现，尤其在敌强我弱的情况下，斗智就显得更加重要了。面对强敌，如果强打硬拼，可能是鸡蛋碰石头的结果；如果能够巧用智谋，则可能取得四两拨千斤的效果。而张果喜的成功之路，也可以说是充满智谋的。

巽卦有龙蛇之象，而张果喜刚好就是属龙的。张果喜说话爽快而不失幽默，走路像一阵风，与巽卦的卦象相符合。如果说这纯属巧合，那么，他的创业历程则可为我们很好地说明巽卦的哲学思想。人生短暂，如同和风吹过，转眼就不见了踪影。因此我们一定要珍惜这段短暂的光阴，以自强不息、厚德载物的精神努力干出一番事业来，就像著名教育家陶行知的励志诗所写："人生天地间，各自有禀赋。为一大事来，做一大事去。"张果喜以其辉煌的木雕事业，很好地践行了这一人生格言。

改革开放之后的中国可谓风起云涌，许多个体户、私营企业如雨后春笋般涌现，且获得成功的也不在少数。但有少数企业家却能够得风气之先，早在20世纪70年代就开始发展这样的事业了，这样的人也许只是为生活所迫，而不是因为有未卜先知的能耐，但我们还是可以用宋代大文豪苏轼的诗句来形容他们：

竹外桃花三两枝，春江水暖鸭先知。
蒌蒿满地芦芽短，正是河豚欲上时。
两两归鸿欲破群，依依还似北归人。
遥知朔漠多风雪，更待江南半月春。

在这少数人中，以“傻子”瓜子而闻名的年广久和本编第七章介绍的徐文荣都是其中的典型。本章要介绍的则是江西的张果喜先生。一个仅有中学文化程度的人，却成为中国第一个获得小行星命名荣誉的企业家；一个仅靠1 400元下海的人，却多次跻身《福布斯》中国富豪榜；一个凭借“雕木小技”的木匠，却完成了从雕刻艺术到雕刻人生的转变，并且成为改革开放后全国第一个亿万富翁。江西省余江县曾因毛泽东主席的诗作《七律·送瘟神》而闻名于世，张果喜的公司则因为提前送走“穷神”而闻名于世。

案例

雕刻人生的木匠

大多数的木匠只懂得雕刻木头，因此一辈子都只能做个小木匠；可是张果喜却懂得雕刻人生，因此早早就成长为一个大木匠乃至大企业家。

（一）“要吃饭的跟我走”

1967年，15岁的张果喜还没上完初中，就辍学来到余江县邓家埠农具修造社木工车间做学徒，每天干的活就是锯木材。虽然锯木材不需要多少技术，可要将一堆一堆的木材变成木锹、犁耙与独轮木车等农具的部件，要消耗很大的体力。当时锯木材还没有机器，只能用手拉锯。上进心极强的张果喜就像个“拼命三郎”一样，经常光着膀子没日没夜地拉，结果把肾给累坏了，几乎每星期都会出现一次血尿。5年的血尿，给张果喜换来几张奖状、工友们的信任及车间主任的职务。

不到20岁的张果喜将车间主任当得像模像样、有板有眼的，可惜没过多久，这家镇办的农具社却因负债累累、无活可干而难以生存。21岁的张果喜在情急之下，高呼一声：“要吃饭的跟我走！”① 结果，刚好就有21个员工自愿跟着他，开始创办余江工艺雕刻厂。开办工厂的所有资金，则是张果喜卖掉自己家唯一的房子所换来的1 400元钱。

① 曹康林. 新中国第一个亿万富翁不倒之谜［J］. 中国商家，2006（3）.

为了寻找市场机会，张果喜和3名工友带着200元钱到达上海。晚上舍不得花钱住旅店，几个人就像流浪汉一样，蜷缩在上海第一百货公司的屋檐下过夜。第二天一早，他们就来到上海手工业管理局门口。局里的工作人员听说他们来自毛主席表扬过的地方，便热情地把他们介绍到上海雕刻艺术厂去参观学习。他们在该厂的样品陈列室中，看到一种雕花的樟木套箱，由两三个大小不一的箱子组合而成。其中每个箱子都是一件单独的工艺品，套在一起又天衣无缝；箱子沿边堆花叠朵，外壁层层雕刻着龙凤、梅竹等图案，显得十分精美。张果喜听说一套箱子的价格高达200元钱，相当于他们4人千里迢迢来上海的全部盘缠！当场就决定要把这种手艺带回家乡。他们每人拜一个师傅，学几道工序，苦学7天就把整个工艺流程和制作技巧牢牢地“雕刻”在脑子里。

临走时，张果喜又从上海艺术雕刻厂的废纸堆里，拣回了几张雕花图样，还顺手牵羊地带走一只报废的老虎脚。回到余江的当天夜里，他就召开全厂职工大会，决定投产雕花套箱。第二天，他把全厂的零木碎料全部清理出来，分成三十几堆，所有员工每人一堆，让大家照着从上海带回来的样品练习雕刻。

制造雕花套箱需要上等的樟木，可余江县城连樟树都很难找到。于是，张果喜再次拿出“拼命三郎”的勇武气概，率领员工到远离县城的山区去采购。他们饿了就吃一个5分钱的发面饼，渴了就喝几口山沟里的水。有次遇到大雨，运送大樟树的拖拉机陷入泥坑，他与同伴冒雨干了一天一夜，硬是靠手推肩扛，将两吨多重的樟木弄上了拖拉机。为节省运输费，也会将木材放在河水中漂流。有一次正是寒冬，张果喜第一个脱掉毛衣，跳进河里捞采购回来的木材，员工们也纷纷跳入河中，尽管冷得要命……连山里的老乡都感叹，到山里买木头的人见多了，却没见过像他们这样拼命的。就这样，经过半年多的时间，张果喜就制作出第一只雕花的樟木套箱。

他们这只樟木套箱送到上海工艺品进出口公司，由该公司送至广交会参展。结果一炮打响，马上就获得20套樟木箱的订单。这20套樟木箱让他们赚到了一万多块钱，同时还让他们了解到客户对产品的要求。从此，余江雕刻厂的产品销路就打开了。

当事业刚开始的时候，不能因为过度谦卑而缺乏信心，此时如果忽进忽退、迟迟疑疑，做事优柔寡断，结果将会一事无成。应当像武士一样雷厉风行，勇敢果断地行事才会有利，这是巽卦给我们的一种启示。

（二）佛龛造就大事业

1979年秋天，张果喜再次来到上海。如果说第一次闯上海是为了找碗饭吃，那么第二次闯入上海滩，就是张果喜变成亿万富豪的关键性一步。还是在上海工艺品进出口公司的样品陈列厅里，一尊尊精美的、出口日本的雕花佛龛，吸引着张果喜的眼球。工作人员告诉他，佛龛属日本市场上的高档工艺品，也是日本家庭必备的“三大件”（轿车、别墅、佛龛）之一。佛龛是用来供奉佛祖释迦牟尼的木雕宫殿，大小只有几尺见方，其中结构却非常复杂，包括成百上千个造型各异的部件，只要有一个部件不合规格或稍有变形就无法组装为成品。因为工艺要求太高，许多厂家都不敢问津。

也正是因为工艺要求高、制作难度大，生产一个佛龛竟有70%的利润，而雕花的樟木套箱却只有25%的利润。面对雕花佛龛，张果喜是看在眼里、喜在心头。用料不多而价格昂贵，这是把木头变成黄金的生意啊！于是他毫不犹豫地就夸下“海口”——这个活，我们能做！他与上海工艺品进出口公司签订合同后，立即带着样品回到余江，一连20天泡在车间里，与员工们一起揣摩，很快就把佛龛仿制出来了。第二年，余江木雕厂创外汇100万日元，其中65万日元来自佛龛。第三年再上一个台阶，创外汇156万日元，佛龛收入超过100万日元。

张果喜走路像一阵风，做企业也是风风火火的。1984年，他和日本野村贸易有限公司的奥村和夫在南昌的江西宾馆洽谈生意。奥村和夫拿出6件佛龛部件图案，问张果喜能否做出样品，给他带回日本去。张果喜一口答应下来：“这事容易，明天就送样品来。”他立即赶回余江，和设计人员一起，连夜赶制样品。第二天中午做好后，他顾不得休息，又飞速送回南昌，提前一个小时把样品送到日本客商手中。奥村和夫接到样品时，心中有些不敢相信，既为张果喜的一诺千金所折服，也为这家工厂的高效率感到惊奇。

到1985年，张果喜的个人资产已达3 000万美金，毫无异议地成为中国改革开放后的第一位亿万富翁。1990年11月，果喜实业集团有限公司宣告成立。余江工艺雕刻厂悬挂了十多年的牌子，被摘下放进集团的陈列馆中。

事业有一定基础的时候，又需要回到中庸之道，对天地间的客观规律保持敬畏之心，兢兢业业地做事情以获取吉祥。同时要心怀诚信，对他人、对客户信守承诺。这是巽卦给我们的又一种启示。

（三）大家喜欢熟果子

张果喜说："赚钱要滴水不漏，花钱要慷慨大方。"于是，当他赚到第一个100万元时，就慷慨地拿出22万元为当地中学扩建校舍、兴建教学楼。此后，事业日益扩大的张果喜，陆陆续续地向各种社会公益项目捐资两三千万元，被评为中国最慷慨的28位富人之一。这些项目包括余江县科技大楼、电视塔和福利院、果喜大桥与果喜大道、江西果喜教育奖励基金以及抗洪救灾、烛光工程等。

为"普度众生"，张果喜利用自己的木雕资源，支援全县14个乡镇办起木雕厂，还创办全国第一家木雕技工学校与残疾人雕刻技术培训班，先后为社会培养雕刻技术人才2万多名。这些木雕技工现分布于全国各地，他们每年寄回余江的汇款就有5 000多万元。有了张果喜的带动效应，余江县在本地和外地开办的、销售额在20万~1 000万元以上的木雕及家具企业有近百家，木雕产业已成为江西余江的富县、富民产业。

登上《福布斯》富豪榜的张果喜还会经常告诫自己：富不骄，穷不馁。不忘本色的张果喜，既能在富丽堂皇的高级酒店中，和世界富豪觥筹交错，也能够卷起袖子席地而坐，和一干穷弟兄喝自己配制的果喜秘酒。因为性格豪爽，张果喜的朋友很多，遍及各个社会阶层与各行各业。张果喜这样解释自己名字的含义："果子熟了，大家都喜欢。"① 张果喜所创办的企业取得巨大成功，如同大树上结满了果实，张果喜毫不吝惜，将这些果实给众人分享，人们当然都会喜欢他。

1993年6月5日，江西南昌召开一个令人注目、别开生面的大会——3028号小行星命名会。在这里，中国科学院紫金山天文台把他们发现的编号为3028的小行星命名为"张果喜星"②。迄今为止，全球用企业家名字为小行星命名的还只有两个，一个是美国著名企业家哈默博士，另一个就是中国江西的实业家张果喜，而且他还是用人名为天上的星辰命名的所有人中最年轻的一位。

小行星命名是一项非常高尚的荣誉，一般都使用有关的地名或科学家的名字。这一次，南京紫金山天文台查阅众多资料之后，发现张果喜的企业对社会公益事业做出较大的贡献，因此决定推荐采用张果喜的名字给小行星命名。国际天文学联合会小行星命名委员

① 高佳妮. 张果喜　果子熟了　大家都喜欢［J］. 健康大视野，2006（10）.
② 彭春兰. 走过千年［M］. 南昌：百花洲文艺出版社，1997.

会也极其慎重，几经推敲后，方才批准紫金山天文台的建议。

张果喜还拥有其他许多社会荣誉：自1984年以来，连续19次被评为江西省优秀厂长（经理），3次被评为省级劳模，2次被评为全国劳模，并获得第一届全国百名优秀厂长（经理）、第二届全国优秀企业家、全国五一劳动奖章、全国首届十大杰出青年、首届中国经营大师、首届改革风云人物等200多项荣誉。

（四）二次创业有功劳

如果说张果喜第一次创业只是为了求生存，那么从20世纪90年代开始的第二次创业，一则是为了改革旧的管理体制和生产模式，促使企业朝着现代化管理和科学化生产的方向发展，二是考虑到企业产品和市场单一的潜在风险，因此要在做好主业的前提下尝试多元化，跻身于高新技术产业。经过反复论证及筛选，根据长中短期的不同发展规划，张果喜先后投资10多亿元，分别上了化工发泡材料、电机和汽车内饰件、酒店旅游、高档保健酒和玉矿等几大类具有良好市场前景的项目，到深圳、上海等地增设多个生产厂家。

以发泡材料为例，这是一种用于包装产品的化工产品，形似发糕，用途极广，尤其在运输过程中害怕磕磕碰碰的电器产品更少不了它，而当时全国到处争相举办电器项目，果喜集团认为上发泡项目正是好时候。起初他还是把发泡厂设在家乡，可忙碌一年下来，却亏损400多万元，原因是余江离用户太远，发泡材料又是体积大、重量轻的产品，运输车看似装满了，实际上没运多少，结果将巨额成本都花在了路上。无奈，张果喜只好将6条生产线全部撤出余江，到上海、厦门、深圳及东莞这些电器工业密集的地区，就近办厂、就近销售，当年就赢利600多万元。

1988年十万大军下海南时，张果喜也随着人流越过琼州海峡，踏上这块拓荒者们心中的淘金地。跑遍海南的各个角落之后，他选中风光迷人的三亚，决定投资2亿元在这里兴建一座大酒店。但当酒店建到一半时，却碰上1996年的宏观调控，“海南热”突然降温。张果喜意识到，海南的旅游市场将会有几年调整期，若此时继续投资，会给企业带来高额亏损。于是果断地把工程停下来。两年后国家政策再次调整，海南旅游市场复苏，他们立刻又抓住时机，仅半年时间就建设成四星级酒店，并抢在当年的春节前开业。如今的三亚果喜酒店已经日进斗金，成为张果喜事业的重要组成部分。

1999年，美国商人黄崇朝将一棵“青苹果”带到中国，并与正在寻找事业突破口的张果喜一拍即合。这棵“青苹果”就是生产稀土永磁、无刷无槽、微型直流电机的专利技术，该产品属当今世界最先进的高科技电机产品，在美国也只是应用在宇航和军工行业，而在世界民用工业中尚未得到应用。中国有关部门也认为该项目具有很高的技术含量，可以填补国内空白，很多有微型电机需求的部门或企业还希望果喜集团尽快批量生产。

没想到黄崇朝却“一女二嫁”，在广东和江西之间引发了一场旷日持久的官司。这场官司打了四年多，最终由张果喜胜诉。随后他加快引进技术人才，不断为这棵耗资1亿多元的“青苹果”树修枝剪叶、浇水施肥。目前该产品已在铁路、汽车、纺织、医疗和家电等数十个行业推广应用，发展前景非常好，在全球的年销售额在数万亿美金以上。而果喜集团的产品已经源源不断地打入国际市场，在全球拥有100多家客户，形成年产20万台的生产规模。按国家发改委的指令性计划，到2008年要达到百万台的生产能力，产值10多亿元。该产品既是果喜集团的重点发展项目，又被纳入国家高新科技重大建设专项，成为一个国家稀土电机生产基地。

二次创业让果喜集团成功地超越了自我，多元化项目已进入全面收获期。张果喜这样总结两次创业的关系：“因为第一次创业产业局限相对窄，好比是湖，湖虽大，仍然有边；随着产业的多元化，第二次创业可以说是江，开始走得更远，做得更大；而现在，二次创业正全面进入成熟期与收获期，果喜集团产业化也渐入佳境，这时又好比是海，我希望把事业做得无边无际、无穷无尽。”①

有些企业盲目搞多元化，结果失败了。但张果喜三思而后行，审时度势、量力而行，既有所为又有所不为，谨慎地开展多元化经营活动，结果取得巨大成功，就像打猎时获得很多野兽一样。巽卦的六四爻辞刚好能够说明这些多元化产品的好处：“悔亡，田获三品”，田猎获取三种食品（分别可供祭祀、接待宾客、君王庖厨之用），属于有功之劳，因此悔恨可以消亡。张果喜的经营理念中正谦逊，此时积极进取自然可建功立业。

二、经营理念总结

经历原始积累和成功的二次创业后，果喜集团在张果喜的带领下步入全

① 董显苹，徐婷婷，李冰.《福布斯》富豪张果喜：“商得早”还要“永不倒”[J].中国经济周刊，2005（12）.

新的成长阶段。张果喜称，现在他只管三件事：大项目的选择、高层人才的选拔任用和资本运作。

（一）洞察先机

张果喜说："我曾把企业致富归结成三部曲：一是靠苦力赚钱，二是用钱赚钱，三是聘请高级人才赚钱。而紧紧贯穿三个章节的就是一个'早'字。在别人没想到钱的时候，我们想到了钱；别人想钱的时候，我们学会了挣钱。"[①] 正如本章开头所讲的，在张果喜的成功经验中，第一条就是"春江水暖鸭先知"，比别人早一步洞察先机、早一步走向市场，走向广阔的国际市场。

因此，企业首先应了解本国的国情，掌握国家政府每个历史阶段的方针、政策及法律法规，深刻领会其精神。其次应做好自己的一言一行，因为老百姓都会关注。企业家应在感情上和企业员工乃至社会大众打成一片，在企业发展过程中积极承担社会责任，厂富不忘社会忧，尽可能多地帮助政府解决就业问题，这才算是成功的企业家。

张果喜给记者打过一个比方，钱就好像池塘的水，满满的不外流会发臭，路人经过这个池塘会绕道走，这就是人的品质问题，说明有钱人如果太抠了，会让人惹不起躲得起。反之若大口进、小口出，池塘的水就会保持清澈干净，这样才会有人到水塘边来走走。他的结论就是，如果做人不合格，做生意也不可能成功。

（二）重视人力资源

据有关部门的调查数据，我国民营企业的平均寿命只有 2 年 7 个月。张果喜认为，民营企业要想做得强一点，寿命长一点，首先要提高自身的综合素质，不断学习，提升核心竞争力。其次需要政府加强引导。"做生意也是一个学习的过程，我提倡'先做后学'，在实践中摸索。这些年来做企业，我总结了一个规律，要在市场经济中立于不败之地，企业家应具备五个力：情报力、想象力、判断力、决策力、实施力。情报力就是信息，要从四面八方调查、获取信息，包括与朋友聊天、出国考察、参加商务活动等。听到以后，分析这消息是否真实，如果是真的，就要判断这项目能不能搞，可行性有多大？然后就要进行决策，这时候基本上八九不离十。最后就是实施，人

---

① 袁辉翔. 张果喜："雕木小技"成就大事业 [EB/OL]. (2009－12－07). http://www.jxnews.com.cn/xxrb/system/2009/12/07/011262153.shtml.

力物力财力全部上。”[①]

在果喜集团3 000多名员工中，确有一些是张果喜的亲戚，包括他的直系亲属。张果喜向记者坦言：“在果喜集团的中高级管理层中，有四五个人确实是我的亲属，但这完全是按现代式管理机制来操作的，果喜集团不是家族式企业。即便是家族企业，也不能用家族式的管理方法来管理，这样会制约企业的发展。我们的企业是根据不同的行业需要，本着任人唯贤而不是任人唯亲的原则来选聘人才的。”[②]

张果喜很清楚产品质量的重要性，因此对员工制作的每一块雕花木板都严格检查。有一次，他看到几块雕花板的质量不过关，做工粗糙马虎，而且是由技术较好、年纪大且资格老的吴师傅做的。他当即用斧头将那些木板劈成两半，激动得满脸通红地对全体员工说：“我们厂没有名气，又缺失其他方面的优势，所以我要求大家做活一定要百分百地讲究，百分之百地雕好每一块板。我们厂要生存，要打开门路，就只有一条，保证质量！”从此以后，所有员工都不敢对产品质量有丝毫的懈怠。而吴师傅也认真工作，在两周后的技术质量评比中，他雕刻出来的新部件竟然被评为全厂第一名。

（三）绿叶对根的情意

不断有人向张果喜建议说，企业做得这么成功，应该把总部迁到发达地区或者条件好的地方去。余江只是个农业县，且偏居内地省份江西一隅，可张果喜笑着说：“我的企业总部永远在余江。”[③] 张果喜的名字已经和养育他的这片土地骨肉相连，实在无法分离。如前所述，余江县有果喜大桥、果喜福利院、果喜科技楼等。

尤其难能可贵的，是张果喜应对市场风云的定力。1997年东南亚发生金融危机后，日本经济严重衰退，佛龛市场也随之变得异常萧条，很多生产及经销厂商关门倒闭。张果喜却非常冷静，20多年摸爬滚打的经验给他一种直觉：这种萧条是暂时的，宗教是日本民族文化的显著特征之一，只要有日本人存在，就需要佛龛产品。因此，张果喜不但没退出佛龛生产领域，反而令人匪夷所思地增加4 000万元投资，新建两个工厂。结果在两年后，日本经济逐步复苏，张果喜的佛龛产品正好迎合了市场需求，销量剧增而大大地赚

---

① 佚名. 张果喜拒谈个人财富［J］. 英才，2003（6）.

② 董显苹，徐婷婷，李冰.《福布斯》富豪张果喜：“富得早”还要“永不倒”［J］. 中国经济周刊，2005（12）.

③ 陈建华，周伟. 张果喜的传奇人生：从普通农民到亿万富翁［EB/OL］.（2008－11－11）. http://news.xinhuanet.com/employment/2008－11/11/content_10339634.htm.

了一笔。这些造型各异、工艺精湛且用料考究的佛龛一举轰动日本，产品出现供不应求的局面。张果喜的企业集团不仅赚了个盆满钵满，还获得“天下雕刻第一家”之美誉，昔日的小木匠张果喜当之无愧地变成“世界木雕大王”。

1985年，当人们对万元户都感到神秘的时候，张果喜已经成为亿万富翁了。组织上看中张果喜的才华与能力，有意让他担任鹰潭市副市长，被张果喜婉言谢绝。他的理由是：“每个人的爱好不一样，追求也不一样，我能把一个企业搞好，不等于说我能把一个鹰潭市搞好，因为我原来所从事、所了解、所学的都是搞企业管理。从企业来讲，我刚刚描绘一个蓝图，只有一个轮廓，颜色正在一笔一笔地上，企业不能离开我；从我个人来讲，我爱我这个企业，所以我坚定不移地毅然留在企业。”① 如果当初张果喜当了市长，或许会落得这样的结局：市长没当好，企业也丢了。多年后张果喜回忆说：“我可以做好一个企业，但不一定能当好一个副市长。人在成功的时候要头脑清醒，这样才能避免人生的大起大落。”②

---

① 曹康林．新中国第一个亿万富翁不倒之谜［J］．中国商家，2006（3）．

② 陈建华，周伟．张果喜的传奇人生：从普通农民到亿万富翁［EB/OL］．(2008-11-11)．http://news.xinhuanet.com/employment/2008-11/11/content_10339634.htm.

第六章
以小博大的坎坷经历

一、卦象分析

坎卦由上下两坎重叠而成，上下两坎都是由一个阳爻陷于两个阴爻之中，故能象征重重艰难险阻。或者说坎卦由上下两条流水重叠而成，有山重水复之象，故能象征坎坷之道路与重重坎坷。当流水遭遇坑穴时，必须注满坑穴之后，方可重新溢出而继续前进，无论经历多大艰险都可照此办理。遭遇险境仍不丧失信心与诚信，心内通达、勇敢前进才会取得成功。

苍天高不可攀，天险往往难以逾越，大地也会以丘陵山川作为险阻。君王公侯们仿此道理，可设立或依靠一些险阻来守护国境，这就是因地制宜、灵活利用艰难险阻、化不利因素为有利因素的道理。但由于阳刚居中不偏，故能维持内心亨通。说明此时果断进取就能够建立功业，赢得人们的尊敬与崇尚，有如辛弃疾的词句所写："了却君王天下事，赢得生前身后名。"由此可见，虽然艰险会阻挡前进之道路，但其用处也是很大的！

若胸怀诚信，虽遭艰险仍旧能够使内心亨通，坚定不移地努力前行，也能够赢得人们的崇尚。卦辞的"行有尚"既有行为高尚的意思，又有行为值得崇尚的意思，还可解释为行动起来有自己的一套想法。其重点都在一个"行"字，强调付诸行动。人们常说的自我实现，就是指让心中的愿望找到归宿。愿望产生具体想法，具体想法产生具体行动，具体行动必须符合市场的具体需求方可合拍。光凭愿望产生不了效益，还得由市场环境说了算。当一个人的愿望符合市场需求时，就可能会成功；当一个人的愿望不符合市场需求时，自然就不会成功。

如果一件事情久悬不决，就可能不只是当事人的运气、能力等问题，还可能说明这件事情本身有问题。如何避免把事情拖得太久呢？一是改变人，即主动改变做事风格与方式；二是改变事，也就是修改原定的目标和方向，把原来想做的事情变成有相同意义或不同意义的另一件事情。任何人都不可能是时间的对手，一件明知不会成功的事情，长期拖下去只会把人拖垮，白白浪费了时间和精力，白白浪费了财力和物力。

案例

张璨与达因集团

有人说：星星不在天上，而在人间。张璨就是人间的一颗明星，属于企业明星。虽然张璨把自己称为“追梦人”，但她早已经实现了成功的梦想，并且散发出明星般成功的光芒，照亮着通往成功的人间道路，让每一位胸怀梦想和希望的人，内心都充满光辉。

（一）奇异的梦想

早在少女时代，张璨的梦想是当一名科学家。她甚至会有如此奇妙的想法：特别想培育出一种植物，地下长土豆，地上结西红柿，因为这两样东西都是她最爱吃的。另外还有一个特别朴实的想法，就是通过空气中的二氧化碳和水相结合，直接产生淀粉。她说：“我们小时候的感觉是世界上还有三分之二的人在受苦呢，所以希望大家都能吃饱肚子。”①

读中学时，到北京大学读书成为张璨最大的梦想。但由于第一次高考失利，她被调剂给东北某个大学所录取。张璨不愿意放弃自己的梦想，因此就跟父亲商量。她父亲宽容地说：“你自己决定吧。要是想去，就把我的羊皮袄（他特珍贵的羊皮袄，平时都舍不得穿）给你带上。你要是不想去，就再考一年。”② 父亲给了张璨自由选择的机会，于是她选择再考一次，并由理科改成文科，从生物专业改成国际政治。终于在1982年秋天，张璨跨进了梦想中的北京大学校门。这时候，她的梦想是当一名女大使，当一名出色的外交官。

后来张璨说：“我很幸运，生在一个相亲相爱的家庭环境。正直、向上、关心他人是军人出身的父母给我的最大财富。我们也经历过挫折，比如我父亲就被隔离审查过，在这之前他的职位也很高，可是他从没有失望过，他对国家、对他人和对自己都非常有信心。他怎么调整自己呢？他在我们家后面种了很多菜，是全楼种得最好的。他还做了很多尝试，包括在一株杜鹃花上嫁接出3种不同颜色的花，比如粉的、白的、红的。这种探索非常可贵。”③ 由此看来，张璨的父亲也是一个拥有美好梦想的人，一个勇于实现梦想的人。有这样的父亲，才会产生张璨这样的女中豪杰。

---

①②③ 郭玉芝. 张璨：职业追梦人［J］. 中国电子商务，2002（11）.

在北京大学一个宁静的午后，张璨被一篇很短的文章迷住了。这篇短文讲的是一个孩子在15岁的时候有很多梦想，比如要去世界探险、写一本书、开一家公司、拍一部电影、生两个孩子等。他把这些梦想都写下来，然后一步一步去实现。张璨记得非常清楚，当时很多人都午休了，校园里非常安静，她却读着这篇文章，在校园里一边走一边想：以后我也要实现我的梦想，我也要让日子过得非常的丰富。

张璨认为，人最重要的是要有一个梦想，这个梦想可以很大，也可以很小，具体由每个人的个性与能力所决定。然后，你就可以为实现这个梦想去努力、去奋斗，直到成功。下面我们就回顾一下，张璨是如何实现自己的梦想的。

（二）退学之痛

开始的几年，张璨在五彩缤纷的北京大学校园中自由地呼吸、自由地成长。她是各种课外活动的积极分子，20岁时不仅赢得大学生演讲比赛的冠军，还当上学生会文化部的副部长。繁花似锦的未来已经展现在张璨的面前，如同一幅美丽的图画，就等着她去描绘和书写了。

遗憾的是在大学三年级的时候，张璨的学籍却被注销了，原因是按当时的规定，有学不上的考生必须停考一年。张璨在首次高考的时候，已被录取而不去上学，正属于这种有学不上的考生，按规定必须停考一年，但她在紧接的那一年又考上了北京大学。被人举报之后，北京大学就依照规定取消了她的学籍。

张璨是不幸的，因为她遭遇了如此重大的挫折；张璨又可算是幸运的，因为她得到了北京大学同学、老师们的热忱关怀。他们不但关心和安慰她，而且还告诉她要坚强，无论遭遇什么事情都不能哭泣，而是要想尽办法去解决问题。

初六爻辞与象辞说，“习坝，入于坝窞，凶”（失去正道而面临重重艰险，陷入坑穴深处而无法脱身，成为凶灾）。张璨面临这种凶灾，却没有沉沦。张璨下定决心，虽然自己已经不能算是北京大学的学生了，但一定要比北京大学的同学读更多的书。因此她哪儿也不去，仍然留在北京大学当一个完全自费的“编外”学生。

张璨得到很多人的帮助，他们给了她面对困难的勇气和力量。令她印象特别深刻的有这么一个人：“我当时有一个师兄，下过乡、插过队，岁数很大了。我特别怕他，为什么呢？比如我兴致勃勃地去打饭，他就端着一盆饭、一盆菜，穿着特别旧的衣服，站在学生食堂熙熙攘攘的学生中间，问我：‘读什么书了？我列的书单你都读了吗？读书笔记写了吗？’”①

在这样的关怀中，张璨不但没有被挫折打倒，反而变得越来越勇敢和坚强。在张璨的“毕业”纪念册上，同学们给她留下这样一行赠语：“与众不同的经历，造就与众不同的道路。”②

1986年7月，张璨的同学们毕业了，大多数被分配往中央机关当干部。张璨虽然也完成了全部学业，却没有毕业文凭，只得到一纸说明，大意说她被注销了学籍，但坚持上课，成绩合格，学校不管她的工作分配。不过这个时候，张璨的心态已经很平静，已经磨炼出来一颗平常心了。

（三）初入商海

工作没有着落，张璨一离开校门就开始在中关村到处找工作。她鼓励自己说：没有分配工作也许更有前途，因为自己面对的机会更多。正如有一句话所说的：上帝在此处关门，必定会在别处开窗。

有一天，张璨揣着推荐信，到中关村的四通公司求职。路上遇见了大学同学，同学对她说：“你还需要找工作吗？你为什么不自己创业呢？”③ 于是，张璨被领到中关村一间不起眼的小平房里，在那里她见到了正光着脊梁埋头工作的阎俊杰，这个北京大学的研究生正在一边写作《中国文化的深层结构》一书，一边经营印名片的小店铺。

经过短暂的心理斗争，张璨于1986年12月决定跟阎俊杰一起创业。当时阎俊杰已经承包了英华公司经理部，公司的架子虽已初步搭建起来，可公司的业务只不过是把别人的旧机器买过来，刷新后再卖出去，赚取少量差价。那时候的他们真可以说是一穷二白，办公用的房子是向农民租借的，就连电脑样品，也是向别人借来的。如果有人要买电脑时，一谈好价钱，收到货款后便迅速外出，飞快地弄回一台电脑交给客户。

在这么艰苦的环境中，张璨终于获得最大的一笔原始积累。那是在1987年初，张璨与阎俊杰去大庆谈生意，可是谈得非常不顺利。两个人坐在哈尔滨火车站发愁：怎么办？上哪儿去呀？这时突然听到广播响起：到沈阳的列车马上就要开了。于是他们立马上了

---

①② 郭玉芝．张王粲：职业追梦人［J］．中国电子商务，2002（11）．

③ 金兵．在爱情来临时掘第一桶金——中国女富豪张璨［N］．21世纪人才报，2002－11－15．

开往沈阳的列车。后来张璨自嘲说：“这有点像盲流。”当天5时他们到达沈阳。

坎卦的九二爻辞说，“坝有险，求小得”（在坑穴中有艰险，应从小处谋求脱险才会有所得）。这说明不可操之过急，应逐步脱险。在艰难中前进时，前方再遇险阻，真是雪上加霜，不过如果要求不高，如果没有脱离中庸之道，仍可达到目标。

一到沈阳，这对小夫妻发现自己终于被财神垂青了。在一家国营大公司的仓库里，堆放着许多没人要的印刷纸板、油墨与油印机等。张璨与阎俊杰只花了几百元就把这些“破烂”买了下来，装了满满的一卡车。雇车拉回北京所花的费用，比这些东西本身还贵。运回北京后，这些东西经过整理、清洗、油漆和上光，一下子就变成了值钱的“宝贝”。

张璨回忆说：“那个时候我的愿望就是什么时候能成为真正的白领。小阎的愿望更简单，就是什么时候手指甲没有黑的油泥了，能每天换一件干净的衬衣去上班。那笔生意，让我们赚了5万元，这在当时可是一笔了不起的大钱。”① 但这还不算是张璨的第一桶金，她认为真正的第一桶金来自电脑贸易。

（四）血本无归

有了这笔钱，张璨夫妻俩开始折腾起来。他们在中关村开了一个“红格子”西餐厅，这是中关村的第一家西餐厅。张璨苦心经营，什么招都试过，烛光晚会、生日蛋糕大派送等，可就是招不来顾客。于是又把西餐改成中餐，从钓鱼台国宾馆请来厨师，服务小姐都要经过严格的培训。早点是包子、馄饨和稀饭样样齐全，张璨还系上围裙，亲自包馄饨、炸油条等，但还是不挣钱。她又请来乐队伴奏，闹腾到最后，只剩下一台架子鼓。这一折腾，竟然赔掉了60万元。

不是只有5万元吗，怎么能够赔掉这么多呢？原来，张璨他们首战告捷后，从妇女儿童基金会借到了300万元的巨额款项。很难想象，当时年仅21岁的张璨是怎样艰辛地筹到此份沉甸甸的资金的。基金会的管理相当严格，很多人都来争取款项，竞争当然就很激烈。张璨清晰地记得，拿到这笔款项时，除了无尽的感激之外，更是一种重大的压力。对方反复叮嘱她：这可是两亿儿童的钱啊。

---

① 金兵. 在爱情来临时掘第一桶金——中国女富豪张璨［N］. 21世纪人才报，2002-11-15.

十几年来，张璨始终感激着那一份信任，始终回味着那笔钱的沉重分量。正如六四爻辞所说，“樽酒，簋贰，用缶，纳约自牖，终无处”（一樽酒、两盘饭，用朴素的瓦器盛着而奉献出去。通过明亮的窗户缔结盟约，终究没有害处）。张璨得到这笔贷款后，最终还是取得了巨大的成功。

贷款后却赔掉了那么多，张璨从中体会到了市场的残酷性——既有赚取高额利润的机会，也有血本无归的风险。怎么办？怎么样才能还清那“两亿儿童的钱”呢？张璨把目光瞄准当时如火如荼的计算机市场。于是在1992年，她和丈夫重新回到电脑贸易行业，他们在友谊宾馆租了一套房子做办公室，注册了自己的公司——达因公司。

（五）成就辉煌

当时的中关村还没有电脑品牌的概念，这一概念还是由张璨及其同行们推广出来的。那几年中国的电脑市场才刚起步，如同一个巨大的、总是吃不饱的胃。张璨经常带着上百万元的支票到南方去进货，每台电脑2万元进、2.3万元出，销售额最多的一天就有30多万元。

张璨凭借其聪明机敏、踏实苦干的风格，不仅创办了自己的达因公司，而且还让达因成为美国康柏电脑在中国市场的总代理。正是这一机缘，使得达因公司真正腾飞起来。1994年，达因公司向国内客户提供了10万台康柏电脑。1995年，达因公司又开始涉足陌生的房地产市场，成长为达因集团。1996年，达因集团的显示器生产厂建成，每年出口达1亿美元，内销也有两三亿元人民币。

时至今日，很多人对此仍有疑问：达因不过是一家新成立的小公司，凭什么取得鼎鼎大名的康柏公司的信任？张璨的解释只有简单的两个字：真诚。和康柏公司在香港的代理商谈判时，达因公司员工的真诚与热情给了对方非常强烈的信心，康柏公司就试着先把中国大陆的部分代理权交给他们。张璨说过，总是有很多书教人们在面试或者谈判时应该怎样穿戴、怎样措辞、怎样表达，实际上这些都是误导。你只要展现自己的本色，把你真正想告诉别人的事情说清楚就行了，越没有技巧，效果反而越好。

（六）关爱生命

达因集团原本是做信息技术的，后来却做了医药产品。原因有两个方面，一方面是公司发展壮大之后，需要选择新的增长点，进入有增长空间与良好前景的新行业；另一方面则是张璨的个人原因，她的父母都由于患了癌症而去世，所以她就很想在药品行业做点事情。她曾说过，无论做投资还是做其他事情，个人因素所占的分量还是挺重的。

达因集团拥有几种不同的行业，因而拥有不同的企业文化，但给人的总体感觉是简单和透明。这归功于张璨那种简单的性格、开明的态度，她说只要每个员工都在自己的岗位上做好自己该做的事情就行了。就像公司的名字一样，争取用最小的力量做一些最有价值的事情。

张璨回忆刚出校门时，总觉得自己什么都能做。到今天才知道当时属于年少轻狂，其实每个人能做的事情都是很有限的，只能是争取做好眼下能做的事情。张璨深有感触地说："当时真的就想过，怎么会找不到能治癌的药？后来发现确实不行，人家几代人守着实验室，不懈地努力，却依然没有个结果。然而这并不意味着我们就不要做事情，正因为做好事情不容易，所以才要加倍努力地做。"①

达因集团整个管理团队都是职业经理人，组织脉络十分清晰。其中有许多高层管理人员为女性，女性做药业是非常合适的，因为她们比较追求细腻和精致。比如药品的包装颗粒数，别人或许是30粒、40粒等，但达因集团则控制在20粒，因为一种含有维生素的药，如果不慎被小孩误服，那么超过20粒就会发生维生素中毒，达因集团的产品包装就考虑到了这一点。

谈起自己的产品，张璨如数家珍，她认为达因集团产品推广的是一种关爱生命的生活态度。以柔依口服液为例，她做这种产品，希望让女人年轻亮丽起来。柔依口服液至少有300万名消费者，卖得好的原因，不是因为吃了它就变得漂亮，而是体现了一种生活态度。如果你每天记得吃保健品，就说明你的态度是很认真的，你对自己是认真的，对社会也是认真的，因为你在关爱你自己，你希望在别人面前展现健康与活力。

二、经营理念总结

对于正在创业中的人，张璨的一则忠告很值得借鉴：人得倒着走，就如拔剑，刚开始得悠着点，慢慢地出鞘、慢慢地锋利，等到有所把握的时候才

① 顾雪，王晓溪. 11亿财富女人张璨：生命因挫折而精彩［EB/OL］.（2002－05－17）. http://www.people.com.cn/GB/shenghuo/78/115/20020517/730875.html.

能锋芒毕露。况且人的成功是多方面、多层次的，具有多种表现形式，而不是只有比尔·盖茨那样一种形式的成功。

（一）坚强的信念

2001年4月，张璨再次回到北京大学做演讲。回到阔别15年的母校，张璨的心情非常激动，因为她的梦想、激情和学习能力，都是北京大学给予的。而经过了这么多年，这么多的事，张璨发现自己的心情和当年离开北京大学时一样，依然年轻，充满了梦想，而且还有能力去实现它。

当一个人想做一件长远的事情时，必然经过内心的反复推敲，有时肯定，有时否定。最终让他选择做还是不做的也许是个偶然因素，但究其本质仍是愿望使然，即当一个人的想法符合他的内心愿望时，他就会去做；当一个人的想法不符合他的内心愿望时，他就不会去做，即使勉强试做也会中途放弃。

在每个人的一生中，都会遭遇挫折乃至灾难，但灾难本身并不可怕，可怕的是有很多人在灾难后被扭曲了，对整个世界的印象都改变了，变得偏执而不信任他人。而在张璨的成长经历中，父母、老师和同学都给予她许多关爱，这种关爱给了她什么呢？张璨说："那就是对自己和他人的信任、对世界的信任，这是特别难得的。有了这种信任，经历再多苦难都不会害怕。"

（二）真诚与执着

张璨本人就曾经历过各种各样的困难乃至灾难，亲眼看见过生死边缘的挣扎与无奈。可是这些并没有让张璨产生消极态度或沉沦，反而使她更加珍惜生命中一切美好的东西。她认为要学会感受、善于感受，因为生活中的每一点、每一滴，都有可能让我们感受到很多道理；她认为随时都要有从零开始的准备，而且时时刻刻都要对自己充满信心。

九五爻辞说，"坎不盈，祇既平，无咎"（水未流满坑穴，还会继续流入，小丘已被铲平，用来填满坑穴，从此没有害处）。这说明九五虽然居中，而平险之功却未能发扬光大。经历过各种希望和失望，经历过创业的失败与成功之后，张璨给自己定了一个目标：那就是每天都要有收获，这种收获可包括看一本好书、得到一条有用的信息等。

在张璨的日常生活中，最大的需要与乐趣就是读书，对她最有影响的书包括《假如给我3天光明》《钢铁是怎样炼成的》《简单生活》《西藏生死书》等。从这些书可以看出，张璨崇尚坚强勇敢的个人品质和简单淳朴的生活方式。此外，张璨还有丰富的业余爱好，如旅游、到电视台做主持人等。张璨说自己什么都想去体验一下，就像当年文章中的那个小男孩，一步一步地把梦想变成现实。

张璨不同意把自己当作成功女性的典范，一方面她不认为自己成功，另一方面她认为女性的成功应该是多方面的，而不仅仅是事业上的成功。即使是一个普通的女孩，如果能够拥有一份美好的感情，也可以称之为成功。对于那些想在事业上有所成就的女孩，张璨送给她们六个字：认真、忠诚、执着。

（三）优雅从容

张璨推崇既简单又丰富的生活方式，简单是从生命的本质来讲的，而丰富则是对生活方式而言的。社会上很多人都要戴着“面具”，好像一切东西都是经过包装的，而张璨则喜欢抹去浮华，寻找真实而本色的简单生活。

张璨提倡女性应该有优雅从容的生活方式，这一点在达因产品中也有体现。比如“柔依”口服保健品的口号就是“令女人亮起来”，其中包含三层意思：一是在这个浮躁的社会中，希望女性都活得优雅而从容；二是希望她们同时还要拥有健康的身心；三是外在上也要给人一种阳光灿烂的感觉。张璨认为，女性本身就应该是世间一道美丽的风景。

曾经有人说：做人难，做女人难，做名女人更难。张璨却快人快语地讲道：“说这话的人是矫情。多少人想出名，那多难啊。如果说真难，真有痛苦，那就只有一种痛苦是有益的——关于生命本质和价值的探索。”① 人之所以和世界万物有区别，根本原因就在于人会思考。正如水流有源头、有归宿，地球上的生命也有起点和终点，但这些问题只有人类才会考虑。

（四）不断修炼

坎卦的象辞说，“水洊至，习坎；君子以常德行，习教事”（水接连流到，不分昼夜滚滚而流，象征重重艰险；故此君子不可懈怠，应不断修炼自己的品德与修行，经常练习政教事务）。张璨自认为不是最聪明的人，只不过有一些“小聪明”。所以，读书和学习是张璨永远做不完的两件事情。1997 年下半年，达因集团在北京大学经济学院创办了一个国际金融研究生班，学生都是达因集团下属公司的总经理。在离开 11 年后，张璨本人也重回北京大学，成为国际金融专业的研究生。

在《东方时空》的电视栏目中，曾经讲述大宇公司的故事。1993 年张璨还开着面包车的时候，就特别想拥有一辆大宇车。可是现在大宇公司的老

---

① 顾雪，王晓溪．11 亿财富女人张璨：生命因挫折而精彩［EB/OL］．（2002－05－17）．http://www.people.com.cn/GB/shenghuo/78/115/20020517/730875.html.

板已经被通缉了。据说他住在瑞士，一边吃着三明治，一边写着自传并以此谋生。这就能够说明，作为一个人，无论他有多么大的成就，都必须像孔子说的那样，注重修身养性。

在张璨家里，她父亲的立场永远是国家利益高于一切。从小就在这种环境中长大的张璨，毫无疑问会选择工作高于个人的事情，朋友的事情高于自己的事情的立场。或许很多人都会这么做，或许有人会认为这样做很高尚，可张璨认为这与高尚无关，对于她来说只是一种习惯而已。

有一天晚上，张璨和几位朋友聊天。一直聊到第二天凌晨5时，一位特别要好的朋友问她："从零开始行不行?"[①] 当时她很不高兴，觉得那朋友是乌鸦嘴，故意要咒她。但今天回想起来，张璨反而认为，这是一个特别好的忠告。由于所有事情都不是一帆风顺的，所以要随时准备着从零开始；如果自己有了这种准备和自信，那还有什么好怕的呢?

---

① Jen. 要有一个梦想，这个梦想可以很大，也可以很小 [N]. 北京青年报，2006-08-02.

第七章
山仁水智的“金牛传说”

一、卦象分析

艮卦由两山重叠而成，象征稳重和静止不动。君子仿此，当止则止，思考不可超出本分。在《连山易》中，艮卦为第一卦，居于全经之首，这反映出当时的人类也许还经常住在山洞里，所以代表山的艮卦自然是最为重要的。

在各种有形资源中，只有土地及其中生长、蕴藏的物质是难以移动的；在各种有形产品中，只有房子和其他建筑是不能移动的。因此，在各行各业中，房地产可算是一种具有特殊性的行业或产业。在各种无形资源中，文化观念与风俗人情往往由特定区域或人群所独有，从而说是很难移动的；在各种无形产品中，旅游景点及其相关服务是无法移动的。因此，在各行各业中，文化密集型产业（包括旅游）是一种具有特殊性的行业或产业。

房地产与文化旅游相结合，就形成了专业城的一种——文化旅游城，浙江省东阳市的横店集团当属其中的典型。东阳市是著名的建筑之乡，这里的古民居建筑以木雕为主，融竹编、石雕、砖雕和堆雕等装饰艺术于一体，形成了独具儒家文化特色的民居建筑体系。卢宅肃雍堂、杭州胡庆余堂就是东阳古民居建筑的杰作，卢宅肃雍堂纵深320米，堪称中国民间第一宅，“北有故宫、南有肃雍”的说法就由此而来。

今日的东阳市横店镇已迅速崛起，成为一座展览各种建筑的文化旅游新城。横店镇地处浙江中部的丘陵地带，人多地少且交通不便，因而本是东阳的贫困区域。然而在徐文荣的带领下，经过20多年的艰苦奋斗，横店从一个小丝厂起家，现已发展成为总资产50多亿元的全国特大型乡镇企业集团。自1995年以来，在农业部组织的中国乡镇企业最大经营规模、最高利税总额、最佳经济效益等项评比中，横店集团均名列前茅。

东阳又是著名的工艺美术之乡，东阳木雕、东阳竹编是工艺美术百花园中的两朵奇葩。东阳竹编可谓巧夺天工，东阳木雕更是浙江三大名雕之一，列全国四大木雕之首，是首批国家级非物质文化遗产保护项目，传世佳作颇丰。杭州灵隐寺大雄宝殿中的高19.6米、由26吨樟木雕刻而成的释迦牟尼佛像，以及浙江省政府赠送香港特别行政区的礼品《航归》等，都出自东阳木雕艺人之手。

江西的张果喜从浙江东阳学到木雕技艺后，很快就成为全国第一个亿万富豪。浙江东阳在历史上就以木雕而闻名，徐文荣也是一个木匠，然而东阳却没有因为木雕而造就亿万富豪。但这并不妨碍徐文荣“无中生有”，依靠专业城的建造也同样能够成为亿万富豪，而且这些专业城包括东阳木雕博物馆。

案例

大山里的金牛

走进横店镇的石牌坊，首先映入眼帘的是两只憨态可掬的卧牛石雕，被取名为“金牛迎宾”。右侧卧牛背上一牧童手牵牛绳，栩栩如生；左侧卧牛背上则有两姐弟嬉戏，煞是可爱。在很早以前，横店就流传着一个美丽动人的“金牛传说”。说的是在八面山脚下的岩洞中，藏着一头金牛，需用千年的金稻草编成的绳子去牵引，方肯走出山来为民造福。可是千百年过去了，金牛却依然深居洞中。直到最近的30年，才出现一位智慧和魄力超群的能人，他历尽千辛万苦，带领当地百姓合力牵出金牛，走上了共同致富的金光大道。这位能人就是徐文荣。这个传说刚好与艮卦的卦象相吻合，大山和金牛都属于艮卦的形象，大山里的金牛刚好就是两个艮卦重叠之象。

（一）牵出大山里的金牛

山不在高，有仙则名；水不在深，有龙则灵。任何一个地方，不管它的面积大小、土地肥沃与否，只要有人才就行。横店出了一个徐文荣，就能够发扬愚公移山的精神，将那座具有象征意义的八面山变成了农民的致富山。

徐文荣自15岁开始，就挑着货郎担走街串巷，深刻懂得无工不富、无商不活的道理。18岁那年，他当上了区团委书记，成为脱产干部，端上了“铁饭碗”。没想到却因为“三年自然灾害”，又被动员回乡务农。乡亲们选他做村党支部书记，徐文荣不顾当时的政治禁令，带着全村人办起了木雕厂、五金厂、食品加工厂等。于是他又成了全村最大的“走资派”，经常被戴着高帽上街游行，无奈之下他只好逃亡外地。

几年后，徐文荣回到家乡，仍旧担任全村的领头人。这回他更是甩开膀子大干起来，兴办的工厂一个接一个，如农药厂、蘑菇菌种场、无线电元件厂、竹编厂和木雕厂等。1975 年，由于各国营丝厂动荡不安，怠工与停工现象频频发生，浙江省决定让蚕茧生产区的农民自己创办 16 个缫丝厂。横店公社抽调徐文荣去筹办，他立刻紧紧抓住这个难得的政策性机遇，以最快的速度在全省率先把缫丝厂建起来。

到 1984 年，徐文荣又先后创办“东阳县磁性器材二厂”（东阳县现为东阳市）、“东阳县丝织厂”“东阳县筛网厂”和“东阳县西式时装厂”，并开始筹建磁性器材三厂和印染厂等，使横店乡镇企业初步形成多元化格局。1984 年 11 月，徐文荣在原东阳县横店轻纺总厂的基础上，成立了东阳县横店工业公司，后来又改名东阳市横店工业总公司。采用工业总公司这种管理形式，即使下属总厂和分厂保持相对独立的经营自主性，便于开拓市场，又使内部管理更趋规范，保证总部对下属企业有足够的宏观调控权力，有效地防止相互拆台、压价倾销等不良现象的产生。

六四爻辞说，“艮其身，无咎”（停止上身运动，没有害处）。比喻懂得自我约束、适可而止的人，能够有效地控制自己身体的各部分，能够安守本分而不妄动，自然就不会引来灾难，反而能够取得成功。事实证明确实如此，到 1985 年上半年，全国企业面临宏观紧缩、银根抽紧和资金紧张等问题。徐文荣将原计划要新上的 13 个项目缩减为 11 个，1 900 万元的投资额缩减为 800 万元，创办了东阳县织绵厂、东阳县电闸厂、东阳县氧厂、东阳县磁性器材三厂等新企业。结果该年工业公司的总产值不仅没有减少，反而比 1984 年增长近一倍，利润也增长了 58%。

1986 年，徐文荣继续加大技术改造力度，在预选的 23 个技改项目的基础上，邀请专家及有关部门领导到横店进行现场考察与论证，最后选定 10 个技改项目予以实施。全年投入资金达 1 250 万元，扩建针织七厂、毛巾厂和磁性器材二厂，增加印染厂的生产线和丝厂的织绸车间，使化纤纺织厂的生产能力翻了两番多。钕铁硼磁性器材厂、磨砖厂和羽绒厂也都调整了内部结构，在此基础上成立东阳磁性器材总厂、东阳第一丝绸联合总厂和东阳第二针织联合总厂。到 1987 年，横店工业公司的总产值就已突破亿元大关，横店成为浙江中部地区的第一个“亿元镇”。

（二）“中国好莱坞”

徐文荣开始创业的时候，横店只有千把人，后来几经扩并，如今的横店镇已扩大到108个村，近7万人。然而最重要的不是区域面积和人口的增加，而是要把工业化、城市化的戏唱得更红火，让村里的农民全部变为城镇居民。在浙江省编制的城镇体系规划中，横店已被列为与兰溪、永康同一等级的城市。

徐文荣虽已年过70，到了安享晚年的年纪，但他心中还有很多计划。在以前的30年中，他带领横店人从一个缫丝厂开始发展，到1999年成立横店集团控股有限公司，并对总公司及下属子公司进行股份制改造。时至今日，横店集团已形成横跨电器、电子、医药、化工、影视和娱乐六大产业的大型企业。截至2007年年底，集团总资产高达166.68亿元。

20世纪90年代初，徐文荣开始关注文化娱乐产业，到全国各地考察，如无锡唐城等。有一天，徐文荣突然说，我要在横店做文化产业、做影视基地，大家都吓了一跳。当时中央电视台要拍《水浒传》和《三国演义》，他就说要在横店兴建一个拍摄基地，可央视的人说，横店在地图上都找不到，怎么会有人去拍电视剧？可是徐文荣却不为所动，仍然坚持自己的想法。此后，横店集团逐步建成封神宫、中国神话荟萃园和赏月园，以及娱乐村、文化村、天堂村（大佛寺）和度假村等，另外还有一个航空俱乐部，弄了几架小飞机在空中飞来飞去。

虽然徐文荣的造城计划起初没有带来利润，可在1996年，投资4 000万元为谢晋拍摄《鸦片战争》而建成的广州街拍摄基地，使横店在一夜之间名声大振，吸引来一批又一批游客。从此，横店集团便一发不可收拾。横店按1∶1的实景布局，在11年中先后投资30多亿元兴建广州街、香港街、清明上河园、秦王宫、江南水乡、横店老街、明清街、明清宫苑、国防基地、红军长征博览城，以及枪战片、武打片、古战场共13个拍摄基地和一座国内规模最大的摄影棚。景区内容由西周延伸到当代，使横店成为中国拍片最多的影视基地。美国《世界日报》、日本《朝日新闻》称横店影视城是“东方影视城”，美国《好莱坞报道》称之为“中国的好莱坞”。几年中就有100多部影视剧在横店拍摄完成，特别从2002年后，每天都有五六个甚至十多个剧组在横店拍戏。

（三）改造山河且记录历史

正当影视城风生水起的时候，徐文荣却突然离开横店集团控股有限公司，把它交给儿子徐永安打理。2001年9月，徐文荣组建横店社团经济企业联合会，并用这个经济联合体来控股横店集团，他自己就得以退出日常的经营管理活动，能够专心思考集团的发展战略。

“我要做改造山河的事情了。”① 徐文荣这样解释他的举动。徐文荣心目中的改造山河，就是要充分利用横店的山山水水，使之不仅作为中国最大的影视基地，而且发展成一个中华文化历史博物馆。从20世纪90年代以后，横店集团每年为当地农民补贴200万元，供大家使用煤气来替代柴火，从而达到封山育林的目标。另外投资280万元修建公墓，并花费1 000多万元拆迁15 000多座坟墓。这些都是徐文荣为改造山河所做的前期准备。

2003年，徐文荣在横店的山上到处转悠，突发奇想要在山沟里做九条龙，而且每条龙身里都要有文化内涵，好让客人在游玩的同时增加地理、历史等方面的知识，并且从龙身中走出来之后，又可立即进入国家森林公园。没多久，这九条龙就出现在九条山沟里。

曾有一位新闻界朋友用一年的时间，徒步采访当年中国红军的漫漫长征路，徐文荣听说后就想，为什么不能建一个红军长征博览城呢？于是横店集团只用了不到一年的时间，就开垦荒山9 000亩，建成红军长征博览城。它把红军所经历的重大历史事件浓缩起来，利用高科技的制作手段，再现红军长征的艰辛与战争的惨烈场面。徐文荣说：“横店没有什么历史遗迹，没有特别的自然风貌，只能靠人工创造文化。我现在做的一切，能让横店在几百年之后成为中国的一个文化荟萃地，成为中国文化的一部分。”②

除了已经闻名世界的“中国好莱坞”之外，横店还是一个红色旅游城、华夏文化城，现已相继建成金佛庄烈士陵园、邵飘萍纪念馆、严济慈纪念馆、竹编博物馆等十多个展览馆。另外，国家有关部门已批准横店建设永久性的国家禁毒教育基地，并在广州街长期举办鸦片战争史料展览，使之成为浙江省爱国主义教育基地、国防教育基地。

（四）丰富的藏品与慈善事业

2009年9月8日在横店明清名居博览城的展览中心，举行了文荣古玩艺术珍品50馆开馆暨捐赠仪式。徐文荣展出其个人收藏的4万多件珍品，并将其中21个馆捐赠给横店文荣慈善基金会，4个

①② 彭婷婷．徐文荣：一个农民的文化造富梦［N］．财经时报，2006-10-23.

馆捐赠给横店华夏文化发展基金会，共捐赠藏品17 178件，估计总价值人民币7 728.13万元。

面对数量如此庞大的收藏品，很多人提出疑问：这么多古玩是真的还是仿制品？徐文荣则认为有大量好东西散落在民间，出土文物及宫廷用品只不过是凤毛麟角而已。他对记者说："文物保护法已经明确指出，历史上各时代珍贵的艺术品、工艺美术品都是文物。由此可见，对文物的鉴定没有具体年限，古代的物品是文物，近代、现代的一些有价值、有意义的物品也是文物。"① 有的专家和拍卖行对文物的认识存在两个误区：一是认为只有出土的才是文物，二是认为只有皇宫里的东西才是珍宝。这两种狭隘认识的排他性，影响了收藏界的信心，制约了古玩市场的发展。

谈到自己的慈善事业，徐文荣则表示要想长久做下去，就必须考虑如何将小钱变大钱，而古玩正好具有这样的特殊性。"我现在捐赠的藏品价值7 000多万元，但是这个7 000多万元能变成20亿元、30亿元，甚至70亿元。我把藏品捐给慈善基金会就是这个目的。"② 这位老人虽已80多岁高龄，却依旧野心勃勃。

艮卦象辞说，"兼山，艮；君子以思不出其位"（两山相连，象征仰止。君子仿此，自我抑止内心邪欲，思量问题不超出其本位）。厦门大学的校训为"自强不息，止于至善"，前半句讲的是乾卦的道理，后半句讲的就是艮卦的道理：君止于仁、臣止于敬、父止于慈、子止于孝，人人都应止于信、止于至善。

二、经营理念总结

庄子讲过一则"佝偻者承蜩"的寓言，描写一位老人在空中捕蝉，如拾取东西一样轻巧容易。孔子看到后询问其中奥妙，老人回答了自己一套独特的训练方法后说了一番话，其大意是说人在捉蝉时，身体应像树木那样一动不动，手中拿的长杆也像枯枝那样一动不动；虽然天下万物极多，眼中却只有蝉翼而已，没有任何东西可取代其心目中的蝉翼。以这种心态去捉蝉，怎么会捉不到呢？捕蝉老人从最简单的捕蝉中悟出最深刻的道理，他那种专注至极的精神，与艮卦所说的静止如背的道理相通。我们可从中领悟到，一个人只有对自己所追求的目标凝神贯注、心无旁骛，方能使事业达到至善

①② 王湛. 真品还是山寨？徐文荣四万藏品引质疑［N］. 今日早报，2009-09-09.

的境界。笔者以为，至善首先是说做事情、干事业尽量做到完善，其次是说事业成功后不能只顾自己享受，还应主动承担社会责任，包括投入慈善活动。

（一）开天辟地的企业家精神

如果说香港、澳门用的是填海造城的方法，横店用的则是劈山造城的方法。在20多年的时间里，横店集团削平的大大小小的山头就有近百个，挖填土石方达到800多万立方米。仅一个“明清宫”拍摄基地，土石方工程量就达360万立方米，所用炸药总量超过新中国成立后东阳市所用炸药的总量。劈山当然是为了造城，徐文荣造出影视城与科技城，最终汇总成一个横店城。

为了更好地做慈善事业，徐文荣在2007年11月，捐资成立浙江横店文荣慈善基金会，延续了横店共创共有共富共享工作委员会每年给横店非离退休老人发放生活补助金的传统。为了长久解决善款问题，徐文荣别出心裁，进入古玩艺术品收藏行业。从2008年7月中旬开始，充分利用横店平台，吸引多家全国著名的古玩商入驻。现在，横店古玩艺术品集散中心已建成开放，陈设的几十万件古玩艺术品价值不菲，规模在全国民间收藏中为最大。徐文荣在与古玩商交往过程中，结下了良好的个人友谊，使多位全国著名收藏家落户横店。在搞古玩艺术品的同时，徐文荣又用自己多年的积蓄选购奇石、石雕、根雕及高仿瓷精品，并分别建立展馆。

徐文荣认为，古玩和其他艺术品的文化内涵非常深厚，具有很高的历史价值、艺术价值与科学价值。把它们放在横店明清民居博览城内集中展示，既充实了古民居的文化内涵，又展现了中华五千年的灿烂文化，更为子孙后代留下了一笔宝贵的物质精神和精神财富。

（二）适可而止的经营思想

徐文荣是横店集团的创始人，数十年来带领横店人民艰苦创业，依靠科技创新和管理创新，使当年的一个小工厂，发展成为横跨三大产业的大企业集团（进入全国民营企业集团前十名），使横店这个原先贫穷落后的小乡村，变成充满现代化气息的新城市。

1. 该停止的就停止

1988年，徐文荣先是关掉筛网厂、织绸厂，关停了三条喇叭生产线，接着对只有微利的羽绒制品福利厂实行兼并，转产了5家产品滞销的企业，对外租赁出11家小型微利企业，再把收回的资金投入新产品、新项目的开发工作。同时精简机构，把总部机关人员从101个压缩为42个，各科室人员压缩了42%，镇办企业职工也从1987年的7 000多人减少至1989年的4 000多人。并缓建办公大楼，压缩一切非生产性开支，集中有限的人力、财力和物力用在“刀刃”上，保证重点企业的发展。

艮卦的初六爻辞说，“艮其趾，无咎，利永负”（止于脚趾迈出之前），这样才不会受到伤害。这就是人们所说的坚守正道，坚持使用正确的方法。徐文荣的“关停并转”，做的正是这样的事情。

在自筹资金2 350万元的同时，徐文荣组织讨债队伍，收回400多万元拖欠款，保证了生产建设资金的需要。对14个新开发产品和技改项目，邀请有关专家进行现场论证，从中选出12项技术有依托、原材料有来源、产品有销路、企业有效益的项目继续生产，做到整顿中有提高、调整中有发展。

徐文荣的一系列改革，为横店企业的持续发展赢得了充足的时间和资金。后来当能源紧张、原材料涨价、资金严重不足的危机来临时，许多企业陷入绝境，一大批乡镇企业纷纷停产倒闭。而横店在额外遭受百年一遇的洪涝灾害，有14家企业被洪水袭击，造成1 648万元特大损失的情况下，却仍然稳如泰山。横店人惊叹徐文荣简直是个奇才，他有预知能力，懂得及时调整企业发展动向，能够让企业在危机中化险为夷，因此获得巨大成功。

横店企业经过大调整后，企业发展到28家，工业产值增长64%，上交国家的税金增加一倍。更重要的是，调整使横店企业从根本上优化了行业结构、产品结构，形成以磁性材料、机械电子、针织服装、纺织印染、有机化工、建筑建材、制药和贸易等多种经营、多元发展的格局。产品的调整和升级换代，还促进及带动了村联户办企业的蓬勃发展，企业总数高达2 000多家。

2. 该合并时就合并

艮卦的卦辞说，“艮其背，不获其身”（抑止于背后，不见邪欲为何物）。比喻内心保持宁静，就不易为外界所迷惑而妄动；内心保持宁静，就可达到忘我境界。达到此等境界的时候，“行其庭，不见其人”，譬如行在庭院里两两相背，不见对方被抑止的邪恶。

艮卦的彖辞则说：“艮，止也。时止则止，时行则行；动静不失其时，其道光明。艮其止，止其所也。”意即艮就是抑制、静止的意思。当停止的时候就停止，当行动的时候就行动，无论动、静都不失时机，前方道路必然一片光明。艮象征抑制，而抑制应适得其所。

1990年11月，徐文荣在省市专家及党政领导的帮助下，成功组建浙江省首家资产经营一体化，集科工贸为一体的乡镇企业集团——横店企业集团公司。横店企业集团公司由针织品、纺织丝绸印染、磁性器材、有机化工、医药化工、机电和贸易 7 个行业子公司，以及 2 家科技研究所、5 家驻外经贸单位、35 家紧密型骨干企业、400 多家半紧密和松散型企业所组成。它把横店所有企业都按不同层次和方式联合起来，吸收了全镇 70% 的劳动力。

横店企业集团公司的组建，使横店企业完成了从分散经营到集中调控的过渡，提高了横店企业的联合程度和总体实力。宏观调控的规模效应很快显示出来，横店企业的工业总产值从 1990 年的 1.8 亿元，迅速上升到 1991 年的 3.05 亿元，1992 年更是突破了 6 亿元。横店企业集团公司是全国第一家由国务院经贸委直接审批的大型综合性乡镇企业集团，其核心企业的总资产居全国乡镇企业之首，为全国三家特大型乡镇企业之一，并进入中国工业企业 500 强之列。横店企业集团公司探索出一条经济与社会、物质文明与精神文明协调发展之道路，先后被有关部委确定为“国家社会发展综合试验区”等 6 个国家级试验区。

(三) 新型企业的共享精神

徐文荣的工作业绩和无私奉献精神得到了社会的肯定，他是八届全国人大代表，并先后被评为全国劳动模范、全国优秀乡镇企业家、中国经营大师、全国改革风云人物、中国农村新闻人物、全国农业劳动模范，第四届全国科技实业家创业奖金奖获得者，同时被评为浙江省优秀共产党员、优秀政工师、浙江省突出贡献企业经营者等。

1. 新型的公有制经济

徐文荣是横店企业集团公司的创始人。他以高度的政治责任感和强烈的事业心，开创了一条具有横店特色的企业、区域经济发展新路。他所创造的社团经济发展模式，被理论界概括为“横店式共有制”“市场型公有制”，被称之为“中国农民实现小康的新道路”。

横店工业公司成立后，撤销了原乡政府工业办公室，徐文荣取得了企业法人代表资格，同时，徐文荣又提出乡党委、乡政府不能派人到企业兼职，企业领导也不能到乡政府兼职。一切企业内部事情，包括干部聘用、劳动人事、工资、资金分配、企业关停并转、基建技术项目等均由公司决策，政府概不插手干预，使横店工业公司成为名副其实的决策中心和投资主体。徐文荣在横店率先实行政企分开，这在全县、全省乃至全国都是最早的一家，也是中国企业发展史上的一个重要里程碑。

2. 新型的共享模式

在企业一步步做大的时候，徐文荣看到了横店在做工业产品方面的劣势——工业产品更新换代很快，而横店地处山区，科研能力相对滞后，科研人才也不愿意进来。

于是，徐文荣以协助政府解决“三农”问题，促进农村城市化为己任，创立了以“共创、共有、共富、共享”为宗旨的横店社团经济模式，通过“周边辐射”“以富带贫”，促进社区经济繁荣，走出了一条共同富裕之路；80%的横店本地居民已达到中产阶层。他通过发展高科技工业、发展文化产业，带动农民向工人、市民转变，走出了一条解决“三农”问题，实现农村城市化的成功之路，被中共中央党校聘任为“三农”问题特约研究员。

徐文荣每年都要拿出大量资金用于城管、绿化、环卫等利于民生的公益事业。他出资4 000多万元，支持政府推进殡葬改革，建起了总规模达1 200多亩的四个山地公墓，按穴补贴农民移坟下山，已支付迁坟资金1 000多万元。

横店企业集团公司对全镇的公益事业、农业生产还做了大量的无偿投入。据粗略统计，十余年来，他们已投入7 000万元建设工业区、居民区、商业区、服务区以及农田水利，建造了大批文体、旅游设施。全镇80%的居民已搬入新房。

在徐文荣的带领下，横店人民走上了富裕的道路；横店成了中国乡镇之星，先后被国家有关部门确定为全国乡镇企业示范区、国家星火技术密集区、国家科技成果转化示范基地、国家可持续发展实验区、全国小城镇综合改革试点镇，被评为社会主义新农村建设示范镇、全国小城镇建设示范镇、国家卫生镇、全国小康建设明星乡镇标兵等23个国家级示范单位。

3．崇高的思想品格

上九爻辞说，“敦艮，吉”（以敦厚的品格抑制妄念，可获吉祥）。上九爻到达艮卦的终点，表示到此一切都要中止。学业结束后容易荒废，人到晚年时要警惕晚节不保，故应始终保持谨慎厚道的品性，最终的坚持尤其重要，也最为吉祥。象辞则说，以敦厚的品格抑制妄念而获得吉祥，说明上九能够把忠厚品德贯彻始终。徐文荣正是如此，将毕生精力贡献给集体事业，一生坚持创新，坚持为社会做出最大贡献。

“共创、共有、共富、共享”，这正是对徐文荣一生实践和高贵品格的精妙概括，也是艮卦所要告诉我们的经营理念。要懂得与他人共享，方能为企业经营者树立起高山仰止的形象，从而吸引众人紧紧相随，共创一番如高山一般宏伟的事业。

第八章
厚德载物的宽容之心

一、卦象分析

在《归藏易》中，坤卦被置于全经之首，在乾卦之前而居第一卦，反映出当时母系社会的时代特征。进入父系社会的周朝，坤卦自然就只能排到乾卦之后了。“坤道其顺乎！承天而时行”① 说的是大地禀承天的意志四时运行，因此处在坤卦的人（比如员工）不能与处在乾卦的人（比如老板）争锋，而是要学会低调处事。

乾为天，坤为地，所以坤卦与乾卦相对，代表着阴柔之气，代表着成熟女性、臣子或者下属。其卦象由两地相叠，象征广阔无垠的大地母亲，而大地顺从苍天。坤卦六爻都是阴爻，是纯粹的阴柔，最为柔顺且能包容一切。因此坤卦象征一颗至柔至顺之心，表示要安静地谨言慎行，行动方正；要追随而不超越，包容而不排斥。如果说乾卦重视自强不息的求变精神，那么坤卦重视的就是厚德载物的和谐精神。

老子曾说过“柔弱胜刚强”的话，并认为“天下莫柔弱于水，而攻坚强者莫之能胜”②。世间万物恐怕没有比水更柔弱的了，然而水滴石穿，水能攻击最坚硬的石头。《孙子兵法》中也说“夫兵形象水，水之形，避高而趋下；兵之形，避实而击虚。水因地而制流，兵因敌而制胜。故兵无常势，水无常形，能因敌变化而取胜者谓之神”，意思是说用兵打仗，如同地面的流水那样没有固定刻板的规律，没有一成不变的打法，能够因敌制变而取胜者方可称之为用兵如神。

日本、美国有一些成功的工商界大亨以柔性经营作为商战策略，把柔软性、流动性的思想渗透到企业组织结构和经营管理的各个方面。在大多数日

---

① 引自《易传·文言传》。

② 引自老子的《道德经》。

本企业里，甚至没有像样的组织结构图。其理由乃是过于复杂和稳定的组织结构，容易使企业组织僵化、缺乏活力，难以适应瞬息万变的市场。《成功之路》一书的作者指出："在他们考察的62家美国最杰出的企业中，没有一家是正式采用矩阵组织结构的，即使是一度试行过矩阵组织结构的公司，后来也都纷纷放弃了。"

"柔性经营"的口号是由日本商人首先提出的。柔性经营就是要在采购、生产直到销售的整个经营过程中，企业能保持足够的弹性，或者说保持对市场变化的适应性。如今，日本企业已将柔性经营当作增强企业活力、保持竞争优势的重要手段。

"柔性管理"强调管理人员深入基层，自由接触普通员工，在企业内部建立庞大的、非正式的、公开的信息交流网络，体察民情、沟通意见以便共创佳绩。在这里，命令式的管理模式早已被淘汰了。

不管是组织结构上、内部管理上的柔性，还是经营方面的柔性，都是为了让企业具备能够灵活适应市场变化的整体功能。这正是坤卦以柔弱胜刚强的美妙之处。坤卦的阴柔说明世间万物并非是被动的，而是自然演化的。坤卦这种高深与奥妙的境界，是很多企业家孜孜不倦追求的目标。

不论是处理事业还是人生决策，即使你已经具有较强大的力量，也要懂得柔顺的道理，小心谨慎地行事，才不会招致危险。百炼钢化为绕指柔，却丝毫无损于它的锋利，而刚强坚固的物品也可能容易折断。坤卦阐述的以柔克刚、柔能克刚，说的正是这个道理。

案例

从太太口服液、丰韵丹到时间晶体

翻开中国保健品行业的发展史册，郭海婴与怀汉新、吴炳新、史玉柱等人一样，都是无法绕过的名字。有人甚至为她写下这样一首诗：

一个两手空空，独闯深圳的女人；

一个负债起家，三年创造了一个保健品知名品牌的女人；

一个大胆敏锐、百折不挠，勇于面对一切艰难险阻的女人；

辉煌时，她掌控亿元资金笑傲江湖，美丽的雪樱花如梦似幻；

沉寂时，她潜心反思默默蓄力，美好的事业理想始终绽放在她的心里。①

---

① 曾立平. 郭海婴：花谢花会再开 [J]. 工厂管理，2003 (7).

郭海婴是中国保健品市场常青树——“太太口服液”的创始人之一，也是20世纪90年代丰胸产品第一品牌——“丰韵丹”的缔造者，如今是大蒜提取物——“时间晶体”的经营与推广者。

（一）保健品市场的巾帼英雄

1989年，郭海婴从郑州大学中文系毕业后，到河南省新乡市委党校当一名老师。1992年，她认识了时任新乡机床厂飞龙化工公司的总经理朱保国。“海婴，你出来试试，最坏的结果也就是没有结果而已。失败了，你仍然可以回去做你的老师；成功了，你的人生可就彻底改变啦。”① 朱保国动员郭海婴到企业的那番话，不但在当时打动了她的心，在此之后也真的彻底改变了她的命运。

很快，26岁的郭海婴就做了朱保国的副手，并被派到深圳，孤身一人、单枪匹马地组建深圳太太药业公司，职务是常务副总经理。在组建公司的整个前期工作中，郭海婴几乎投入了自己的全部心血，她选地皮、买厂房、购设备、管生产、跑市场，尝尽艰辛。那个时候，郭海婴完全是把“太太口服液”当成自己的孩子一样抚育着。

1993年的“三八”妇女节，第一批太太口服液投放市场。产品上市后，凭借其卓越的功效和巨大的市场潜力，加上当时良好的经济社会环境，顺利获得成功，“太太口服液”从此成为中国女性美容保健品的知名品牌。

（二）“没什么大不了的”

然而由于种种原因，郭海婴只在太太药业公司工作了一年多的时间。郭海婴和朱保国，这两个同样有才华、个性相似的人，终因相似而分道扬镳了。愤怒、受伤和不甘的情绪，曾经在很长一段时间里纠缠着郭海婴。之后不久，当时的保健品大鳄——太阳神的负责人曾邀请郭海婴加盟。如果太阳神推出和太太口服液类似的产品，无疑会对太太口服液产生致命的打击。因此，郭海婴想也没想就拒绝了，她不忍心伤害曾是自己“孩子”的成功产品。

她不想与太太口服液竞争，她想走一条完全不同的路，一条别人尚未关注的路。于是，她想到了丰胸产品。

1995年，郭海婴当中医的姐姐研制出一个丰胸的中药配方，郭海婴凭直觉认定这个配方能在市场上火起来。她以高达3分的利息向朋友借来500万元，注册成立了深圳雪樱花实业公司。1996年

---

① 曾立平. 郭海婴：花谢花会再开［J］. 工厂管理，2003（7）.

3月8日——又是一个妇女节，雪樱花公司正式推出主打产品“丰韵丹”，这是国内最早出现的女性丰胸类保健品，成为女性丰胸从外调发展到内理的一个重要标志。

与此同时，郭海婴大胆提出“没什么大不了的”这样惊世骇俗的广告语，首次将中国女性对性的美感追求放到阳光下，打开了一直暗藏在女性中间的一个巨大市场。产品反传统，广告反传统，营销战略反传统。正是这个“反”字，使丰韵丹迅速打开了市场突破口。丰韵丹一个省、一个省地全面铺开，雪樱花一个市、一个市地迎风怒放。1996年年底，丰韵丹在广州、深圳两地销售回款额达3 000多万元，外地市场及邮购销售额也有2 000多万元，总销售额高达5 000多万元。

“没什么大不了的。”——这句别具特色的广告词竟引领了一种时代潮流。它揭开女性世界的神秘面纱，第一次吹响中国女性热切追求丰韵美的号角。从某种意义上来说，它是一种革命，代表着一种非凡的女性自我解放的勇气。从构思上说，这句广告词也可谓精妙之极、匠心独运。它充满智慧，既大胆尖锐、直切主题，又轻松文雅、幽默风趣，更显示出企业对产品的充分自信，以及对消费者的循循善诱与温情鼓励。在当时鱼龙混杂的保健品市场上，丰韵丹如此坚定的承诺及诙谐的语言缓释了消费者的自卑，消除了有些女性认为丰胸见不得人的传统心态，极大地迎合了消费需求，说服了消费者，撕开了市场，使丰韵丹的知名度迅速打响。

（三）“丰韵才是真的美”

雪樱花1997年的目标，是让“丰韵丹”成为国内同类产品的第一品牌。以前的广告词——“没什么大不了的”虽然在产品入市之初立下了汗马功劳，但在公司意欲开拓市场范围、追求更大销售额的新目标下，这条广告语造成的近乎玩笑、相对直露、不够庄重的产品形象必须尽快得到修正。郭海婴认识到，丰韵丹作为女性品牌，需要有更多温馨和美的联想，需要有更高的美誉度，从而以一个“正面品牌”的全新形象向世人宣示。

于是乎，“丰韵才是真的美”——这个全新的广告创意终于确立了。这句广告语巧妙地与产品名称联系起来，在表述上又极似一句真情实意的窃窃私语，循循善诱，打动人心。同时，这则广告又充分肯定和继承了前期广告的成功之处，尤其是画面构图上重复手段的运用，在形式上较好地保持了丰韵丹广告的前后连贯性。

韵律感极强又颇具品位的新广告词“丰韵才是真的美”，伴随着雪樱花开拓全国市场的步伐，以极高频率出现在全国各地报刊与各大城市的灯箱上。新广告的推出使丰韵丹积极向上、正面健康的品牌形象得以确立，使一种全新的美胸观念迅速传播到四面八方。正如一位消费者来信所说的：“自从我认可了‘丰韵才是真的美’，就不再为自已胸部的大小发愁了。现在我信赖丰韵丹不是为了丰乳美胸，而是为了追求一种丰韵美。”① 丰韵丹创造了时尚，又引领了时尚！

（四）母亲的胸怀

1998 年 3 月 11 日下午 3 时，一个特殊的会议在云南省公安厅的一间小会议室举行。一个梳着小辫的小姑娘在会议室里殷勤地为大家端茶倒水，她就是缉毒英雄陈建军的遗孤陈益琳，今年 12 岁。

时年 33 岁的郭海婴虽然尚未成家，但很喜欢孩子。1997 年年底，她从国家禁毒委得知烈士陈建军的英勇事迹和小益琳的不幸遭遇，便下定决心要为禁毒事业和英雄的后代做点什么。在国家禁毒委、云南省公安机关的帮助下，她收养小益琳的愿望变成了现实。这次是专程从深圳赶来认亲的。

陈建军在缉拿毒贩时壮烈牺牲，年仅 25 岁，被公安部追授为一级英模，云南省委授予他“优秀共产党员”称号。那时小益琳才 1 岁多。在她 9 岁那年，妈妈又不幸病逝，砚山县政府当即决定每月发给她 300 元的生活补助费，免交一切学杂费，省、州、县三级公安机关也一直从各方面关心她的成长。小益琳在一连串的打击面前，表现得很坚强，也很懂事，有礼貌，学习成绩在班上名列前茅。

郭海婴曾动情地说：“作为和平时期的年轻人，陈建军明知时刻有牺牲的可能，却出生入死，很不简单，我非常钦佩。我愿意收养小益琳。”②

郭海婴不仅为中国女性塑造着外表美，而且在继承与发扬中国女性内在美方面也为我们树立了一个榜样，为母性的伟大做出一个最好的阐释。此后几年，郭海婴经历过一次更大的挫折，演绎出一段更加震撼人心的传奇经历，从而表现出更为博大的母性胸怀。

郭海婴的创业历程大起大落，创业激情却从未泯灭。有记者问她：作为一名创业家，最重要的素质是什么？“是勇气，是胆量，是能够面对创业过程中一切艰难险阻的决心和信心，是永不熄灭的创业

---

① 曾立平．郭海婴：花谢花会再开［J］．工厂管理，2003（7）．

② 任维东，郭海婴千里认孤［EB/OL］．（1998－03－24）．http://www.wslib.org/contents/232/2074.html.

梦想。”郭海婴如是说。一个想要取得成功的人，必须是一个快乐之人，一个能在种种坎坷、艰难中体会出为理想而奋斗的快乐之人。

1997 年年底，丰韵丹在上海上市，一年后当地销售额超过 1 000 万元。1998 年，丰韵丹的全国销售额突破亿元大关，雪樱花在全国各地的员工发展到 200 多名。郭海婴在深圳市繁华地带购买了 1 000 多平方米的写字楼，站在她的办公室里，可以看到蔚蓝的大海。她经常站在窗前看海，脑海中憧憬着雪樱花的美好未来。她陶醉在一片蔚蓝色之中，却没有察觉到远方正隆隆作响，暴风雨即将来临。

（五）掉进欺诈陷阱

1997 年，是丰韵丹一路高歌的一年。然而郭海婴却隐约意识到作为时尚产品的丰韵丹，总有一天会在日趋激烈的竞争中淡出市场，因而需要有另一种长效产品作为企业持续发展的新支柱。时尚很精彩，但鲜花的色香却往往容易随风飘逝；时尚很迷人，但美丽的光环也可能在顷刻间消亡。

恰在此时，河南周口一家严重资不抵债的国有药厂的厂长找到郭海婴，言辞恳切地向她介绍该厂一个专门针对老年人的大蒜油项目，希望她能以承担债务的方式收购该厂。郭海婴顿觉眼前一亮，因为她知道中国已进入老龄化社会，针对老年人健康状况的产品一定会有很大的市场。

于是，在没有做深入了解、研究的情况下，仅凭这个厂递过来的财务报表，郭海婴便决定购买这个药厂。当时，药厂账面负债 5 000 多万元，已严重资不抵债。1 000 多名员工下岗已经 1 年多，国有体制的一切弊端都暴露无遗。很多朋友都劝郭海婴要慎重，但她固执地认为，只要能将产品推上市场，5 000 多万元只需两三年便可还清。就这样，她大笔一挥，凭着自己的一腔热血，一脚踏进了一个万丈深渊。

兼并协议生效的第二天，郭海婴才发现该药厂还有一些额外的、财务报表上没有显示的欠债。郭海婴几乎昏厥过去，此时她才意识到遭到了可耻的欺诈。在这些债务中，欠本厂工人的就有 500 万元之多。有个饭店的老板娘甚至拿着前任领导吃饭的白条，要郭海婴马上还钱，并扬言不还钱就死在她面前。

同时，银行也来催债，税务局则要收回前几年未付清的税款……而与当地政府签订的协议里明确规定，这些款项都是要在两年后才偿还的。但银行与税务部门根本不认政府的协议，不马上还钱，就要把厂子封了。当地政府官员则推三阻四，再不照面。郭海婴这才发现，与当地政府签订的协议对这些债务的处理竟然没有任何法律效力！

更为甚者，账面显示为固定资产的设备已大部分损坏，有些根本就是一堆废铁。要想恢复生产，必须投入巨额资金更换设备。郭海婴咬紧牙关一笔笔地投入，一共投了将近2 000万元。

郭海婴咬着牙还完钱、更换完设备，可令她更为头疼的是，吃惯了“大锅饭”的职工们对她制订的管理制度置之不理。比如说，这家国有企业中竟然存在一条偷药流水线；厂房里明令禁止吸烟，偏有人大大咧咧地叼着烟卷进出。有一次，厂里决定开除一名严重违纪的员工，来说情的政府官员竟有十几个，劳动局的一个科长甚至威胁她说：“如果不让这个员工上班，就给你们好看。”[①] 郭海婴没有退却，结果该员工跑到厂里，突然将电闸关掉，使工厂一下子就损失几十万元。向公安局报案，向当地政府反映，竟无人理睬。郭海婴彻底失望了。

（六）雪樱花凋谢，丰韵丹消失

由于在很短的时间内调走大量资金，丰韵丹的经营情况遭受很大影响。更令郭海婴没有想到的是，1999年6月，雪樱花的第二大股东出了事，牵连到雪樱花公司。几乎在一夜之间，雪樱花突然出现资金短缺，被迫停掉所有广告！由广告堆砌起来的品牌，一旦失去了广告的支撑，自然颓势立显，销售额一路下滑。

这时候，郭海婴多么希望，员工们能够以高度的凝聚力奋发图强、共渡难关，能够充分发扬主人翁精神和创业精神，帮企业走出低谷。毕竟，丰韵丹已经具备一定的品牌基础，拥有完备的营销网络。然而现实却令她万分失望，公司内部管理和经营上的问题一一也暴露出来。

首先是创业精神的丢弃。丰韵丹进入市场初期，分公司的经理们热情高涨，经常冒着严寒酷暑，骑着自行车甚至步行去开拓市场，那种只争朝夕的精神令人感动。随着产品越卖越好，收入越来越高，员工们那种吃苦耐劳、做大事业的雄心却荡然无存。要办什么事情，没有汽车送就不去。有些人甚至自嘲地说，以前年轻嘛，现在干不动了。其实在1999年，他们中间年龄最大的也不过30来岁。

---

① 曾立平. 郭海婴：花谢花会再开［J］. 工厂管理，2003（7）.

其次是业务人员大量流失。1996—1997 年，雪樱花发展初期，高额的业务提成极大地调动了分公司业务人员的积极性。但是，这种机制也培养了一大批急功近利的业务人员。丰韵丹刚出点问题，有些业务人员为了在年底得到更多的奖励，便与经销商联手，在 1998 年年底将大批货单出给经销商。年后一两个月，经销商又对郭海婴说，这些货销不掉，包装也快过期了，要求调货或退货。但是，给业务人员兑现的提成却无法追回。另外，还有些业务人员把帮助经销商做推广看作是吃力不讨好的事情，他只是尽力地向经销商推销货品，拿了钱便万事大吉，不肯在终端推广与引导消费方面劳心费力。更令郭海婴痛心的是，丰韵丹的广告停播之后，销售刚出现滑坡，大批业务人员就对这个产品失去了信心。1999 年下半年，半数以上的业务人员离开了雪樱花，投向广告力度较大的厂家怀抱中。

再次是管理方面的问题也日益凸显。看到企业跌入低谷，有些员工便不再敬业，有些员工甚至不顾企业利益，想方设法吃回扣，为自己捞钱。个别管理人员也在背后捣鬼，竟想趁乱接手公司。

结果可想而知，在由自己掀起的丰胸类产品竞争狂潮中，丰韵丹节节败退。2000 年，丰韵丹的销售收入只有 1 000 多万元。

雪樱花的大起大落让郭海婴痛苦，更让郭海婴反思。她意识到有必要沉寂一段时间，以便对有关问题进行清醒和深入的思考。她一贯认为，中国人常说的“舍得”是一种大智慧。郭海婴从小喜欢下围棋，但她从不喜欢在明确大势已去的情况下死缠烂打，而是喜欢推倒重来，因为重来便有重新获胜的可能。

虽然丰韵丹总共已投入近 1 亿元广告费，但如果真的大势已去，也没有必要死命留住它。于是，郭海婴开始清理资产和应收货款，设法安置员工。在她看来，如果经过深入的思考，并做好充分的准备，如果全面汲取雪樱花的教训，并找到一个能够长线经营的产品，那么再花费同样的时间和精力，付出同样的代价，或许她的事业还能取得更好的发展。

辉煌与落寞的距离竟是如此短暂，瑰丽的梦想刹那间变成苍白的泡影！2000 年年底，辉煌一时的深圳雪樱花公司宣告关闭，一直站在中国女性保健品风口浪尖上的郭海婴也淡出人们视线。

（七）“时间晶体”营销快乐

“宁可人负我，不可我负人”。从懂事的时候起，郭海婴就一直牢记着这么一句话。雪樱花到底怎么了？丰韵丹哪些地方做得成功，哪些地方比较失败？丰韵丹这个看似知名度很高的产品，为什么一旦失去广告的支撑，就如大厦瞬间倾倒，员工们也树倒猢狲散？除了打广告，保健品营销还可以有哪些做法？怎样才能打造一个保健品的强势品牌、长久品牌？——这是沉寂的3年时间里，郭海婴脑海中一直盘桓的问题。

2003年年初，经过深思熟虑的郭海婴注册了自己的新公司——北京时间生物科技有限公司。产业方向依然选定在保健品行业，名为“时间晶体”的新产品和当年投资失败的那个药厂的产品属同一类，这是一种用超临界技术提取的大蒜制品。

郭海婴说，丰韵丹让她获得了财务自由，时间晶体将成就她的事业理想。为了实现这一理想，她在丈夫、家人的支持下，再一次投入市场竞争的滚滚洪流中；为了实现这一理想，在“非典”肆虐的日子里，她戴着两个厚厚的口罩飞欧洲、跑武汉、下广东、赴香港……从3月1日到6月1日的90天时间里，有二十多天在飞机上度过，但她感到很快乐，感到一种向理想一步步迈进的快乐。

2004年年初，沉寂3年的郭海婴带着新产品重出江湖。她说：“这次我选择了完全不同于以往的出场方式——离开女性、美丽、时尚的方向，开拓中老年人保健品市场。我要用3年左右的时间，把‘时间晶体’打造成中老年人保健品市场上的强势品牌。”①

新公司汲取了丰韵丹时代的经验和教训，彻底摒弃单纯依靠广告开路的方法，用文化力来凝聚员工和经销商，用全新的营销方式开拓市场。在“时间晶体”的营销过程中，致力于营造一种名叫“快乐”的老年文化，用“笨拙营销”的办法，与消费者进行深度沟通，为每位消费者建立详细的客户档案，争取让每位消费者都成为产品的忠实客户。郭海婴认为，这种不依赖于广告的营销方式才具有真正的生命力。

（八）回归“产品力”

郭海婴说，最聪明的人，是那种把过去想明白并当作一种价值来使用，然后把精力放在未来的人。虽然雪樱花飘零，思想和经验却长存；虽然雪樱花飘零，壮志和雄心永不灭。

据零点研究咨询集团发布的《2005中国城市居民健康指数报告》，有六成受访者认为，养生保健很重要，但仅有两成受访者表示自己服用过保健品，并且对其效果评价较低。

公众对健康产品的评价不高也得到了业内人士的印证。不知从

---

① 舒然. 择保健品是一种积极的生活态度［N］. 深圳商报，2004-06-08.

何时起，中国的健康产品尤其是保健品几乎成了一个贬义词，广告大战的无序和虚假夸大的说辞令人厌恶。有资深业内人士解读说：健康产品的功效至关重要，所以部分产品总是夸夸其谈，把自己吹嘘为预防百病、包治百病的灵丹妙药。于是乎，在激烈竞争和这些“榜样”力量的作用下，几乎整个行业都在拼命鼓噪，制造神话。时间一长，谎言终究被揭穿，泡沫终究会破灭，受到损害的势必是整个行业的公信力。

现在，电视、广播、报纸、杂志等媒体普遍加强了对健康产品的广告审查，严格控制其广告投放。而失去媒体广告的强力拉动，健康产品的营销更是陷入了“夸大功效是找死，不夸大功效是等死”的两难境地。

郭海婴直言不讳地告诉记者：“会议营销已经不管用了。很多人成了‘会油子’，参加会议只是为了免费吃喝玩乐，菜不好他要发牢骚，可到了买产品时，拔腿就溜。”[①] 说起这个行业的种种营销陋习，她摇头又叹气。在她看来，保健品行业多年来心浮气躁、急功近利，最后是搬起石头砸了自己的脚。

但毕竟不能把健康产品一棒子打死，道理是显而易见的，人们永远都会有健康需求，包括身心保健、疾病预防和治疗等。如何重塑健康产品的形象，提升健康产业的诚信度和公信力，使之摆脱困境、健康发展，是健康产品营销的当务之急。

为了实现回归“产品力”这一目标，“时间晶体”的系列产品从产品研发、原料采购、车间生产到最后的包装工艺，郭海婴都一一严格把关。她特别看重原料的质量，强调产品的有效成分含量，所以在营销方面，降价以及“买一送一”之类的促销手段，郭海婴都拒绝使用。她告诉记者，保健品的生物科技含量一般比较高，没有一定的价格支撑，将无法保证产品的研发和生产。一些保健品的价格之所以非常低，是因为产品的有效成分非常少，这其中的猫腻不言自明。

“时间晶体”系列产品的包装也非常紧凑，打开包装盒就是实实在在的一瓶胶囊，不同于很多保健品的“礼盒式”包装，需要层层剥茧，一大盒剥到最后只剩下一小瓶，难免给人上当的感觉。郭海婴表示，虽然包装紧凑，但包装成本却不小，因为保健品对光

---

① 潘海霞. 重塑健康产品的“诚信”健康［EB/OL］.（2006-11-29）. http://www.boraid.cn/article/html/64/64973.asp.

线、密封性等贮存条件很敏感，对包装材料及工艺“很挑剔”。这虽然增加了成本，却保证了贮存质量。

二、成功经验总结

首先，坤卦象征稳固的土地，卦辞说“元，亨，利牝马之贞。君子有攸往，先迷；后得五，利。西南得朋，东北丧朋。安贞吉”（起始就亨通，有利于像雌马一样守持正道。君子有所前往，要是抢先居首可能会误入迷途；要是随人之后则有人做主，因此能获利。往西南得到朋友，往东北丧失朋友。安心守持正道可获吉祥）。

坚持“牝马之道”就是要坚持自己的本分，做了该做的事情，说了该说的话，自然就能为以后的成功打下基础，因而是吉祥的。坤卦用雌马比喻员工要守本分，服从上司才会有利。同时，员工也要有所作为即“有攸往”，否则就会永远不能进步。但此时得注意策略，由于对情况了解还不多，如果抢先行动就可能会迷路，所以应先观察别人的想法、别人的动向，最好遵循企业的组织原则，跟随上司行动即“得主”，这样才不会有差错。这样的做法，可保证公司组织制度的严肃性，对员工个人也有利。

其次，要宽厚仁德，要有很大的宽容心才能够包纳万物。《易传·象传》曰：“地势坤，君子以厚德载物。”翻译成现代文就是说：大地的气势厚实和顺，君子仿此而增厚美德，容载万物。因此，我们要以敦厚的心做事情，不要与人斤斤计较，不要痴迷于争权夺利。厚德载物是坤卦的优良品德，遇到问题时要冷静一些，耐心地跟在上司后面做事，不要与上司争权夺利，如此事业方能长久，福气方可绵远。

最后，在取得成功时要谨记坤卦的六四爻辞：“括囊，无咎无誉。”因此不能一味地听从别人，要有主见。既要有宽容之心，搞好和谐，又不能随意迁就。

郭海婴认为，很多人总是抱怨自己没有机会，抱怨命运对自己不公，抱怨曾经的失意，这些人其实很可怜。思想决定态度，态度决定命运。人要不断地学习、反省，不断地提高自己，还要学会忘记，在反省感悟之后，将那些令自己痛苦的人和事忘记，让自己快乐前行。失败再加上有效的反省才是成功之母。如果失败了不去反省、不去思考，拍拍土爬起来再走，很可能会在同一个坑里跌倒好几次。这样的人只有匹夫之勇，永远不可能有大成功。[①]

---

① 曾立平. 郭海婴：花谢花会再开［J］. 工厂管理，2003（7）.

第九章
谦虚受益的经营思想

一、卦象分析

大有卦之后就是谦卦，象征在成功取得大收获之时更加要谦虚谨慎。大有卦的九三爻辞说："劳谦，君子有终，吉。"告诫人们即使再有钱财、再有权势也不能够得意忘形，因为世间万事万物都会盛极而衰。谦卦则是由上坤下艮所组成，坤为地、艮为山，高山本来都是耸立于大地之上的，可谦卦却把高山隐藏于大地之下，当然就是一种谦虚至极的姿态。君子如效法此种精神，自然就能够时刻保持谦逊美德，进而取得更多、更大的成功。在六十四卦中，本无所谓哪一卦好、哪一卦不好，但有人认为，谦卦的卦辞、爻辞都是吉利的，没有一句凶的表述，因而是整部《易经》中最好的一卦。

卦辞说，"谦：亨，君子有终"（谦卦表示亨通。有谦德之君子能够保持谦逊美德自始至终）。这就是说，内心抑制、外表柔顺即代表谦虚，可以亨通。开始阶段或许不利，但一直保持谦虚态度终能成功。

谦卦的彖辞说，"谦，亨。天道下济而光明，地道卑而上行。天道亏盈而益谦，地道变盈而流谦，鬼神害盈而福谦，人道恶盈而好谦。谦尊而光，卑而不可踰：君子之终也"（谦虚能够亨通。天的法则是下降普济万物而显示光明，地的法则是从卑下低微处逐渐上升。天的法则是使亏损满盈，使谦虚增益；地的法则是使满盈改变，注入谦卑处；鬼神的法则是危害满盈，降福谦虚；人的法则是厌恶满盈，推崇谦虚。谦虚的人高居尊位而道德光明，即使下降到卑下位置也难以超越：只有君子能够始终保持谦逊美德）。

谦卦的象辞说，"地中有山，谦，君子以裒多益寡，称物平施"（高山藏于大地中，象征谦虚；君子据此消减过多者、增加过少者，权衡万物，公平施予）。

案例

草原上盛开的并蒂花

伊利集团和蒙牛集团都是内蒙古本土的乳制品企业，而“伊利”和“蒙牛”也都是该行业的著名品牌，犹如草原上盛开的一对并蒂花。

（一）伊利集团的坚忍之心

1983年年底，郑俊怀临危受命，担任呼和浩特市回民奶食品总厂的厂长，当时这家国有企业面临着破产关门的命运。

1. 第一个问题：面临倒闭

该厂设备简陋、工艺落后、人员素质不高、经营管理混乱……

※分析和解决问题：制造新产品

面对这些情况怎样才能使这个厂起死回生呢？在困难面前，逆境中成长起来的郑俊怀临危不惧，他仔细分析了工厂的现状、存在的问题及其原因。在洞察回民奶食品总厂的方方面面之后，他相信凭自己的能力，加上有全厂员工的支持，一定能让这家工厂旧貌换新颜。

经过不断的分析思索，他的思路逐渐开阔起来，他的组织、管理、经营能力也有效地显示出来。上任伊始，郑俊怀先为企业规定了各项生产、经营与管理制度，使企业很快走上正轨。接着，他又把制造新产品作为企业发展的突破口。

为了确保新产品在春节期间上市，即使到了腊月二十八，郑俊怀和工人们也都放弃了休息。经过多次试验，他们的新产品——一角钱一支的奶油冰棍终于面市了。

2. 第二个问题：新产品失败

然而，这种新产品却未能引起人们的青睐，他们首次开发的新产品以失败而告终，工厂的信任危机也随之面临着挑战。在这种情况下，企业员工们情绪非常低落，没想到自己的心血就这样白白浪费了。有些工人甚至心灰意懒，无心再做其他事情。

※分析和解决问题：开发高档产品

郑俊怀却好像没发生什么事似的，他抚慰员工们说：“这算不了什么，我们要做的是大事，做大事就不能向困难低头。自古以来，哪个做成大事的人没有经历过失败呢？”他的鼓舞使工人们又重新振作起来。

与此同时，他也在积极寻找失败的原因。很快，他就找到了问题的关键所在：企业要想发展，必须开发出新的高质量的乳制品，而不是一角钱一支的奶油冰棍。

3. 第三个问题：缺乏资金

1984年的正月十五，别人都还沉浸在家庭团圆的幸福中，郑俊怀却独自一人到上海考察冷饮市场和生产设备。在繁华的上海滩，他看上一种生产雪糕的设备，可是这种设备非常抢手，即使付现款也要等上一年才能提货。并且当时的回民奶食品总厂根本就没有钱，一个特大难题摆在郑俊怀面前。

郑俊怀马上返回呼市，向银行要求贷款，可当时他的工厂还只是一个小厂，又面临亏损，企业信誉度不高，因此银行拒绝贷款给他。

※分析和解决问题：农行贷款

面临艰难处境，郑俊怀拿出破釜沉舟的决心，他每天都到银行里死缠硬磨，就这样坚持了一个多月，他这种"贷不到款誓不罢休"的精神感动了一位农行领导，这才贷到了10万元资金。

4. 第四个问题：设备紧缺

贷到款后，郑俊怀马上派两位工厂高管去上海。这两位高管走之前对郑俊怀说："我们一定尽力把设备买回来。"郑俊怀生气地说："把'尽力'那两个字去掉，你们一定要把设备买回来。"两位高管犯难地说："人家要是不卖呢？"郑俊怀回答说："我是怎么把款贷出来的，你们就能怎么把设备买回来。"

※分析和解决问题：故技重施

两位工厂高管茅塞顿开，到上海之后不辞劳苦，一遍一遍地找厂家，那位厂长终于也被打动，将设备优先卖给了他们。设备运达厂里后，郑俊怀为了抢时间，不分昼夜地与工人们并肩作战。不到一个月，设备就安装完毕。

依靠这套日产雪糕10万支的设备，回民奶食品总厂当年的利润达到10万元。就是这区区10万元利润，极大地鼓舞了全厂员工的斗志和信心，最终使企业获得巨大发展。如今，郑俊怀已经实现了让回民奶食品厂旧貌换新颜的目标，这家工厂已经变成闻名全国的伊利集团，而且成为上海证券交易所的优质上市公司。

(二) 善于吸纳的"蒙牛"变成"猛牛"

早在回民奶食品厂工作的时候，牛根生与郑俊怀就已经是最佳拍档了。到了1994年，内蒙古伊利实业集团股份有限公司率先在呼和浩特市金川开发区上马冰淇淋生产线，牛根生作为该项目的负责人，担任集团副总裁兼冷饮事业部总经理。在他的领导下，冷饮事业部的销售业绩年年攀升。伊利集团靠冰淇淋起家后，更是将“蛋糕”越做越大。但与此同时，牛根生与郑俊怀之间的关系也从创业伙伴变成了“一山不容二虎”。

1999年7月，牛根生带着从伊利分得的一笔资金与冷饮事业部的9位核心员工，开始另起炉灶。就这样，由10人出资1 000万元共同注册的蒙牛乳品公司在伊利的身边悄然诞生。郑俊怀可能想不到，这家“一无奶源、二无工厂、三无市场”的民营小公司会在短短的4年时间内，成为伊利的强劲对手。蒙牛公司创立5年后，销售额就增长200倍，6年后销售额就达200亿元，一跃成为中国成长企业百强之冠！“蒙牛现象”堪称奇迹，已成为众多企业家、学者与媒体关注的焦点。

“先建市场后建工厂”的经营理念，使蒙牛能够迅速崛起。他们在没有工厂的前提下，就敢于将广告打遍国内市场，手握订单再委托别人生产。在距离呼和浩特市36公里的国家级贫困县——和林格尔县的一片不毛之地上，蒙牛公司以最低成本兴建了第一条冰淇淋生产线，当年的销售额就达到4 000万元。2002年急速增长到21亿元，在全国乳品行业中的排名从116位飞升到第4位。2003年继续上升，仅上半年销售额就已达21.7亿元。

摩根士丹利公司和英联投资有限公司、鼎晖基金投资管理有限公司三家公司看到蒙牛公司的光明前景，在2002年向蒙牛公司投入2 600万美元资金，2003年又共同增资3 500万美元。蒙牛公司自己也有雄心壮志，2004年9月到香港成功上市股票。此时的郑俊怀如坐针毡，因为蒙牛公司拿到这笔钱后，就能够实施更加宏大的发展战略——除了建好和林基地四期工程外，还要在呼和浩特市再建一个生产基地。

也是在2002年，牛根生的蒙牛集团建成了一个全国领先的液态奶智能化生产、储存车间。于是在2003年9月，伊利集团总经理郑俊怀也将公司增发股票筹集的8.25亿元全部投入，用于扩大再生产，声称要建设中国最大的液态奶生产、储存基地。伊利和蒙牛这一对在内蒙古草原竞相开放的并蒂花，正在展开一场你追我赶、你争我夺的乳品市场大竞争。

然而在2008年发生三聚氰胺事件的时候，伊利和蒙牛却都摆脱不了嫌疑，传闻就连郑俊怀自己的孙子都不喝伊利的牛奶。[①] 这说明郑俊怀虽然在谦逊方面做得不错，但在诚信方面尚嫌不足。笔者以为，做到谦虚很难，做到诚信更加不容易，因此在《易经》六十四卦中，代表诚信的中孚卦显得比谦卦更好、更吉利，虽然中孚卦的爻辞中也有不吉利的词句。

二、经营理念总结

郑俊怀被尊称为“中国乳业教父”，在企业经营管理方面自有其过人之处。但在谦虚方面做得却不如牛根生，而且还遭遇银铛入狱的灾难。而牛根生则做到了青出于蓝却不逊色于蓝的成就，从而使得作为后来者的蒙牛集团能够和先行者——伊利集团并驾齐驱。

（一）辉煌又曲折的人生历程

郑俊怀在20世纪80年代初就下海经商，并且取得惊人业绩。当时他带领一批知青，将马圈改造成一个国营饭店，每天光是炸油条就能卖1 000多元。而当时的回民奶食品厂（即伊利集团的前身）则更像一个濒临倒闭的手工作坊，谁也不愿接手“这个烫手山芋”。年轻有为的郑俊怀却能接受组织安排，接管这家工厂，从此和伊利一起，度过了20年辛劳又光荣的辉煌岁月。

正如前文所述，那时候的郑俊怀不仅勤勤恳恳，而且有谦恭处事的态度。比如他细心了解企业现状与困难，和工人一起放弃休息时间，研发和制造新产品，以及他勤奋调研设备与产品市场情况等。

而当这家工厂成长为伊利集团，并且取得辉煌业绩之后，郑俊怀就没有做到谦卦卦辞所讲的“谦：亨，君子有终”，待人处事不再像原来那样谦虚谨慎。终于在2004年6月，伊利集团发生了“独董”风波，三位独立董事王斌、俞伯伟和郭晓川向伊利所做的国债交易提出质疑，而证监会在7月份即开始介入调查。到12月17日，郑俊怀与其他9位高管先后被检察机关带走，协助调查。随后，郑俊怀和其他4位高管被公安部门刑拘，罪名是涉嫌做假账与挪用公款。

郑俊怀入狱之后，又恢复了勤恳及谦恭的人生态度。先是做仓库管理

---

① 宋馥李．郑俊怀：忘不了乳业江湖，他回来了［N］．经济观察报，2015－01－19.

员，把之前杂乱无章的监狱仓库收拾得井然有序，而且还用了一年半时间发明了动力自给式电动阀门，获得国家专利，并因此被减刑一年四个月。其间还自告奋勇管理监狱菜园，把2亩左右的菜园地打理得整整齐齐，并且获得丰收，使监狱所需蔬菜从欠缺状态变成富余状态，结果又获得减刑一年的奖励。就此，他的刑期从6年多减为4年多，提早于2008年9月4日获释。经过监狱的几年劳动，原先的几种富贵病居然都不治而愈了。这就像谦卦九三爻辞所说，“劳谦，君子有终，吉”（勤劳又谦虚，君子保持这种美德至终，可获吉祥）。

2011年，郑俊怀被牡丹江市的红星集团食品有限公司聘为顾问。到2013年9月，被正式聘为该公司的总裁。我们期待他仍然能够以其非凡的能力与才华，为新的工作机构创造新的辉煌，同时保有勤劳又谦逊的美德，平安、吉祥地度过人生晚年。

（二）学习竞争对手的长处

郑俊怀在监狱的几年中，牛根生不仅亲自到牢中探望，而且还出钱资助郑俊怀求学于海外的一双儿女。

蒙牛和伊利的同城竞争，除了争夺人才之外，在品牌与奶源方面的竞争更为激烈。蒙牛最初的产品几乎就是伊利的复制品，两家企业都印制了关于企业文化的小册子，其中有些内容是相同的。蒙牛集团的党委办公室主任赵湘文原本是伊利的保卫科长，他说蒙牛继承了伊利的一切优秀文化。

蒙牛和伊利相比，显然是个后来者，虽然很难说是后来者居上，或者青出于蓝而胜于蓝，但起码可以说是并驾齐驱。蒙牛在短期内取得这样的成功，是与牛根生甘当小学生，谦虚学习伊利的成功经验分不开的。作为从伊利公司分离出来的创业者，蒙牛在许多方面都做得和伊利很相像。

创业伊始，牛根生就有意识地把蒙牛的产品宣传和伊利联系在一起。1999年4月1日，呼和浩特市的人们一觉醒来，发现几乎所有的大街突然都戴上了“红帽子”，大街两旁冒出一溜溜的红色灯箱广告，上面写着“蒙牛乳业，向伊利学习，创内蒙古乳业第二品牌”。在冰淇淋包装上，他们也打上“为民族工业争气，向伊利学习”的字样。初看起来这是谦虚，实质是借用伊利这块牌子来提高蒙牛的知名度。牛根生宣称，一个品牌并不是单一产品的问题，而是一个地域的问题，整个内蒙古就是一个大品牌。因此，他们在广告上频频使用“为内蒙古喝彩”“千里草原腾起伊利、兴发、蒙牛乳业”等用语。蒙牛和伊利都时刻关注着对方的增长曲线，以互相竞争来互相促进，结果是两家企业都能够在健康有序的市场环境中共同成长、迅速发展。

企业在开展广告宣传的时候，一般总是说自己比竞争对手的产品好，好在哪里之类的话。可蒙牛却不这样做，它把竞争对手的名字放在一起宣传，还谦虚地把自己放在竞争对手的后面，甚至公开宣传向竞争对手学习。这是一种经营人心的大手笔，将竞争对手乃至社会各界的人心都争取过来了。人们可能会这样想，蒙牛作为一家私营企业，都能够无私地为整个内蒙古喝彩，我们为什么不能为蒙牛的产品喝彩呢？

第十章
“至真至纯”的诚信理念

一、卦象分析

中孚卦由上巽下兑组成，巽为风、兑为泽。和风吹过时，泽水虚心接受，表示心中充满诚信，并可惠及一切。只要内心虔诚，即使身份低微，也会被神灵赐福，故吉祥。上卦巽为木舟，下卦兑为湖泽，有水上行船之象，故可乘风破浪、畅行无阻地渡过大江大河。

“中孚”就是心中有诚信的意思，因此该卦的彖辞说：“中孚，柔在内而刚得中；说而巽，孚乃化邦也。”意即：中孚卦表示胸怀诚信，就像两个柔爻居于整个卦的内部，而刚爻又居于上下两卦的中间。下卦愉悦而上卦诚信，说明可用诚信来教化整个国家。

经过30年的改革开放，我们国家已经拥有不少以诚信为本的企业、以诚信取胜的产品及品牌。比如青岛海尔电器股份有限公司、湖南泰嘉新材料科技股份有限公司、浙江大友木业有限公司、广西金雅丽珠宝有限公司等。海尔集团一直提倡的经营理念为“真诚”，泰嘉集团董事长方鸿把诚实守信当作企业的生命线，大友集团董事长王志杰的座右铭则是“诚为大，信为友”，金雅丽集团董事长陈金木在企业创办之初就定下“技术为先、品质为高、服务为真”的经营理念。

巽为草木，兑为水泽，又可引申为酒液琼浆，因此中孚卦可象征草原下的河流，亦可象征河套地区出产的美酒。笔者认为，河套酒业刚好就有一种发自内心的真诚意愿，用一颗诚信之心来酿造“至纯至真”的美酒，因而其发展历程能够很好地说明中孚卦的经营哲理。我们身处在一个风气较为浮躁的时代，而河套酒业的掌门人张庆义则沐浴在带有泥土芬芳的草原季风中，悠然自得地保持着心如止水的淡泊境界。这一切，都与中孚卦的卦象有不谋而合之处。

案例

“至纯至真”的河套美酒

南面黄河、北靠阴山的河套平原因土地肥沃，素有“塞外粮仓”之美誉。远离污染的纯天然生态环境，养育着勤劳善良的河套人民，也孕育出汇聚着大自然灵性的河套美酒，内蒙古河套酒业集团股份有限公司就是传承该地区千年酒文化的典型代表。该公司凭借诚信理念、真正的纯粮食酿造和几代人的艰苦创业，铸就了河套酒业这一“草原上不落的名牌”。“河套”商标从1955年开始使用，1964年正式注册为企业商标，2004年2月被国家工商管理总局商标局认定为“中国驰名商标”。2005年，“河套”商标入选“中国500最具价值品牌”，品牌价值被评估为7.46亿元。2006年，河套酒业顺利通过中国酒类产品等级认证，共有6个单元的浓香型白酒产品获得中国酒类产品质量等级认证标志使用权，其中4个单元产品为优级（属最高等级），2个单元产品为一级。

河套酒业集团股份有限公司正式成立后，企业更是连创佳绩。2005年6月被国家标准化管理委员会认证为“国家AAAA级标准化良好行为企业”；2006年11月被国家商务部认定为首批“中华老字号”企业之一，也是内蒙古唯一获此殊荣的企业；2006年被授予“中国酒业风向标”“内蒙古自主创新50强企业”等荣誉称号。2006年9月，年产5 000吨白酒的河套王原酒生产基地被中国酿酒工业协会白酒技术委员会授予“北方第一窖”的荣誉称号。

经过50多年的发展，河套酒业由一个规模不大的手工作坊，成长为中国食品工业百强企业、中国白酒行业十佳经济效益型企业，进入中国大企业集团之行列。总资产超过17亿元，占地面积达152万平方米，拥有员工5 500多位，其中技术人员300多位，国家级白酒评委4人，自治区级白酒评委10人。该公司是内蒙古自治区唯一一家科技先导型企业和拥有自治区级技术中心的企业，拥有国际上最先进的惠普气象色谱仪和ICS－2500离子色谱仪，在白酒研制开发、品评和理化分析等方面拥有很强的实力。由于重视科学技术的研究和运用，而且配套设施齐全，1998年河套酒业技术中心被确定为自治区级企业技术中心，公司被评为自治区级科技先导型企业。该公司不仅继承与发扬了“套酿”美酒的传统工艺，而且还添加了现代科技知识，使河套酿酒工艺达到新境界，跨越性地走到全国酿酒行业之前列。

（一）分析和解决问题

1991年4月，张庆义调至内蒙古杭锦后旗制酒厂任厂长兼党委书记。当年11月，该厂更名为内蒙古河套酒厂。1997年，河套酒厂实施股份制改革，他成为转制后的内蒙古河套酒业集团股份有限公司董事长兼党委书记。从此，河套酒业在同行中异军突起，实现了由小到大、由弱到强的飞跃，从一家名不见经传的县级国营酿酒厂成长为内蒙古自治区酿酒行业的领头雁，而且是全区20家重点大企业集团之一，各项经济指标稳居全区同行业之首。2008年，在遭受西方国家金融危机影响的情况下，公司仍然实现销售同比增长28.75%、利税同比增长53.64%、上缴税金同比增长34.95%，企业被评为“全国精神文明建设工作先进单位”。从1991年到2008年，18年间上缴国家税金超过14亿元。

上任伊始，张庆义组织力量深入调查并反复研究企业的现状，找出企业多年徘徊不前的主要症结：企业留利少，流动资金短缺，发展后劲不足；产品档次低，品种单一，缺乏市场竞争力；坐门等客的销售方式、“好酒不怕巷子深”的陈旧观念普遍存在，市场观念淡薄；计划经济体制下的管理模式已不能适应发展的需要。面对这种内部情况与外部世界滚滚而来的市场经济大潮，在挑战和机遇、困难和希望共存的时刻，他没有等待观望，而是抓住机遇、运筹帷幄，提出“搞技改、增效益、保质量、拓市场、抓管理、上等级、重科研、创名优”的24字经营方针，制定并组织实施八大名牌战略，把河套酒厂迅速推向市场经济发展的快车道。

面对国有企业吃“大锅饭”、员工积极性不高和生产效益差等现状，张庆义与领导班子成员多次研究，并多次到先进企业参观与学习后，在河套酒厂进行三项制度改革，实行全员劳动合同化管理，彻底打破干部与工人、临时工与正式工的界线。在实际工作中，他积极实施人才战略，挖掘与培养人才，大胆地选用一批年富力强、有文化、有经验、有能力的人到重要岗位担任领导职务，对关键部门的职位“公开考核，择优录用”，对一般工人实行优化组合、竞争上岗，充分发挥了企业员工的积极性，也增强了企业内部的凝聚力和向心力。

（二）提升产品质量的三个发展阶段

1. 初创阶段的质量终检制度

张庆义刚到河套酒厂的几年间，主要通过产品出厂前的100%

检验来控制产品质量。该厂将质量作为撬动市场的支柱、参与竞争的法宝，大力实施“质量兴企工程”，特别重视强化员工以质量为本的意识，让他们自觉地把这种意识应用到整个生产过程的每个环节。在产品出车间前都要经过严格的质量检验，进入仓库时还要经过以总工程师为首的质量评审小组的抽检，若抽检不合格，就不准转入销售环节。当质量要求与其他条件发生矛盾时，以质量为主的做法不能变；当发生质量问题时，原因不查清、责任人不处理、改进措施不落实就决不放过。

这种检验制度就称为质量终检制度，它使河套酒业在一定程度上提高了产品质量，但也暴露出新的问题。经过一段时间的实践，河套人认识到：好质量的产品并不是靠检验检出来的。于是乎，他们又开始进行新的尝试。

2. 逐渐成熟的全面质量管理

河套酒厂从1994年开始，借鉴先进企业的管理思想和方法，结合自身实际推行全面质量管理。按照ISO 9002质量标准体系，成立以企业“一把手”为组长的质量管理委员会，明确每位委员的质量责任，建立和健全公司、车间与班组的质量管理网络，配备150多名专职、兼职质检人员，形成材料进厂到成品出厂的“一条龙”检测系统。在整个生产过程中，设立五道关口、八个关键部位及二十个重要质量管理点，每个关口的质检员均拥有一票否决权。没有他们的签字，决不能进入下一道工序。整个企业实行生产现场定置管理，规范生产流程，制定以质量标准为龙头、技术标准为主体、管理标准为基础的24类258项企业标准体系，从而保证企业管理的规范化与科学化，保证质量管理体系的完善和落实。

河套酒业在质量管理过程中，在挖掘传统酿造工艺的基础上，摸索并形成具有河套特色的白酒生产工艺，主导产品“河套王”“河套老窖”也形成淡雅型的典型风格，成为北方浓香型酒之典范。通过几年的全面质量管理，河套系列酒的产品质量稳定提高，品牌知名度和美誉度也不断上升，逐步走出内蒙古，走向全国。

3. 以创名牌为目标的质量提升

随着市场经济的发展，企业竞争正从过去的以价格竞争为主转向品种和价格、质量和信誉、企业形象与服务水平等综合素质的竞争，进而发展为品牌之间的竞争。在市场竞争上，谁拥有名牌，谁就拥有市场主动权。基于对这种品牌效应的认识，河套酒业提出“学名优、赶名优，敢与名优争高下”的口号，把创名牌产品当作企业质量工作的最高目标。

首先，在以创名牌为目标的质量管理工作中，河套酒业首先确定以市场为导向的品牌战略，建立“以品牌为中心，以市场为依托，以广告策划、市场服务为支持”的品牌管理制度，新产品开发从提出理念到研究设计、制造包装、广告宣传与营销策划等环节都要服从统一的品牌管理。其次，深入实施以现代科技为后盾的研究开发战略。为了使河套系列酒不断向“优质、营养、保健、净化”的方向发展，企业先后投入5亿多元的技改资金，进行大规模的技改扩建及配套设施建设；不断加强基础研究工作，大胆购买先进设备，加大科技投入与研发力度；先后设立技术中心、酒体设计中心、酿酒部及品牌研发等部门，注重酒体和品牌的研究开发，几年内就有科研成果不断推出。以技术中心为例，其主要任务是执行工艺研究、新产品开发、产品品质的理化检测等技术创新工作。再次，河套酒业很重视国内同行间的技术交流，主动与各大专科院校及科研机构、白酒名优厂家开展横向联合；先后成功举办“河套王酒”全国专家鉴定会，借助“外脑”解决了许多技术难题；通过开展横向联合，摸索出一条“引进、消化、吸收、改革、发展、创新”的路子，使企业的技术水平与产品质量都不断提高。

（三）“北方第一窖”南下闯广东

多年来，河套酒业在内蒙古高端酒市场稳坐第一。近年来，该公司的市场发展战略为：第一步立足“大内蒙”，争取每年继续增长50%，达到占领内蒙古酒业市场的1/3，销售额大约为10亿元的目标；第二步向京津冀、陕甘宁拓展，同时关注华南地区尤其沿海经济发达地区，特别是广东这样的“酒家必争之地”。

河套酒业将每年销售收入的10%用于技术改造，悠久的文化传统、不断的科技创新使之能够为南粤大地供应品质高的河套美酒。因此，河套酒业集团总经理王永强对到广东开疆拓土信心十足。他在2007年8月向记者介绍说：“我们今年下半年已经开始在东莞、广州等地铺市，选择的都是42度、45度淡雅浓香型白酒产品，定价都在100元上下。”①

1. 注重历史文化，打造草原概念

“多年来，河套酒业积极弘扬草原文化和黄河文化，而草原概

① 吕俊岐. 河套酒业挥师南粤 中端酒市吹来“草原风”[EB/OL]. (2007-09-10). http://www.cnwinenews.com/html/200709/10/20070910093531.htm.

念更将成为我们独特的优势。”王永强表示：“广东省消费者对内蒙古的认识是遥远神秘、淳朴自然、雄浑辽阔，我们将把这个打造成一个概念，在广东大力推广。”①

据河套酒业集团销售有限公司总经理张卫东透露，尽管河套酒业产品的花色品种已经十分丰富，但还是针对广东市场的消费特点，专门研发了三款适应于广东消费者口味的产品，包括两款淡雅的浓香型白酒和一款草原秘酿——采用现代高科技酿制的真正的发酵奶酒。

传统的奶酒是牧民们把牛奶装在皮囊内，以外力反复踢打，使牛奶发酵而成的。2003 年，河套酒业充分发挥其生产、科技优势，在国内首创真正意义上的发酵奶酒，并已申请专利。这种奶酒极大地保留了牛奶中的营养成分，富含人体所需的 18 种氨基酸、多种维生素、钙和锌等元素，是一种营养丰富、有机低度的健康饮品。

2. 强化终端渠道，争做领军品牌

2008 年上半年，河套酒业已在广东开设分公司。同时还通过合股的方式和本地经销商结盟，成立广州河套酒业销售有限责任公司，积极铺设河套酒销售渠道网络。河套酒业南下广东的目标非常明确，就是瞄准中端白酒市场，强化酒楼餐饮等终端渠道，努力争取成为该市场的领军品牌。但也有专家认为，河套酒业的杀入虽然为广大消费者带来了口福和实惠，但广东中端白酒市场的竞争无疑会变得更加激烈。

二、经营理念总结

为河套酒业掌舵十多年的张庆义，曾经深有感触地对《华夏酒报》的记者说：“好多人问我河套酒业创造一系列佳绩的秘诀是什么，我告诉他们答案只有一个，那就是多年来河套酒业始终坚持诚信为本、以质取胜的发展战略，科学实施、严格落实，从而有力打造和积极提升了企业的核心竞争力。”②

---

① 吕俊岐. 河套酒业挥师南粤　中端酒市吹来“草原风”［EB/OL］. 2007 - 09 - 10. http://www.cnwinenews.com/html/200709/10/20070910093531.htm.

② 韩东坡. 河套酒业：诚信为本　以质取胜［EB/OL］.（2009 - 03 - 18）. http://www.cnwinenews.com/html/200903/18/20090318091903.htm.

（一）诚信为本

20 世纪 90 年代初，张庆义到河套酒业走马上任。他进一步完善以诚实守信为核心的企业价值观，持续而全面地展开诚信理念宣传、教育和培训活动，不断增强员工的诚信观念。多年来，河套酒业将“诚实、理解、自信”的理念贯彻到企业各项经营活动中，引导员工对社会、消费者讲诚信，并在企业文化手册中明确规定，把诚信经商、优质服务等列为员工的行为规范。河套酒业始终秉承“至纯至真”的经营理念与产品承诺，和供应商、经销商真诚合资，为消费者热忱服务，还自觉承担各种社会义务，积极参与社会公益事业。近年来，河套酒业捐助善款已达到 2 000 多万元。

1. **以高品质取信于消费者**

对于食品生产企业来说，给消费者最直接感受的当是产品的质量水平，包括产品的口味及稳定性、安全性能、包装水平与文化内涵。因此如前文所述，河套酒业在企业内部强力推行全面质量管理，完善了质量思想、质量目标、质量组织、生产现场和质量检验等保证体系。

正如中孚卦的九五爻辞所说，“有孚挛如，无咎”（心中有诚信又携手团结起来，自然没有害处）。胸怀诚信能牵系天下人之心，当然就能够成就一番正当的事业。张庆义告诉记者，河套酒业将一如既往地秉承“超越自我，追求完美”的企业精神和追求“至纯至真”的企业理念，提高河套品牌的含金量，提升企业的核心竞争力。

2009 年，河套酒业适时调整发展战略，科学制定 3 年规划。面对外部激烈的市场竞争，加大品牌建设力度，全力进行市场拓展。在企业内部则进一步提升精确化管理水平，实现高效运行，加大技术改造力度，提高机械化水平，积极推进“河套”由区域强势品牌向全国性的著名品牌发展。

2. **不以规矩，不成方圆**

企业需要诚信，这是企业生存的根本要素之一；企业更需要规矩，因为这是企业打造诚信的基础。因此，企业要坚守诚信，就必须守规矩。或许规矩存在这样或那样的问题，这些都不重要，关键是要保持一致的做法。就目前中国企业的现状，这种不好习惯的改变应该重点考虑以下两个方面的问题。

人自身的问题：人是规矩的遵从者和维持者，也是规矩对象的主体，所谓改变这种习惯，其根本就是削弱企业内部人的“特权”。规矩面前人人平等，如果企业内部没有办法削弱人的特权，规矩就无从谈起，企业诚信也就危在旦夕。

规矩自身的问题：规矩是约束企业内部员工行为的，所以其科学性和可执行性是必须要考虑的，过高或过低建立规矩，随着不同人的理解不同这种规矩也会失去其原始意义。所以建立规矩时，企业也应该考虑到企业的现实资源和状态，盲目的承诺和约束只能坑害企业。

1997年，企业股份制改造风起云涌，张庆义看到了新机制潜在的活力与能量，积极申请企业改组转制。后经自治区政府批准，河套酒厂转制为股份有限公司。实践证明，股份制不仅吸纳了企业发展所需的资金，而且通过内部改革调动了员工的积极性，调整了经营结构，使河套酒业如虎添翼，取得了良好的效益，达到了预期的目的。配合股份制改造，张庆义在企业内部调整上又采取了几项大举措：一是规范了公司内部运行机制，将原来的18个科室缩减为6部1公司，并且定编、定岗、定员，精减了人员；二是完善了各项规章制度，建立健全激励机制，实行岗位技能工资制和计件工资制，将工资与效益和生产挂钩，使工资向科研技术人员，关键、特殊岗位和苦、脏、累、险岗位倾斜；三是实行定置管理，改善办公场所和生产现场的环境，提高了工作效率；四是实行中层干部聘任制并实行年考末尾淘汰制，使大家同舟共济，奋力向上。

（二）“三本”管理模式

河套酒业集团不断推进和完善企业内部管理，并使之落到实处，形成一个相对科学高效的管理体系，公司“以人为本、目标成本、质量为本”的“三本”管理模式，曾被原内蒙古巴彦淖尔盟（现巴彦淖尔市）的盟委、行署作为典型经验，在全盟工业企业中推广，并获得自治区企业管理创新奖。同时，公司还积极引入先进的现代化管理手段，在生产车间推行定置管理，引入海尔OEC（全方位优化管理）管理模式，大量添置电脑设备，引入ERP（企业资源规划）资源计划管理系统，OA（办公自动化）协同办公管理平台，促使企业的管理水平不断提升。

“三本”管理模式由张庆义在2000年提出。所谓以人为本，就是在企业内部营造一种尊敬人、信任人、关心人、理解人的文化氛围，深入推行“以员工为主体，以企业精神和企业价值为核心，以企业物质利益为基础和民主管理、各种围绕人的管理制度”为保证的“人本管理”；目标成本的实质则是解决产品的市场竞争能力问题，努力降低产品成本，推行目标成本，把构成产品成本的各项指标层层分解，落实到各个部门、车间、生产班组直到个人身上；为保证产品的活力和竞争力，制定名牌战略，实施“质量兴企”“质量兴市”工程战略，把“质量第一、用户至上”的质量为本思想始终贯穿于企业生产经营的全过程。

（三）超越自我的营销手段

河套酒业集团公司以市场营销为导向，以超越自我、追求完美为企业精神理念，用至纯至真的产品和服务来塑造企业的信誉和形象。集团公司非常重视各种媒体的宣传效应，在中央电视台和上海、天津、陕西等地方电视台播出大量的产品广告，在《人民日报》《经济日报》等报纸杂志上刊登大量的宣传文章，在某些大城市的重要位置做醒目的户外广告，在公交车与火车等流动性强的媒介上做大量的形象宣传。内蒙古酒文化源远流长，自治区出土的文物中，有三分之一和酒相关。河套地区早在汉朝就流行酿酒，河套酒业选择“黄河文化”与“草原文化”几千年交融而产生的“河套文明”作为河套品牌的重要载体，以“千年河套，烧酒之原”作为企业的品牌传播核心理念，全面展开市场和品牌的双重推广活动。今天，“河套”品牌已经成为全国性品牌。

2002 年，河套酒业建立内蒙古酒文化博物馆，成为全区首家企业博物馆，也是首家专业博物馆。此举引起各类媒体的广泛关注及社会各界的一致好评，企业被评为国家 AAA 级旅游区和工业旅游示范景区，成为内蒙古酒文化的展示基地和本地区重要的旅游景点。

根据纵向一体化、横向一体化的经营战略，河套酒业实施“品牌工程”“营销工程”“并购工程”与“联盟工程”，实现强基固本和白酒主业的新突破。以资本运营和产品经营相结合，以组织建设为保障，以人为本来夯实企业文化，健全与完善激励制度和约束机制，加大考评与监控力度，充分调动全体员工的创业、创新及创名牌的积极性，坚持全面、协调与持续地发展。

（四）营造诚信环境

中孚卦的初九爻辞说，“虞吉，有它不燕”（安守诚信可获吉祥，别有他求将不得安宁）。可惜许多企业在思想意识、经营管理中并没做到自觉遵守诚信。在现阶段的中国，遵守诚信的企业往往会受损害，而不守诚信的企业却往往能够得逞于一时。

诚信理念乃市场经济建立和发展的重要基石，信用制度也是现代产业、现代社会赖以健康运作和快速发展的重要保障。而在我们的现实生活中，诚信缺失已经成为一个不可忽视的重大问题。实际上，中国自古以来就是很重视真诚守信的，我们的先人早就有过许多精辟的论述，也曾经有过许多成功经验。中孚卦的卦辞说：“中孚，豚鱼吉，利涉大川，利贞。”翻译成现代文就是：心中充满诚信，感及豚鱼等微小之物，则元不至，利于渡过大江大河，利于坚持正道。

所以说，如果营造充满诚信的经济环境，就能够使企业经营取得成功，使改革开放事业获取更大的成效，使社会主义现代化建设获得更大的成就。我们一定要大力兴建与完善诚信工程，大力打造诚信政府、诚信企业、诚信国民与诚信营商文化，从而吸引世界各地更多客商与我们做生意，到中国来投资、经商、旅游甚至定居。

《草原之夜》的歌词唱道："等到草原上送来春风，柯克达拉改变了模样，姑娘就会来伴我的琴声。"巽卦既可象征草又可象征风，兑卦象征少女即姑娘，因此，上述歌词刚好能够从一个侧面描绘了中孚卦的卦象。我们如果将自己的企业都打造成重视诚信、富有生命力的经济实体，世界各国就会有更多"姑娘"来伴我们的"琴声"。

下编
城市个案分析

第一章
义乌人的"蜜蜂精神"

一、卦象分析

在《周易》中，乾坤二卦之后依次为屯卦、蒙卦、需卦。屯卦象征事物的萌芽时期，比喻婴儿年代；蒙卦象征事物的蒙昧时期，比喻儿童年代；需卦则象征事物的生长时期，比喻少年时代。蒙卦象征启蒙，需卦则象征等待。

刚接受启蒙之后，仍然处在发育和成长期，力量比较弱小，还不能急于前进，所以蒙卦之后就是等待成长壮大的需卦。需卦的上卦为坎、下卦为乾，坎为水、乾为天，既然天上有水，一旦时机成熟就可下降为雨，故而需要耐心等待。或者也可以这样解释：坎为艰难险阻，乾为阳刚，刚强有力者面对困难时只要有信心，坚持正道且耐心等待，终将能够化险为夷。

西汉末年的蔡顺曾占得此卦，身处王莽乱政时期而不妄动，一心尽孝而全力侍奉母亲。后来时机来到，赤眉军为其孝心所感动，赠其财物以表敬意。此事说明需卦的基本道理，虽然面临艰难险阻，但由于刚强健壮而不陷入困境，加上心中充满诚信、光明磊落而使前途畅通，守持正道、一往无前终将获得成功。

要想干一番自己的事业，总不免要与人打交道，与各种事情发生联系。因此要心胸坦荡，懂得择善而从，必要时还要联合他人，共同前进。但联合他人仍要坚持原则——志同道合者接纳为友，可携手共进；志不同道不合则宽大为怀，互不干涉。专心干好自己的事情，切不可让外来因素扰乱自己的心境和计划。只要胸怀诚信且光明坦荡，前方必为一片坦途，时机一到必能大获成功。

需卦的象辞说，"云上于天，需，君子以饮食宴乐"（云雾上升而汇集在天空中，需要待时而降为雨；君子也需要等待有利时机，方可饮宴作乐）。所以克服困难的最好办法，就是直面困难，既要有信心、有毅力，还要善于等待，在等待中积聚力量，把握解决困难的良机。在事业发展初期，人们往往会急于求成，冒进贪功，恨不能一蹴而就，然而这样做的结果往往会导致失败。唯有步步为营、稳扎稳打，等待有利时机出击，那样才能取得胜利。

在这里，我们不妨将浙江义乌商人作为范例，了解需卦原理对于现代商人的启发作用。刚开始的时候，义乌商人挑着货郎担到处行走，如同需卦初九爻所说“需于郊，利用恒，无咎”，等待时机并且保持一颗恒心，但不朝危险艰难的方向前行，因此不会受到伤害。在新中国成立后又如同九二爻辞所说的“需于沙，小有言”，说明心中从容不迫，虽然略受言语中伤，但坚持等待终获吉祥。到了“文化大革命”时期，就是九三爻辞所说的“需于泥，致寇至”了，说明危险及灾祸还在外部，此时如果冒险前行就会招致强寇，要恭敬谨慎才能避免失败。可迫于生活需要，仍有不少人铤而走险，因此招致被抓捕批判等灾难。经过这样一段如六四爻辞说的“需于血，出自穴”，冷静听从客观形势安排的时期后，义乌商人终于迎来了改革开放的好年代，在守持中正之道、努力拼搏之后，终于获得吉祥与美酒佳肴。如今的义乌像需卦的上六爻辞所说的“有不速之客三人来；敬之，终吉”，每天都在接待来自全国、全世界的客人，恭敬地迎接和招待他们，终于获得吉祥。

案 例

义乌人的“蜜蜂精神”

在古代，“需”字表示等待；在现代，“需”字则表示需要、需求。聪明的义乌商人根据自己的生存需要及所拥有的能力和资源，想方设法地满足人们的各种生活需求，终于用小商品取得巨大的成功，谱写了一段举世闻名的当代商业传奇。

(一) 糖换鸡毛的“蚂蚁商人”

如今网络上有“蚁族”的称呼，可在很早的时候，走南闯北、走街串巷的义乌货郎就有“蚂蚁商人”的称号，表示他们富有刻苦耐劳的拼搏精神、点滴积累的节俭精神。

1. 糖换鸡毛的节俭精神

于浙江中部这块土地上，义乌既不靠海又不靠江，且地少人多，农田不够耕种，如果单纯依靠自然资源，发展潜力和空间很有限，因此义乌人只好依靠辛勤的人力劳动、聪明的经商头脑来发展经济，自清代时就开始外出经商。即使在20世纪六七十年代，义乌人也冒着政治风险，肩挑货郎担，手摇拨浪鼓，干着到处糖换鸡毛的营生，以改善生产条件和生活水平。在那些日子里，义乌人真可谓历经坎坷，不畏艰难险阻。

2. 从货郎担到自由市场

早在1979年，曾经挑着货担、以糖换鸡毛为生的农民就开始在县前街设摊经营小百货，并呈现出良好的发展势头。1982年，义乌人又兴建了一个马路市场。18年过去后，当年简陋的市场已发展成为全国第一大市场——中国小商品城。凭借这一市场，义乌城的商贸繁荣，工业发展迅速，经济欣欣向荣。原先的故土已经被淹没，城市的繁荣成为新风景。这一时期的义乌人，又可谓是勇立潮头。义乌的小商品市场，也逐渐从地方市场发展成为全国市场。

3. 开拓经营空间

1989年后，义乌小商品市场一度遭受质疑。然而邓小平同志的南方谈话发表后，义乌很快由国家工商总局命名为“中国小商品城”，开始进入新的、更为快速的发展阶段。后来，商务部又主持编制“义乌·中国小商品指数”，并向全世界定期发布，成为全球小商品生产及贸易活动的风向标。

如今的义乌，俨然是一座流动的城市。这里大道通衢、客商云集，每天客流量高达20万人次，商品通达全国200多个城市，而且出口到世界五大洲的120多个国家和地区。如果把小商品城的摊位连接起来，首尾可长达30多千米；如果把历年驶出小商品城的货运卡车排成队，则该队伍的长度可绕地球一圈还有余。

（二）城与市的有机结合

义乌人靠着节约点滴成本、将小利润汇聚成大财富的经营思想，把义乌从一个地方性集贸市场，变成全国最大的小商品批发市场，进而发展成为世界最大的小商品批发市场。今天，整个义乌城已经形成“小城市，大市场；小商品，大产业；小企业，大集群；小产权，大经营”的经济发展格局。义乌的城区和市场已经完全融合在一起，城区就是市场，市场就是城区。因此有人说：义乌是一座建立在市场上的新城市。①

从1982年在全国率先创办小商品市场以来，经过五易其址、十次扩建，义乌已形成以中国小商品城为核心，11个专业市场、14条专业街共同支撑，与劳动力、产权和物流信息等要素相配套的市场体系。11个专业市场包括家具市场、木材市场、物资市场、通信市场、家电市场、农贸城与装饰城、汽车城与二手车交易市场、

① 出自中央电视台第4频道《走遍中国》栏目2009年“小城大市——义乌传奇”一期。

房地产交易市场及出版物交易中心等。目前，整个义乌市场拥有营业面积400多万平方米，经营商位6万多个，汇集了28个大类、9 000余个子类、170余万种商品。日用消费品几乎应有尽有，年交易额高达数百亿元。义乌不但垄断了全国的小商品批发市场，而且吸引来自50多个国家的1万多名外商常驻此地。这里汇聚着1.8万余种商标（其中有800多种驰名、著名商标），6 000余家总代理、总经销的商业机构。

早在20世纪80年代，距离上海市300多千米的义乌就开始主动与上海接轨，提前融入"长三角"经济圈。随着上海中心增长极效应的深入发挥，长江三角洲地区各大城市间的深度融合已驶上了快车道。义乌市主动接受上海产业转移和经济辐射，利用长江三角洲地区的产业优势，借助与市场密切关联的小商品，从面向国内的专业市场走向国际贸易中心，为实现全球最大超市的构想铺平了道路。

（三）地球上最大的超市

近年来，义乌市场凸现出一种鲜明的特征，那就是智能化及现代化。义乌市场早就不仅是义乌人的市场，而且是全国乃至全世界的市场。经营空间的高速拓展，要求经营业态也实现高度的智能化，因而义乌市场已不再是传统交易方式下的农村集贸市场，而是集产品展示、批发代理、厂家直销和电子商务于一体的新型流通模式下，具有现代化水平的小商品展示中心与国际贸易中心。

无论是基础设施等硬件建设，还是配套服务、市场管理等软件建设，义乌市场都体现出独特的时代特征。在硬件方面，规划建立面积为32.4平方千米的国际商贸城，成为经营面积为120多万平方米、拥有2.3万余个商位的超大型市场，这是一个名副其实的国际购物天堂、全球最大超市。在软件方面，海关与金融、物流与餐饮等设施日益和国际接轨，服务水平与运营质量不断提高，并投资1 000多万元建成中国小商品数字城，配备了智能化管理设备，使整个市场实现宾馆式、星级化的现代管理模式。

高瞻远瞩的义乌市委、市政府充分发挥长袖善舞的本领，积极推进市场交易方式创新。比如大力发展电子商务，以网上展示、在线洽谈、电话下单为主要特征的现代经营业态逐步取代传统交易方式；积极培育外贸主体，实行"异地报关、口岸放行"的"一站式"大通关，促进市场由国内贸易为主提升为国际、国内贸易并重的发展格局。一系列卓有成效的举措，有力地推动着义乌商贸业在持续繁荣的基础上不断前进。

经过多年建设，义乌已拥有设施齐全的国际物流中心及5个专业货运市场，开通了250多个大中城市货运业务、5条铁路行包快运专列及20多条航线。国内外货运经营单位600多家，以及全球20强海运集团中的15家都到义乌设立了办事处。中国小商品城的成交额连续20年高居全国各大专业市场之榜首，义乌的国际知名度及美誉度越来越高。

（四）中国义乌小商品指数

当众多城市还在国内打拼的时候，义乌已先行一步，率先踏进国际市场，大胆参与全球经济竞争。目前，义乌市场年出口标箱50多万个，出口215个国家和地区；经批准在义乌兴办的境外企业办事处2 300多家，境外客商在义乌银行开设账户9 000多个。联合国难民署、中国外交部礼品采购处、家乐福亚洲总部都在义乌设立采购中心，欧美发达国家已成为义乌商品的重要出口市场。

2003年尽管受“非典”影响，义乌小商品依然出口到188个国家和地区，全年到义乌的外商接近5万人次。即使在“非典”期间，仍有50多个国家和地区的1 900多名外商驻在义乌。10月举办的2003年中国义乌国际小商品博览会，吸引了来自126个国家和地区的10 212名外商，成为义乌市有史以来规模最大、外商最多且成效最好的一届博览会，得到商务部等部委的高度肯定。2003年，义乌市的市场成交额高达287.3亿元，中国小商品城的成交额为248.3亿元，分别比2002年增长8.4%和8%。

2005年，联合国与世界银行、摩根士丹利等权威机构联合发布一份中国发展报告，称义乌为“全球最大的小商品批发市场”。在国内，义乌市场还被授予全国唯一的“重质量，守信用”市场、“守合同，重信用”市场和“信用示范”市场等称号。

2008年爆发了世界金融危机，义乌市场面对种种困难，仍旧实现了平稳发展。全年市场成交额高达492.3亿元，年增长6.83%，中国小商品城的成交额为381.81亿元，年增长9.6%。在中国小商品城逆势增长的带动下，全市其他各类市场也非常活跃，成交额达到亿元以上的市场有13个，成交额达到10亿元以上的市场有5个。截至2008年年底，义乌市场成交额已连续18年位居全国各大专业市场之榜首。

在义乌，每年要举办40多场专业展会，每周向全球发布“中国义乌小商品指数”。这是全世界首个日用消费品批发指数，其发布进一步提升了义乌小商品对全球市场的影响力，增强了中国小商品对全球定价行情的话语权，必将会成为世界贸易体系中一个鲜明的文化坐标。

二、发展理念总结

（一）蜜蜂的集体主义精神

在重要的传统节日中，义乌人会展示一种传统的欢庆活动——板凳龙。板凳龙的每一块板凳属于个人，整条龙却是属于集体的。据此传统习俗，义乌的每一个商铺属于个人，而整个市场却是属于集体的。蜜蜂是一种群居动物，一个蜂巢中到底有多少只蜜蜂，谁也数不过来，但每只蜜蜂所采集的花粉、酿制的花蜜都是属于整个蜂群的。作为个体的义乌商人，其资产没有一个能跻身于全省、全国前列，但如果把他们看成一个群体，其富有是会使人瞠目结舌的。经济学家厉以宁教授到义乌开展实地考察后，深有感触地挥笔写下“沉沙无意却成洲”这一题词，说的正是积沙成塔、集腋成裘这个道理。

在“十五”时期，义乌全市的地区生产总值（GDP）年均增长15.3%。到2005年，全市GDP已高达300亿元，财政总收入达35亿元，人均GDP超过5 400美元。但是从另一方面看，没有一个义乌人入选各类全国富人排行榜的前400强，而邻近的东阳却有多名富翁名列其中。这说明作为当代浙江商人的一个成功分支，义乌商人的富有是一大群人的富有，而不是少数几个人的富有。

从政府的角度来看，其主要工作就是搞好市场、产业的发展规划，即把养蜂的箱子做好。至于蜜蜂如何采蜜、到哪里去采蜜，则不用政府去操心。这正是“小政府、大社会”的一种体现。前义乌市长毛光烈提出“养蜂战略”，把义乌的小商品市场比作一个蜂巢，在其中的经营者就是蜜蜂，政府则是做这个蜂巢的人。曾经有一段时期，义乌城市这个大蜂巢跟不上市场的迅猛发展。毛光烈想到，政府拥有大量土地的所有权，却只有投入而没有产出。于是在1991年，义乌成为除深圳特区之外第一个敲槌拍卖国有土地的城市，土地的有偿拍卖换来大量资金，为市场发展和城市配套建设提供了有力的、源源不断的支持。蜂巢做大之后，市场更加繁荣，由此带动土地的更大升值，形成一个良性循环的循环经济。

（二）实践“和变”理念之典范

所谓“和变”理念，就是通过和谐与变化的经营手段，使城市发展取得“核变”效应的思想观念。义乌商人向蜜蜂学习，通过“和变”经营手段，使自己的企业和城市不断发展壮大。

蜜蜂的一大优点是顺应自然规律，与大自然和谐相处。蜜蜂在取得劳动成果的同时，为农作物传授花粉，使之果实结得更多且更好，下一代繁殖更健康。它们在填饱自己肚皮的同时，能够和其他生物和平相处，不侵犯和损害其他生物，不干扰大自然的生态平衡，这是其他动物都很难办到的。人类在取得财富的同时，也应像蜜蜂那样保护好生存环境，和他人、其他生物及大自然和谐相处，否则后果将不堪设想。

蜜蜂的另一优点是辛勤劳作，并且懂得适时应变。养过蜜蜂的人都知道，蜜蜂产品是蜜蜂经过辛苦劳动得来的，我们在取得蜜蜂产品的同时，也要从它们身上得到启发，使我们的人类社会更进步、更文明。

蜜蜂群在强盛之后，会积累较多的蜂产品，蜂体内过多的养分能促使蜂群产生分蜂热。这时候，老蜂王会领着部分子民离开原有的族群，去开辟一片新天地。这种分蜂模式既能避免内部的纷争与战乱，又能促使整个种群进一步繁殖、衍生与发展。

人类在积累大量财富之后，也应当向蜜蜂学习，采取对外投资模式，兴办跨国企业，避免国内生产过剩的负面影响。

第二章
拍卖换来的新城市

一、卦象分析

小畜卦由上巽下乾所组成，巽为风、为柔顺，乾为天、为刚健。天空中有风，表示云雨将至，故应早做准备。在刚健的基础上柔顺，刚柔结合方能取得成功。此卦只有一个阴爻并且居中（处在第四爻的位置），但仍以扶助阳气为根本归宿。此卦告诉我们在不利的局势下，应懂得未雨绸缪、积蓄力量，既要懂得自蓄，又要懂得蓄人，通过蓄人而达到自蓄。同时告诫我们，凡事必须适可而止，不可贪得无厌，积蓄不必过度丰盛，因为过于丰满反而会溢出，过于自贪反而会遭遇凶险。

小畜卦象征小有积蓄，故亨通。“密云不雨，自我西郊”，浓云密布却不降雨，从城西郊外飘过来，这说明正处于为普降甘霖而积蓄力量的酝酿阶段。整个卦只有六四为阴爻，一阴蓄养五阳导致力有不逮，因此在前进过程中，有时候不得不稍作停顿，故而用“密云不雨”来做比喻。一般认为东面属阳、西面属阴，浓云自属阴的西面飘来，却还不能转化成雨而降下，象征阴的力量尚不足以施展抱负。因此在事业发展进程中，即便是正义的事业，有时也难免要稍事停顿，积聚足够的力量方能继续前进。

小畜卦由柔顺者居于中位，而上下阳刚者与之呼应，故称“小有积蓄”。强健者而又柔顺，阳刚者居中而志向可以施行，所以亨通。浓云密布却不降雨，因为阳气还在往上升（阴气还未完全集聚成型）；从城西郊外飘过来，说明阴阳交合之功正在施行，还未能顺畅行雨。

小畜的卦象是和风飘行天上，象征小有积蓄。君子仿此原理，应努力修饰文章、提高道德水准，等待有利时机而蓬勃发展。

小畜卦象征创业之初，力量不足、积蓄有限，即使有很好的外部环境，也还力不从心，难以有所作为，因此在事业上会出现暂时的困难与停顿。然而只要坚持正确的目标，与志同道合者一起努力积蓄力量，克服这些暂时的困难，最终还是能够亨通，使事业获得良好进展。人生道路不可能一帆风顺，在人生旅途中从不遭受大挫折的只能是极少数人。对于大多数人来说，无论干何种事业，都需要付出艰辛的努力，方可获得成功。我们必须以诚信赢得别人的信任和帮助，懂得自助助人的道理，条件许可时应抓紧机会及时前进而不可坐以待毙。

案例

密云县的资本经营

（一）转让自来水公司

北京市密云县（现为密云区）的自来水公司成立于1976年，20多年来虽有较大发展，但与同行业的其他机构尤其是北京市自来水集团相比，显示出经营范围单一、管理手段僵化、科技含量低等弊病。因此在2002年，密云县委、县政府把该公司转让给北京市自来水集团。此举为密云县城市建设注入了6 000万元的资金，这些资金全部用于城市基础设施建设，包括14条城市道路、10个大公园、20多项明亮工程与12项雕塑工程等。

收购后，北京市自来水集团将密云自来水公司当作一个子公司，按现代企业标准对设备进行更新改造，并且引入先进的管理手段和经营机制，为企业注入新的活力和生机。原有职工不仅没有一个人下岗，反而新增加就业人员50名，并且提高了工资福利待遇。企业2002年实现收入1 430.16万元，比2001年增加16.4%，为县财政创造200多万元的税收，为密云县增添了新的经济增长点。

（二）拍卖办公楼

2001年，密云县没有花财政一分钱，却能够投入100亿元搞城市建设，使密云的城市面貌日新月异。县委、县政府利用经营城市筹到的资金，改造了县机关大院，县委、县政府大楼也成为本县的标志性建筑。县政府将统计、规划等职能部门都迁入机关大院中一起办公，促进了部门间的协调配合，工作效率大大提高。

（三）拍卖冠名权

密云县的全民体育健身公园是密云建设标准最高、规模最大的体育健身公园。公园内除绿化及美化之外，还建有篮球场、高尔夫球场和门球场，并且安装了200多套体育健身器材。按规划要求，应在公园内白河桥两岸分别建一个六角亭。县政府征集这两个六角亭的冠名权，谁出资建设就以谁的名字命名。此举不仅让企业和先进个人得到较好宣传，而且吸引来400万元建设资金，成为密云县经营城市的又一种有益探索。

获得六角亭建设任务的人，是密云县的知名企业家杨景林。他先请设计人员按规划要求进行设计，又派出自己的建筑队伍，只用了3个月的时间就完成了全部工程。这两个六角亭总造价150万元，分别命名为杨林亭、景林亭。接着，杨景林又无偿修建了密云图书馆的两个六角亭、宾阳公园的一座八角亭与滨河公园的一座八角亭，并主动修复图书馆前面的文庙和密虹公园的密虹亭，累计投入资金250万元。这些亭台也都根据杨景林的意愿分别取名。

（四）拍卖新年撞钟权

2001年上半年，县政府投资300多万元对钟楼进行复建。钟楼内悬挂一口铜钟，名为“密云世纪钟”，此钟造型古朴沉稳，钟声醇厚凝重且圆润有加。

2002年元旦，县政府和旅游局举办登楼与鸣钟、看坛与祈福等庆祝活动。在此活动中，以拍卖零点撞钟权的方式，向全社会筹集城市建设资金。经过激烈竞争，密云县著名的民营企业家张士全以100万元的价格买到零点撞钟权，并在活动前一夜就把全额款项交到县财政局。此项活动引起强烈反响，当日虽然天气寒冷，可在零点撞钟时分，鼓楼前仍聚集了3 000多名群众，争先观看这一罕见的历史场面。

二、发展理念总结

拍卖有形资产（如办公楼）自然不稀奇，拍卖无形资产（如冠名权）也不算稀奇，可是连新年撞钟权也能够拿来拍卖，这就真叫作别出心裁了。此举能取得成功，不能不说是北京市密云县出奇制胜的招数。

正如上编所述，经济要素的有效运动及充分利用，能够极大地推动及加快城市发展进程。而在本章中，关于资本要素的有效运动及充分利用，人们最熟知的一个是银行贷款，另外一个就是股票市场。银行贷款被称作间接投资，间接投资还包括债券市场等形式和手段。股票市场被称作直接投资，本章所介绍的拍卖方式，称得上是密云县的一种创新，应该也能算作直接投资的一种形式和手段。

关于拍卖的标的物，既可以是有形资产，也可以是无形资产，还可以是包含无形资产的有形资产，或者说是以有形资产为载体的无形资产。比如我们在下编第四章将要讲到古董市场，以及各种各样的收藏品，这些就属于后面这两种资产。各种收藏品都是有形的，但又包含着一些无形的价值；各种古董往往也都以有形物品为载体，但其价值又更多地体现在无形资产中，比如其中所蕴含的历史文化与考古等方面的价值。

至于拍卖的具体形式，最常见的是英格兰式拍卖，也叫增价拍卖。其次是荷兰式拍卖，也叫减价拍卖。再次是投标式拍卖，也是较常使用的方法。另外还有定向拍卖、反向拍卖、有底价拍卖、无底价拍卖等多种形式。

密云县的经验证明，在国家实施改革开放的大背景下，政策环境比较良好，而城市发展出现暂时的困难与停顿，比如资金比较紧缺的情况下，不妨与志同道合者共同努力，共同积蓄力量且形成合力，终究能够取得事业的成功。我们可以得出这样的结论：在某些情况下，拍卖可能比银行贷款、股票市场的资本运动方式更为简洁，更加富有效率。

第三章
客家人的“香格里拉”

一、卦象分析

涣卦由上巽下坎所组成，巽为风、坎为水，风吹在水面上，使水波涣散。古代君王见此现象，就祭祀天地、建立宗庙，用来克服涣散现象，使民心团结起来。又因为巽为柔顺、为木船，坎为艰险、为江河，故涣卦又有乘船渡过大江大河之象，象征人类的迁徙行为，又包含以柔顺之心克服艰险的意义。

涣卦描述了人类大迁徙的过程，世界上有个著名的大迁徙群体——犹太人，中国也有一个著名的大迁徙群体，那就是客家人。古代中原人为了躲避战乱，不断南迁，最后来到客家三角地区落下脚来，这个三角地区就是广东梅州、福建龙岩与江西赣州。之后又从这里出发，走向两广和西南地区，甚至远渡重洋，走向海外其他国家。

卦辞说：“涣：亨，王假有庙，利涉大川，利负”，意指涣卦表示亨通，君王以至诚之心祭祀神灵而保有宗庙，利于渡过大江大河，利于坚持正道。

彖辞说，涣卦能够亨通，因为刚爻前来居中而不穷困，柔爻得到正位而在外部与上面的君爻同心协力。君王借助神灵之力而保有宗庙，象征君王的九五爻刚好居于中正之位。利于渡过大江大河，（在大迁徙过程中）必须乘坐木船方能取得成功。

象辞说，风吹在水面上，象征涣散。先代君王仿此，供奉天帝，设立宗庙。另有一种说法是，舟船行走于水面上，象征迁徙。古代帝王仿此，设立宗庙以供奉祖先和天帝神灵，象征坚定的信念和宗教信仰。

案例

广东梅州——客家人的“香格里拉”

2009 年，笔者到梅州调研时获悉，近年特别是从 2008 年广东省委、省政府做出产业与劳动力“双转移”的重大战略部署以来，该市高度重视、迅速行动、科学规划、创新模式，全力推进劳动力培训转移，构建大培训格局，落实大转移措施，打造大服务环境，努力走出一条“立足梅州，服务全省”的劳动力资源开发新路子，为推动“绿色崛起”、实现科学发展不断提供有效的人力资源保障。为此我们围绕这一专题，在梅州进行深入的实地调研，总结其成功经验并建议推广。前总理温家宝说过：“信心比黄金更重要。”① 我们在这里要说的是，人力资源比自然资源更重要。

（一）劳动力资源开发是梅州实现“绿色崛起”的重要组成部分

近年，梅州市委、市政府在科学发展观的指导下，面临挑战，把握时代机遇，与时俱进地解放思想，勇于从传统工业化思维中解放出来，破除对传统发展模式的迷信，在认真总结“四个梅州”发展经验的基础上，做出“绿色崛起”重大决策，决心走出与珠江三角洲地区不一样的发展道路。这一新的战略思想，得到当时广东省委书记汪洋、省长黄华华的充分肯定，并指出：“梅州的绿色崛起要坚持走生产发展、生活富裕、生态良好的文明发展道路，走与其他地方不一样的工业化道路，这是一条探索的路，是一条艰辛的路，但无疑是一条方向正确的道路。”② 这不仅为梅州“绿色崛起”指明了方向，更为梅州走“绿色崛起”之路鼓劲撑腰。

抓紧抓好劳动力资源开发工作，是梅州市走“绿色崛起”科学发展道路的重要内容和有力体现。“绿色崛起”是一种坚定的信念，梅州已经从上到下统一思想，同心协力地发展绿色经济、开发绿色资源。就像涣卦的卦辞所说的：象辞说，涣卦能够亨通，那是因为刚爻前来居中而不穷困，柔爻得到正位又能够与上面的第五爻（代表领导者）同心协力，领导者借助神灵之力而保有宗庙（象征坚定的信仰）。如此上下齐心，则有利于渡过大江大河，取得事业成功。

1. 劳动力开发和“绿色崛起”的思想灵魂都是以人为本

梅州的“绿色崛起”主要包括三个层面：一是在保护好生态环

---

① 李诗佳，王星桥.“信心比黄金和货币更重要”——记温家宝总理与美国经济金融界人士座谈美国金融危机［EB/OL］.（2008－09－30）. http://news. xinhuanet. com/world/2008－09/30/content_ 10135445. htm.

② 胡键，翟永鸣，岳京. 汪洋在梅州调研强调：推动绿色崛起实现科学发展［EB/OL］.（2008－06－26）. http://news. southcn. com/gdnews/gb/gcsy/content/2008－06/26/content_ 4448636. htm.

境前提下的崛起，崛起的同时要保护好生态环境。二是在实现人与自然和谐共处条件下的崛起，崛起过程中要处理好人与自然的关系，人与自然要和谐。三是一种可持续的崛起，梅州要实现的崛起应该是可持续的，不是一次性的，不是短时期的，也不是传统的。其中的思想灵魂，就是科学发展、以人为本。

“推动绿色崛起，实现科学发展”思路的形成，是上级领导殷切期望、悉心指导的结果。2008 年 6 月 24 日，中共中央政治局委员、省委书记汪洋同志到梅州考察时指出：“绿色崛起是人均水平的崛起，尤其是人均收入水平和生活质量的崛起。”人均收入和生活质量要提高，最关键的自然是劳动力工资要提高。劳动力要想提高劳动报酬，首先又要设法提高自己的劳动价值，要尽量提升劳动力的知识技术水平，以及适应劳动力市场需求的能力，这就需要调动、整合一切力量来开展劳动力开发（包括培训和转移等）工作。

我们完全可以这样说，“绿色崛起”发展道路与劳动力资源开发工作的指导思想是相通的，这一思想也是科学发展观的思想灵魂——以人为本。

2. 劳动力资源开发是梅州实现“绿色崛起”的必要手段

经济发展依靠产业发展，产业发展依靠企业发展，而经济、产业和企业的发展，又需依靠许多重要因素。这些重要因素被称为经济要素或生产要素，比如土地和其他自然资源、资本和技术、管理经验和劳动力资源等。在现代社会中，劳动力资源已成为第一生产要素，劳动力被看成是经济、产业和企业发展的第一要素。在梅州，劳动力资源开发更是实现“绿色崛起”的必要手段。

梅州要实现“绿色崛起”，就是要摆脱对自然界过度索取而不保护、向大自然索取资源后却扔回大量垃圾这种发展模式，摆脱与大自然进行单一方向的物质交换这种发展模式，要在努力保护生态环境、节约自然资源的同时，大幅度提高生产效率，实现经济社会的持续、长久发展。在资金、土地资源都非常有限，又必须保护好自然资源的情况下，要想实现经济持续增长，只能尽量想办法提高劳动力资源的生产效率，尽量提高文化资源、技术资源、信息资源与管理经验等对经济增长的贡献率，而这些资源贡献率的提高，又与劳动力本身的素质（包括文化知识、技术水平与管理方式等）息息相关。为此，充分发挥劳动力生产要素的作用，大幅提高劳动力的素质和知识水平显得格外重要。梅州劳动力资源的积极开发，既提高了梅州的劳动力报酬与人均收入水平，直接为“绿色崛起”做出了贡献，又为梅州实现“绿色崛起”提供了坚强的人力资源保障，间接为“绿色崛起”做出了贡献。

3. 劳动力培训转移是全省区域经济合作的重要内容

根据国家对于四种主体功能区的划分，广东省将省内各市县划分为都市发展区、优化发展区、重点发展区和生态发展区。梅州与河源、韶关相似，都属于生态发展区，需要在保护生态环境的前提下发展经济。梅州的人均耕地较少，和珠江三角洲地区的地理距离又比较远，实现生态发展显得更为困难。因此，梅州要实现“绿色崛起”，在全省区域经济合作中发挥更好、更大的作用，这无疑是一副光荣而又艰巨的历史重担。

“绿色崛起”虽只是梅州一个区域的发展模式选择，但它是把握时代挑战和机遇而进行的发展模式变革，是对科学发展观的全面探索，不仅契合广东省正在掀起的解放思想，加快“见物不见人”向“见物又见人”转变的新高潮，而且具有破解广东省山区发展难题的探索意义和示范意义。抓好劳动力资源开发工作更是“以人为本”科学精神的具体表现，同样具有探索意义和示范意义。

汪洋曾指示：“从一个区域来讲，减少了人，人均生活水平就高了，区域的生态环境就好了，资源的开支就少了，资源就节约了。这些都是需要研究的。我在各个场合都讲，过去我们较多研究物的资源的配置，很少研究人的资源的配置。不仅要研究企业转移进来的问题，更要研究把人转移出去的问题……”① 由此可见，劳动力培训转移和产业转移同样都必须作为目前广东省区域经济合作与发展的重要内容。

在区域经济合作过程中，先发展地区对后发展地区会产生扩散作用，如珠江三角洲地区对山区的产业转移就属于这种扩散效应。与此同时，后发展地区会对先发展地区产生回荡作用，如梅州要培训劳动力，实现对珠江三角洲地区的转移就属于这种回荡效应。不管是何种作用，我们都要努力减少其中的消极效应，尽量发挥其中的积极效应，为全省区域经济合作与发展做出尽可能大的贡献。

扩散效应与回荡效应是由瑞典经济学家缪尔达尔首先提出来的。所谓扩散效应，是指一国或一个地区由于某种原因（如交通便利或享有特殊的优惠政策），创办了许多工业项目，逐渐发展成为

① 曾海鹰，肖根平，罗伟章，等. 汪洋梅州调研：要坚定不移地走绿色崛起之路[J]. 源流，2009 (11).

一个经济中心，此中心会向周边地区产生扩散和辐射作用，带动周边地区的经济增长，而周边地区的经济增长反过来又促进中心地区的进一步发展，形成一个上升的循环累积过程。所谓回荡效应，是指在某一经济中心形成过程中，会使周边地区的各种资源流向中心地区，致使周边地区更加落后以致衰落，形成一个下降的循环累积过程。

缪尔达尔的循环累积因果原理虽然富有创意，却有些片面。他把扩散效应当作积极效应，把回荡效应当作消极效应，认为区域合作只会有利于先发展地区，必定不利于后发展地区。这一结论显然不符合现实情况，现实情况是只要能够发挥比较优势、互相取长补短，加强区域合作对于合作方就都是有利的，可以形成双赢乃至多赢的局面。比如说，珠江三角洲地区向山区转移劳动密集型产业，既可促进山区产业和经济发展，又可推动珠江三角洲地区产业优化升级。而梅州积极培训劳动力，并将其中一部分转移到珠江三角洲地区，既可为珠江三角洲地区产业发展服务，又可为梅州减轻人口压力、增加居民收入做出贡献，可谓一举两得、互利共赢，可以说积极效应大于消极效应。

虽然如此，缪尔达尔对不发达国家提出的摆脱消极效应的建议仍然值得我们借鉴。他的建议是："穷国必须独立策划自己的发展道路，不能简单地模仿富国。"① 而梅州的做法是，独立策划自己的"绿色崛起"道路，不是简单地模仿珠江三角洲地区的发展模式，而是通过为珠江三角洲地区和全省服务来实现梅州的科学发展。

（二）梅州闯出劳动力资源开发新路子

推动"绿色崛起"、实现科学发展的提出，表明梅州努力寻求一种合乎人类社会发展规律，既能实现经济快速增长，又能实现资源能源节约和生态环境保护的发展模式；一种能够扬长避短且有别于传统模式，既能避开经济地缘弱势，又能强化自然生态与人文优势的发展模式。这是梅州为实现跨越式发展的自觉选择，是梅州勇于从沿海模式中解放出来，探索次内陆山区发展模式的大胆尝试。这一实践将为广东省继续解放思想，破解科学发展难题，特别是为山区破解后发崛起难题提供一种模式选择和有益经验。

汪洋曾讲过："要让老百姓分享绿色崛起的成果，或者说用绿

---

① Gunnar Myrdal. 富裕国家与贫穷国家［M］. 许大川，译. 台湾银行经济研究室，1957.

色崛起的成果去调动全社会的积极性。怎么样让老百姓最大限度享受绿色崛起的成果？关键就是要做到发展为了人民、发展依靠人民、发展成果由人民共享，充分调动大家的积极性、主动性和创造性，都来为发展贡献智慧和力量。”① 在这种精神指引下，梅州市闯出了一条劳动力资源开发的新路子。

1. 梅州开发劳动力资源的主要做法与成效

我国的现有国情是人口众多、自然资源稀缺，一方面是大量的、低层次的劳动力因供过于求而难以就业，另一方面又缺乏高层次的劳动力尤其是高端人才（包括高级技术与管理人才、创新和创业型人才等），处于供不应求的状态。梅州的情况也是相似的，因此将较低层次的劳动力培训为较高层次的劳动力显得特别重要。梅州现有人口503万多人，占全省总人口的5.3%，人口资源环境压力沉重，人均收入水平、人均占有资源量等多项人均指标远低于全省平均水平，严重制约着全市经济社会的科学发展。

但很久以来，梅州就是人文秀区，在文化教育、技术培训方面拥有比较优势。这种比较优势不仅在国际贸易中占有重要作用，在提升区域竞争力方面同样能够发挥重要作用。因此梅州注意扬长避短，加强劳动力培训转移工作，为推动“绿色崛起”、实现科学发展创造了良好条件和基础。

第一是构建大培训格局，提升劳动力的整体技能。首先是依托基地抓培训。近年来，梅州致力于打造粤东重要的职业教育和劳动力培训基地。2008年，又加快兴办梅州市高技能公共实训基地、梅州市农村劳动力培训基地这两个重点项目。其次是为面向市场抓培训，培训工作要适应企业需求、适应产业发展、适应劳动力愿望、适应农村实际。再次是整合社会资源抓培训，一方面积极引进社会投资，另一方面充分利用社会培训资源。总结为一句话即是“以市场为导向，以基地为依托，以社会资源为后盾”。

第二是落实大转移措施，推动劳动力的有效就业。具体措施包括：就地转移与输出转移相结合；政府引导与自主择业相结合；帮助就业与鼓励创业相结合；整体开发与重点帮扶相结合等。

第三是打造大服务环境，提供劳动力资源开发利用的坚强保障。主要举措包括落实服务责任，完善服务体系，出台服务政策，

① 曾海鹰，肖根平，罗伟章，等. 汪洋梅州调研：要坚定不移地走绿色崛起之路[J]. 源流，2009（11）.

营造服务氛围等。

梅州在劳动力开发方面先行一步，并已取得良好成效。

首先是培训与服务能力大幅提升。截至2008年，梅州市全日制中等职业学校已有在校生5.76万人，各级各类培训机构的培训能力达到30万人次；全市有各级各类劳动力中介机构35家，其中劳动力市场9家，每年平均成功介绍劳动力就业3.16万人。

2003年以来，全市累计培训城乡劳动力48.8万人，转移城乡劳动力115.7万人，年均增长分别达到15%和12%，取得良好效果。在2008年，梅州开展各种实用技能培训班1 640个，培训农村劳动力8.8万人，比2007年增长30%；2008年全市实现农村劳动力转移就业12万人，比2007年增长26%，超过省下达任务1.5倍；新增就业人数30 068人，完成全年任务的100.2%。

其次是人均生产总值与农民收入大幅增加。大量劳动力通过培训转移往异地就业，减少了常住人口数量，有效地提高了人均国内生产总值。2008年，全市在外就业人口达83万人，占全市户籍人口的16.6%，全市人均GDP增长10.1%，是全省21个地级以上市中GDP总量增速和人均GDP增速最接近的市。

与此同时，农民脱贫步伐大大加快。从2002年至2007年，农民人均工资性收入从1 238元增至2 196元，工资性收入占农民人均纯收入的比重从26.6%上升到47.6%，6年提高了21个百分点。其中有个重要原因，就是培训转移就业已成为农民脱贫致富的最有效手段之一。

再次是为本市和全省服务的能力大幅提高。梅州劳动力的有效开发，既促进了本地特色产业的快速发展，又能够有效地服务于全省改革发展大局。以市场为导向的培训开发活动培养和输送了大量专业技能适用人才，强有力地推动着梅州烟草、建材、汽车零部件、电力和电子信息等特色工业的快速发展。最近5年来，全市总共向市外转移城乡劳动力77.7万人，大多数输往珠江三角洲地区，其中有部分人走上中高层管理和技术岗位，为全省经济发展做出了重大贡献。

2. 梅州开发劳动力资源的主要经验和启示

回顾其他国家在劳动力资源开发方面的发展历程，英国用的是资本原始积累时期、殖民主义时期的野蛮模式，在今天显然不足为鉴。美国属于劳动力短缺的国家，与中国国情不同，因此其发展模式也不适用于广东（包括梅州）。日本自然资源短缺，劳动力资源则较为丰富，其发展模式也较为值得借鉴。韩国主要利用外资增加就业机会，也值得我们引用和参考。拉美国家城市化水平比较高，但外债也较多，其发展模式既有有利的一面，也有不利的一面。

再看中国自己的发展经验，台湾主要依靠内部积累，大力发展劳动密集型产业，接着又转型发展科技产业。浙江的经验主要有财政支持、市场化运作与培输结合等。山西的经验主要有领导重视、健全制度与加强监管等。

梅州的经验给我们提供了有益的启示：

首先，广东各区域不必都拥挤在传统发展道路上，“绿色崛起”可作为广东山区、欠发达地区的新型发展道路。像梅州这样经济落后的人口大市，只要努力提高劳动力资源开发水平，就能够化人口压力为劳动力资源优势，既能为本地的经济社会发展服务，又能为全省的经济社会发展服务。

其次，如果将无边无际的宇宙作为生存与发展空间，那么我们稀缺的并非自然资源，而是开发自然资源的人力资源。真正有限的不是自然资源，而是能够不断开发自然资源的人力资源、能够不断开拓创新的创造型人才。人的欲望是无限的，可供开发的资源与资源开发程度也是无限的，如海洋资源与能源还有绝大部分没有得到开发和利用。实际上人的欲望是可以控制的，而随着科学技术的不断进步、文化知识的不断丰富，人类开发自然资源、脑力资源的能力却能够不断提高与发展。人口和人力资源的数量是有限的，人力资源的质量及其创新精神、创造能力却是无限的。因此说，我国在人力资源开发方面拥有广阔的发展空间。

再次，农村劳动力剩余只是一种表面现象，不是事物的本质。整个中国社会都处在不断创新、不断创造与不断崛起的历史进程中，广东（包括梅州）也不例外，《珠江三角洲地区改革发展规划纲要（2008—2020年）》为我们描述了一个工业化、城市化与现代化同时推进，产业结构优化、经济稳定增长、社会和谐发展的广阔前景。所以说，农村劳动力剩余只是一种阶段性剩余，即对于农村目前经济发展水平来说有剩余，对于将来广阔的发展前景不剩余；只是一种结构性剩余，即低端劳动力有剩余，高端劳动力并不剩余；只是一种相对剩余而不是绝对剩余，即对本地剩余而对其他地区如珠江三角洲地区不剩余。因此，梅州进一步搞好劳动力开发（包括教育、培训和转移等）工作，可为珠江三角洲地区缓解“民工荒”问题做出更大贡献，同时也可为梅州“绿色崛起”、科学发展做出更大贡献。

（三）展望劳动力资源开发示范市的乐观前景

梅州是广东的劳动力资源大市，全市有城乡劳动力259万多人，其中农村劳动力200多万人，每年新成长劳动力7万多人，分别占全省的6.1%、6.2%和7%，劳动力资源开发潜力巨大。因此，梅州要以更优质的劳动力资源服务全省，而不是以新的环境污染、资源浪费对珠江下游地区乃至全省造成新的资源与环境压力。希望在省委、省政府的大力支持下，梅州能够进一步将人口压力转化为人力资源，建设成为全省的人力资源开发示范市。为达到这一目标，笔者提出如下一些发展建议以供参考。

一是将各种经济要素有机结合起来。把劳动力和资金、信息、技术等生产要素有机结合，劳动力培训和产业发展有机结合，劳动力转移和产业转移有机结合，实现“有机梅州”的“绿色崛起”。传统的客家文化崇文重教而轻技能，客家人对于技术培训不够重视，因此梅州需要进一步更新观念，以便更好地发挥各种要素尤其是技术要素的作用。实际上文化观念和科学知识一样，都能够转化为经济要素或生产要素。

二是省内不同区域之间进行有效整合。梅州的劳动力资源开发要和全省“双转移”工作密切结合起来，要和“绿色产业”基地的建设密切结合起来。通过劳动力培训转移和产业转移、产业转型和升级相结合，梅州市要与全省其他区域在生态环境、资源利用等方面进行有效整合。虽然低层次劳动力有回流现象，但通过对他们进行具有针对性的培训，可以转化为较高层次的劳动力，使之为梅州经济社会发展贡献力量，甚至还可能重新转移到其他地区（包括珠江三角洲地区），实现再就业。

三是本市党政部门间有力配合。各级党组织、政府之间需有力配合，不同政府部门之间也需有力配合。除了劳动部门，各大产业管理部门、城市建设、教育培训连同工会、团委、妇联等部门之间也应当互相大力配合，探索和构建相配套的劳动力服务制度、可持续的农村养老保障制度，以求形成良性循环。梅州的劳动力资源开发还应与自身的城市建设密切结合起来，努力打造成为以技能为中心的劳动力资源开发示范市、人力资源开发与人力资本输出大市和广东教育强市。

四是发展高端产业，培养高端人才。2009年1月15日，广东省肖志恒副省长《在全省劳动和社会保障工作会议上的讲话》中指出：我省经济每增长一个百分点，全国经济就增长0.12个百分点，就业岗位就可增加15万个。由此可见，劳动力资源开发与经济增长、产业发展存在密不可分的有机联系。为此，建议梅州与《珠江三角洲地区改革发展规划纲要（2008—2020年）》相对接，积极培养适应市场需求的高端人才，积极发展高端产业如电子机电、生物制药和现代服务业（包括文化旅游、信息咨询、商贸物流等行业）。

五是创新培训模式，完善培训制度。根据梅州的具体情况，在“阳光工程”“订单培训”等模式基础上创新发展。利用现有资源与优势条件，充分发挥高技能公共实训基地、劳动力资源市场和各种培训机构的作用，建立和完善就业中介、信息咨询等服务机构。一个城市的长足发展，需要依靠各行各业的发展，需要依靠各种人才的创造性贡献。人的解放是生产力的最大解放，梅州与广东其他山区都有必要尽量减少人口数量、提高人口素质。

二、发展理念总结

（一）培训和教育的重要性

一般来说，经过教育、培训的社会个体，会比没有经过教育、培训的个体更有价值，能够对社会做出更大的贡献。这就像涣卦的初六爻辞所说“用拯马壮吉”（如果用健壮的马来满足涣散之心、实现迁移目标，那么就可获吉祥）。对于人力资源来说，经过教育、培训就如同骑上了骏马一般，能够胜任更为复杂、更为重要的工作及任务。

对于整个地区的社会群体来说，培训活动就像让大家都乘上了大船一样，能够实现更为宏伟壮观的迁移目标，从而为社会实现更多的、大批量的价值。这就像六四爻辞所说，“涣其群，元吉，涣有丘，匪夷所思”（让整个群体都乘舟远航，至为吉祥。当原本涣散的群体重新凝聚起来的时候，其景象如同山丘一般宏伟，因此说这是平常人都难以想象的壮举）。

古代中原人及其演变出来的客家人，往往没有经过专门的教育或培训活动就进入迁徙过程中，因而其结果往往和运气紧密联系，甚至完全由运气所决定。可在今天这个信息社会的时代，如果还那样做显然不行，因此专门的培训和教育活动显得格外重要。只有掌握了现代科学技术或相关的文化知识、经营管理知识，人力资源的道路才有可能走得更远。这就像涣卦的彖辞所说，“乘木有功”，必须乘坐木船方能取得成功，才有利于渡过大江大河。

在今天就不只是渡过大江大河了，而是能够横渡海洋，到达世界各大洲与各个国家。

（二）人力资源运动的重要性

商品运动能够创造价值，要素运动也能够创造价值，而人力资源就是一种最为重要的生产要素、经济要素。城市经营要取得成功，必须让城市资产都运动起来，并从运动中取得经济效益和社会效益。上一章讲过，让资金运动起来很重要，这里要说的是，让人力资源运动起来也很重要。

几乎对于所有行业来说，人力资源都是不可或缺的经营要素。可在教育、培训等行业中，我们要把它当作一种商品来经营。需要注意的是，众多人口并不等于人力资源，只有经过适当教育、培训的人口，才是有效的人力资源。没有经过教育、培训的人口，不仅不是人力资源，反而可能是一种社会负担。

经济学家舒尔茨说过："人类的未来并不取决于空间、能源与耕地，而将取决于人类智力的开发。"① 由于梅州在劳动力资源开发方面已具备良好基础和发展条件，加上客家人民历来具备勤劳朴实、重视知识等优良品质，我们对梅州未来广阔的发展前景也充满信心与美好憧憬。

① 西奥多·W. 舒尔茨. 人力资本投资：教育和研究的作用［M］. 蒋斌，张蘅，译. 北京：商务印书馆，1990.

第四章
信息运动的巨大效益

一、卦象分析

在古代，“咸”字和“感”字可通用，因此咸卦就是感应之卦。咸卦由上兑下艮所组成，兑为少女，艮为少男，少男少女在一起互相感应，即为咸卦，可见咸卦讲的是感情尤其是爱情方面的事情。同时，兑为水泽、艮为高山，山上有水的时候，水就会向下流动、渗透，山中的泥土吸收水分而得到滋润，因此咸卦能象征感应。君子应效法这一现象而广施恩泽，虚心又宽容地待人接物，就能够感化和召唤普罗大众。

咸卦的彖辞说：“咸，感也；柔上而刚下，二气感应以相与。止而说，男下女，是以亨，利负，取女吉也。天地感而万物化生，圣人感人心而天下和平：观其所感，而天地万物之情可见矣！”意即：咸就是感应的意思。阴柔上行而阳刚下行，两种气息交互感应、两厢亲近。感应时稳重自制而又能够得到愉悦，男子以礼下求女子，因此能够亨通，利于守持正道，娶妻可获吉祥。天地互相感应而万物化育生长，圣人感化人心而天下和平。观察感应现象，就能够明白天地万物的性情了。

万物之间都能够互有感应，少男少女之间就更容易相互感应了。有感应才会产生信息交流，因此象征感应的咸卦能够亨通。男女相爱，只要动机纯正，守持中庸之道，就可亨通吉利，男女相爱、男婚女嫁也就会获得吉祥。

《周易》经文分为上下两部，咸卦则位于下部的第一篇，且又象征着山水之间的感应原理。因此，笔者用它的哲学原理来阐释“甲天下”的桂林山水，阐释桂林旅游业的发展历程。

咸卦的初六爻辞说，“咸其拇”，意即感应在脚拇指上。脚趾头已开始有感觉，说明新事物可以开始发展了。但这种感觉很微弱，不足以影响全身。故此应立下向外发展的志向，因为脚是用来行路，走出家门、国门的。

六二爻辞说：“咸其腓，凶；居吉”，意即当感觉已从脚趾头上升到小腿肚的时候，事业开始拥有一些基础，此时容易产生自满及妄动情绪，妄动则有凶灾，若安居静守则可获吉祥。只要顺从感应之道，就不会遭受祸害。

九三爻辞说："咸其服，执其随，往吝"，故当感应继续上升至大腿的时候，即使是性格沉静的人，也会因为感应强烈而无法静处，这是一种危险的信号。此时容易盲目跟随他人，这样执意前往会有憾惜。所以不可盲从他人，应有主见才不会蒙羞，免得造成遗憾的后果。

九四爻辞说："贞吉，海亡；憧憧往来，朋从尔思"，意即如果守持正道，即可获得吉祥，悔恨也会消亡，不会因为感应而受到伤害。若心神不定地来来往往，友朋终将意志通感，倾心相从。

九五爻辞说"咸其脢，无悔"，即当感应到达背部的肌肉时，反应最为迟钝，不易和外界交流沟通，也就不会引起纠纷，故而不会留下悔恨。但也说明此时的志向不够远大，属于旁枝末节。

上六爻辞说"咸其辅颊舌"，即当感应已到达上颚、脸颊与舌头，象辞解释说上六只是逞口舌之利来取悦于人而已。同时也说明感应已到达身体的最高处即头部，与此相应地，本爻也是全卦的终极之点。如果单纯以花言巧语来取悦于人，是一种缺乏诚意的小人行为，必须注意避免。我们应当时刻牢记，以诚感人才是正道。

案例

"桂林山水甲天下"的新印象

桂林是一座享誉国内外的山水名城，有2100多年辉煌灿烂的历史文化积淀。"桂林山水甲天下"这一绝唱都已经传颂了800年。这一诗句的作者叫王正功，在公元1200年的时候，以68岁高龄到桂林任广南西路提点刑狱权知府事。其诗作的本意并不只是赞美桂林山水，更是希望学子们在学业上百尺竿头、更进一步，从而使自己的学业如同桂林山水一般，秀甲天下。到了今天，此诗句已成为赞美桂林山水最著名的一句佳话。20世纪，陈毅元帅也曾写下赞美诗句："不愿做神仙，愿做桂林人。"

（一）发现和分析问题

千百年来，人们对桂林山清水秀、洞奇石美赞不绝口的同时，却少有对市容市貌的赞赏之语。一些文人笔下窄小弯曲的街道、低矮简陋的小屋，和那些生活在骑楼下的人群，构成20世纪上半叶的桂林景象。长期以来在人们的印象中，桂林就像"一个美丽的姑娘穿着一身破烂的衣裳"。到20世纪60年代，时任中共中南区第一书记的陶铸曾经提出，要将桂林建设成"东方日内瓦"，给桂林人民带来了一个美好的梦想。

多年来，“山水甲天下”这张名片为桂林的旅游赚足了人气，但随着旅游需求的多元化，各地旅游城市的竞争加剧，桂林市旅游业面临如下问题：根据城市经济社会的发展状况，能否凸显更为丰富的旅游内涵，使客源结构进一步优化、经济效益进一步提高？为解决这一问题，桂林市开展多次研讨活动，在听取各方意见且认真总结后，终于形成“世界山水文化体验之都”这一新的旅游定位。

（二）传统形象的美化

1998年年底，桂林市开始跨世纪的大规模城市改造，奏响新世纪新发展的最强音。此后短短的4年中，桂林完成了89项重点工程，全市新建3座立交桥、2个大广场，新建和重建3项大型环保工程、10个景区景点、19座桥梁、35条街道和道路等。城市园林、绿地面积成倍增加，绿化覆盖率达到38.9%，人均公共绿地面积达到8.4平方米。城市供水排水、防洪排涝、垃圾处理、管道燃气、通信供电等基础设施不断完善，布局日趋合理。城市建设工程量之大、范围之广、影响之深远，在桂林城建史上实属罕见。

建设者们求实创新，创造了多项城建史上的杰作：“九天银河”大瀑布与中心广场巨幅花岗岩世界地图，创下了新的吉尼斯世界纪录；在全国率先开展“厕所革命”，新建、改建和免费开放将近900座公厕；开通8条免费公交公益线路；“两江四湖”环城水系工程，把城市建设与景区景点、环境保护融为一体，使自然景观与人文景观都得到有效保护，更加突出了山水名城之特色；“三山两洞一条江”的旅游老格局，也被“城在景中、景在城中”的一系列旅游新资源打破了。桂林人民用他们的气魄和胸襟、智慧和毅力，打造了一个现代化的新桂林。

桂林变了，桂林美了！昔日的梦想终于变为现实，美丽的姑娘终于脱下褴褛的衣衫，换上了亮丽的新时装。桂林城市的“美化、绿化、净化、亮化”，让老游客都认不出来了。新桂林变得一天比一天美，赞扬声也随之越来越多。2002年6月2日，全国人大环境与资源保护委员会主任委员、著名国际环保专家曲格平在评价桂林的城市环境时说：“桂林是最适合人类居住的一个城市。”当年一位颇有影响的专家曾对桂林市兴建立交桥“判处死刑”——立交桥必然会破坏桂林的山水景致。如今他却说：“新建的立交桥不但没有破坏山水风光，而且还融入了奇丽的山水中，成为城市的一座座新景，提升了旅游城市的档次。"① 如今的桂林，不仅是一个山水秀丽、历史厚重的文化旅游名城，而且是一个美轮美奂的园林城、清新怡人的生态城。

（三）传统文化的传承

在桂林这片神奇的土地上，生活着壮、瑶、苗、侗、仫佬、毛南等十多个少数民族。桂林的自然风光、历史文化与民族风情都深深地吸引着中外游客乃至国家元首，人们纷至沓来、流连忘返。桂林的民间节庆活动特别多，风情浓厚的民间习俗已成为当地旅游业的一大资源。各民族共同的传统节日如元宵节、端午节等，自然热闹非凡。可最为精彩的是各民族独特的喜庆节日，包括"三月三""苗年""花炮节"与"禁风节"等。桂林市人民政府为提高桂林的知名度，吸引更多的游客，在每年旅游淡季（10—12 月）举办年度性国际旅游节活动。从 1992 年开始举办"山水旅游节"，不仅丰富了游客的旅游生活，而且越来越得到中外游客的欢迎。

2004 年，导演张艺谋以壮族民歌《刘三姐》为素材，在桂林阳朔上演了规模宏大的山水实景剧《印象·刘三姐》，开创了中国"实景演出"的先河。此后这种模式被多次复制，《印象·丽江》《印象·西湖》《印象·海南岛》接踵而至，在全国各地掀起阵阵波澜。后来又有一部大型实景剧《希夷之大理》，在云南大理古城隆重演出，该大型实景剧演出总投资 2 亿元（包括沿着水库坝体兴建的、拥有 5 000 个座位的大型剧场）。今天，"印象文化"已成为中国城市文化发展的特殊现象。

高规格的文化设施给桂林人民带来丰厚的精神财富，提升了桂林人民热情好客、善良大方的思想境界，弘扬了高尚淳朴的人文精神。

（四）新兴的古董市场

桂林拥有非常深厚的文化底蕴，不仅是"山水甲天下"的旅游名城，而且是收藏家的天堂。桂林被称为广西最具实力的古董市场，藏品质量和交易数量均列广西首位。在桂林从事古董收藏的人已有 2 000 多人，从事古董经营的店铺将近 100 家，另外还有近 100 个经营古董的流动地摊。

---

① 杨维成，刘伟，何丰伦．新桂林新形象　新桂林是怎样打造出来的［EB/OL］．(2002－07－16)．http://news.xinhuanet.com/newscenter/2002－07/16/content_484514.htm.

很多古董收藏者、经营者出于对古董特别的喜好，把自己的全部积蓄投入这一行业中，为桂林古董市场的发展壮大打下了良好的基础。有些人先是在跳蚤市场“淘金”、摆地摊，掌握了识别古董的学问、积累了原始资本后，在市场内租用专门的店铺，经营玉器、古字画、古家具、陶瓷与雕刻等古董商品。桂林古董市场刚出现的时候，主要集中在解放桥头，后来迁到漓江剧院、桂林展览馆、乐群菜市场及文物监管市场等。其中涉及的有古钱币、陶瓷和玉器等，一件好的古董出手可挣得几个月的工资①，差一点的也能挣上几十元至上百元。不少古董经营者、收藏者都从该行业中获得丰厚的经济效益。

20 世纪 90 年代初期，桂林的古董很少有赝品。那些从陕西、安徽及江西等地来桂林的商贩，总是带着真货来市场销售，货真价实让购买者放心。可自从 1994 年之后，仿古的赝品做得和真的一样，让人眼花缭乱、难分真假。因此从事这一行的人，还要懂得相关的历史文化，甚至要有渊博的古董知识，才能识别真伪，否则就可能要交纳昂贵的“学费”了。

目前，全广西的收藏爱好者已达到 20 多万人。中央电视台《寻宝》栏目也把镜头对准了作为收藏大省（自治区）的广西，从 2009 年 4 月起，和广西壮族自治区收藏协会联合举办首届“寻宝——走进广西”大型电视活动。在参观桂林博物馆时，有关专家对“梅瓶阵”赞叹不已：如此齐全的梅瓶品种真是少见。专家向人们解释说，梅瓶是宋代发明并开始烧制的陶瓷器皿，到元代已趋向成熟，明代以后更发展成为多姿多彩的艺术载体。梅瓶一般是小开口，只能插下一两枝梅花，故名“梅瓶”。宋代苏东坡曾有赞誉梅瓶的诗句“欲把梅瓶比西子，曲直刚柔总相宜”，杨万里则面对梅瓶直抒胸怀，吟出“萧萧只隔窗间纸，瓶里梅花总不知”的诗句。可见梅瓶作为一种艺术品，已经在当时的士大夫心里占有较高地位。

二、发展理念总结

《印象·刘三姐》《印象·丽江》等堪称多赢：观众觉得很值，都说不虚此行；投资方则赚得盆满钵满，当地政府获得可观的税收；地方知名度大

① 笔者注：改革开放前，人们每月工资平均仅几十元。到了 20 世纪 80 年代末 90 年代初，已经涨到几百元。若一件买卖能挣上千元，就相当几个月的工资了。

幅提升，演出所在地的综合效益也被带动提升；当地居民非常满意，节目中大量聘用当地农民演员，解决了他们的就业问题。

（一）感性的桂林山水

在桂林阳朔的刘三姐歌圩，印象中的刘三姐踏波而行。那首传唱久远的情歌，如漓江的江水一般，流进且浸润、洗礼并缠绕着人们的心灵，使人领悟到爱情的真谛和生命的欢乐。“唱山歌哎，这边唱来那边和……”从江面上飘来的美妙歌声，让人们想起传说中的壮族女子，动人的传说使漓江风光平添几分迷人的色彩。由张艺谋导演的《印象·刘三姐》取景于阳朔书童山旁方圆两千米的漓江水域，以12座山峰、广袤无际的天穹作为背景，构思独特且色彩绚丽，成为世界上最大的山水剧场，又为桂林山水增添了几许粗犷与豪迈之情。

上海市社会科学院文化产业研究中心的花建主任，对《印象·刘三姐》进行了长期的跟踪调研。他认为无论是《印象·刘三姐》还是《印象·丽江》，在产业运营上都创新性地采用了“五个结合”的模式，即政府投资扶持与企业资本管理相结合、民族艺术与著名艺术家品牌效应相结合、建设专业艺术队伍与助学扶贫工作相结合、开发山水景观与发展社会主义新农村相结合、产业发展与生态环境相结合，形成经济、社会、文化与生态的综合效益，堪称中国文化产业的“智慧果”。

（二）感性的桂林居民

《印象·丽江》中500多名演员一个个皮肤黝黑，都是来自玉龙雪山周边16个村庄的非专业演员。在海拔3 100米的地方又唱又跳地演出，也只有世世代代居住此地的少数民族方能胜任。许多演员本来家境贫困，参加演出以后就此脱贫。除演员之外，《印象·丽江》还带动了周边农民就业。离剧场不远的“二十三公里彝族村”，每家每户都养马参加演出活动。每匹马演出一场就有20元的收入，全村有100多匹马，以一天演两场计算，全村一天收入就达到4 000多元。加上反哺资金和其他收入，这个彝族村每户年均收入达3万元，而此前他们年均收入仅有2 000元。

《印象·刘三姐》的演员中有400名是当地农民，他们每年从参演中获取收入6 000～8 000元。家住阳朔县兴坪镇的邓有明就是其中之一，他原先家里十分贫困，可自从有了《印象·刘三姐》之后，他的船和鱼鹰甚至水牛都参加演出，每个月能拿到800～1 000元。他对记者说：“白天我到漓江里捞鱼，也捞不到什么鱼了。晚上就表演，其实就是划着我的船到江面上转一转。这笔钱赚得可开心了！”① 此外，有人仅靠出租望远镜年收入就能达到上万元，经营餐饮、住宿的当地居民也致富了。一部《印象·刘三姐》带动阳朔4 500人就业，占当地劳动力人口的5%。

（三）感性的文化信息

一幅旧得发黄的古字画、一张古色古香的桌椅或一个工艺考究的古陶瓷器，往往都会产生令人神往的情趣。笔者以为，古董就是能让人“懂古”的东西，能让人懂得古代文化的东西。古董中蕴含着许多有关古代的知识或信息，这些信息蕴藏在古董中，在时空中运动了千百年，至今仍然能够让我们感知到古代社会的有关情况，能够让我们与古代社会相互感应，因而具备相当高的价值。

① 肖春飞，万一．透视危机下的“印象”文化旅游热［EB/OL］．（2009－04－23）．http://news.xinhuanet.com/newscenter/2009－04/23/content_11241026_1.htm.

第五章
生动活泼的泥土艺术

一、卦象分析

贲卦由上艮下离所组成，艮为山、离为火，因而贲卦的卦象就是山下有火。山下燃烧着火焰而使山形焕彩，象征着装修和装饰，这是“贲”字的原义。火势受高山阻挡而不能蔓延，表示君子应明察政务，不能只是看到表面现象就随意判断刑狱，这是贲卦的引申含义。

同时，内卦离象征光明或文明，外卦艮象征静止或停止，以文明使人止于礼就称为贲，因而贲还有修饰、文饰的含义。日月星辰交互运行，成为上天的文饰。人类观察天地的文采，就能够觉察四季变化的规律。我们仔细观察人类的文采，就可以教化天下，成就繁荣昌盛的文明。文明能够使人止于应有的分寸，这正是人类的文饰之功。

传说孔子五十而学易，韦编三绝。有一日他自测一卦，结果占得贲卦，于是感叹道：这说明自己的学问还不够渊博深厚，仍然需要加以文饰，需要继续进修深造啊。

我们民族的祖先聪明过人，数千年前就已经懂得将泥土变成器皿，这就是陶器和瓷器。山中的泥土本是柔顺之物，经过烈火烧制以后，变成陶瓷器皿这样的刚健之物，由此能够用来盛装食物，以及各种日常生活用品。如同贲卦的彖辞所说，“分刚上而文柔，故小利有攸往”，即以刚健的阳爻去文饰柔顺的阴爻，就能使弱小者利于有所前往。

人类文明进一步发展后，我们的祖先又将这些陶瓷器皿写上文字、刻上花纹图案，将这种生活用具装饰成艺术品，大大提高其内在价值。这仍像贲卦的彖辞所说，“柔来而文刚，故亨”，即以阴柔去文饰阳刚，所以亨通。这些文饰本来是附属品，不能独自担当大任，陶瓷器皿本来也是朴素无华的生活用品，文饰却能够使陶瓷器皿大放光彩，共同发生质变、提升价值，进而在人类社会中扮演更大、更重要的角色。

案例

白里透红的德化陶瓷

德化县地处福建省中部的戴云山，与江西景德镇、湖南醴陵并称中国三大瓷都，是中国陶瓷文化的发祥地之一。德化窑的中心窑址位于戴云山腹地，此处瓷土资源丰富、水源充足且交通方便，是烧制瓷器的理想区域。

德化有一条飘着浓郁“瓷香”的特色街道——龙鹏街，可称为瓷都德化的展览“橱窗”，也可称为德化陶瓷产品的“大观园”。这条陶瓷街荟萃德化县的陶瓷精品，游客能在很短的时间内纵览陶瓷精粹，陶瓷玩家亦可在此随心所欲地鉴赏各商家的名牌产品。这些商品琳琅满目、美不胜收，涉及日用陶瓷、传统雕塑工艺瓷、西洋工艺瓷、红壤陶这四大类的近万个品种。

（一）辉煌的“中国白”

德化瓷的制作始于新石器时代，兴于唐宋，盛于明清，技艺独特，至今传承未绝。德化白瓷被誉为“最美丽的白瓷”，一直是我国重要的对外贸易商品，和丝绸、茶叶共同享誉全球，为制瓷技术的传播和中外文化交流做出了贡献。德化白瓷文饰得是那样的淡雅、朴素与纯净，使得其在全世界都没有敌手，而只剩下热烈的追求者。正如贲卦的六四爻辞所说，“匪寇，婚媾”（前方并非敌寇，而是求婚者）。

今天，德化县境内仍旧保存着宋元时代的碗坪、屈斗宫等窑址。在新石器时代，德化烧造的只有印纹陶器。唐代才开始烧造青釉瓷器，宋代生产的白瓷和青瓷已很精致，瓷器开始大量出口。宋代早期的产品主要是青白瓷，随着制作技术的不断提高，逐渐发展为白釉瓷。至元代，德化瓷塑佛像开始进贡朝廷，得到帝王的赏识，明清两代的德化瓷器大量流传到欧洲，其中“象牙白”（又名“奶油白”）瓷器闻名世界，对欧洲艺术产生很大影响。

明代德化瓷艺大师何朝宗利用当地优质的高岭土，使用捏、塑、雕、刻、刮、接、贴等八种技法，制作出精美的德化瓷塑，其色调素雅、釉色乳白，如脂如玉，享有“象牙白”“中国白”与“国际瓷坛明珠”的美誉，成为中国白瓷的代表。郑和下西洋所带瓷器中，就有福建的德化白瓷。意大利著名旅行家马可·波罗在游历泉州时，盛赞德化陶瓷并带往全球各地。英国古陶瓷研究专家约翰·盖尔曾经无比赞赏地说：“何朝宗的瓷雕艺术作品可与达·芬奇的世界名画《蒙娜丽莎》相媲美。”① 因此说，德化制瓷技术在明朝已达到历史最高水平。明代生产的德化白瓷最有特点，也最具影响力，在造型艺术方面达到前所未有的高度，成为陶瓷世界里天生丽质、别具一格的艺术作品。

明代白釉瓷的颜色呈乳白或洁白，质地如脂似玉又宛似象牙，釉层像鱼胶般丰腴温润，釉面光滑细腻，敲击声音如磬，形成独具一格的“象牙白”，被视为中国白瓷的典型代表。其装饰工艺主要有刻画、印花和堆贴印花，其特制的薄胎产品薄如蝉翼，精美绝伦。德化民间雕塑艺人把雕塑和瓷艺相结合，擅长制作仪态生动的白瓷观音，是举世公认的白瓷珍品。德化白瓷不求色彩之华丽，而是追求简单纯净与素洁典雅之美，对所使用的材料有充分认识，设计定位和取向相当准确，充分显示出历代匠师的创造性智慧。景德镇的白瓷以青白釉著称于世，德化白瓷则是以乳白色为主，瓷体如玻璃般透明，瓷釉柔和而动人，瓷釉和瓷体密切结合、难以分割，显示着冰清玉洁的特质，蕴含着耐人寻味的魅力。

因此，在16世纪通过偶然的机会德化白瓷被葡萄牙商船运往欧洲后，立刻得到全欧洲贵族阶层的欣赏和欢迎。到了17世纪末和18世纪，被通称为“中国白”的德化陶瓷已经大量销往欧洲。18世纪的欧洲陶工对这种洁白无瑕的瓷器爱不释手，也开始仿制以满足市场的需求。

在清代前期，德化瓷器大量出口欧洲。可惜晚清以后，德化瓷业每况愈下。即使如此，也有苏学金、许友义等艺人坚守陶瓷阵地，其作品在巴拿马、英国与日本等国际博览会上获得金奖。中华人民共和国成立后，德化瓷业获得新生，新秀辈出，他们继承前人的优秀技法及风格，不断创新发展，使德化陶瓷的烧制技艺重新焕发出青春。

（二）新世纪的“东方红”

德化陶瓷源远流长，在中国陶瓷发展历史上曾经书写过辉煌的篇章，具有重要的历史地位和国际影响。到了当代，也同样取得杰出的成就，无论在制作技术、工艺设计还是在艺术创作方面，都有新的提高和拓展，不仅生产出大量优质的日用陶瓷产品，而且创作出许多优秀的艺术陶瓷作品。一批又一批德化艺人经过不懈努力，不断推陈出新，研制出异彩纷呈的陶瓷新品，让全国各地乃至海外

① 张锦才. 从何朝宗到当代德化瓷坛［EB/OL］.（2009－09－04）. http://www.fjsen.com/yhzh/2009－09/04/content_3290097.htm.

的人们越来越多地感受到瓷都德化的魅力。

白色象征冰清玉洁，红色象征富贵吉祥。德化不仅出产白瓷，而且出产红瓷。红瓷的出现始于唐代至北宋初年，但真正纯正、稳定的细釉应数明代初期烧制的鲜红瓷。到嘉靖年间，又烧制出以铁为呈色剂的矾红瓷。鲜红是高温色釉，矾红则属低温色釉。红釉的种类很多，有宝石红、朱红、鸡血红、积红、抹红、郎红、豇豆红、霁红等。高温红釉瓷的烧制始于北宋晚期，因其烧制极其困难，被誉为“千窑一宝”，并成为历朝历代皇亲国戚、达官显贵、文人雅士的赏玩佳品及镇宅宝物。

中华民族崇尚红色，认为红色能够代表喜庆之事，因此在丰富多彩的单色釉瓷中，红釉瓷器格外让人偏爱。历代制瓷名匠为了烧制高质量的红釉瓷也可谓不惜工本，珊瑚、宝石、玛瑙等珍贵原料在所不惜。但红釉瓷天性娇贵，烧成条件苛刻，是彩色瓷器中最难烧制的产品，使得民间有“要想穷，烧郎红”的说法。

近年，聪明的德化人借鉴历代红釉的烧制经验，运用现代科技手段，大胆进行配方创新与工艺改革，经过多年攻关，成功烧制出高温红釉瓷的名贵品种——“东方红”，而且发展成许多系列包括玉红、莹玉红、中国红、中华红、富贵红、鼎晟红、九九红等。这些红釉瓷利用现代科技制成釉面，鲜红浓艳、淳厚饱满且艳而不媚；而胎体则仍旧采用“中国白”的材质，洁白如雪、坚密细薄且晶莹剔透；由美术大师精心设计的造型，显得精美绝伦、典雅大气且雍容华贵。

千古珍品“东方红”很难烧制，有“十窑九不成”的说法，其原因主要有两个：一是烧制工艺的复杂度高。通常要反复进炉四次，经过素烧、釉烧、红烧和金烧四道工序。二是红瓷的形成难度高。铜红在800 ℃就会分解，而东方红要在1 300 ℃以上的高温中才能成瓷，这就必须往红釉中添加金属钽，而钽是比黄金还贵的稀有金属，故而说中国红瓷是用黄金烧成的。如此烧制出来的“东方红”色泽匀称、纤尘不染，表面光滑细密、不留针孔。红色对人的视觉能够产生比较强烈的冲击力，东方红釉瓷具有浑厚自然、光艳华丽的艺术魅力，红色釉瓷达到精神与物质和谐统一的极高境界，因而艺术价值、珍藏价值不断攀升，得到国内外陶瓷专家、收藏者的喜爱和青睐，成为当代中国人的新名片。

由于“东方红”瓷器名扬海内外，世界模特小姐大赛也突破使用水晶的传统习惯，在第十七、第十八届国际赛事中，均使用德化的“富贵红”瓷器作为唯一指定奖杯，希望模特大赛与“富贵红”一起走向世界，走向更加辉煌的明天。德化县泰峰陶瓷研究所的许瑞峰收到一份由国务院办公厅行政司颁发的收藏证书，原因是他精心创作的一对高50厘米、腹径40厘米的《高温中华红大圆弧瓶》被推荐陈设于中南海的紫光阁。

（三）拓展国内外市场

自古以来，德化陶瓷都以外销为主，蜚声海外。然而近年受人民币升值、出口退税下调等因素影响，德化陶瓷的出口情况不再是春光无限。而国内经济却持续增长，城市居民的生活水平不断提高，家居摆设日益讲究，高档的手工艺瓷器已经进入普通家庭中。因此，德化县政府注重引导陶瓷企业调整产品结构，培育国内市场，使之内外销并重，坚持“两条腿”走路。

1. 举办展销会

一方面，德化县每年都组织一批企业到国内大城市举办德化陶瓷展洽会，帮助德化陶瓷迅速拓展市场。另一方面，德化在自己的县城中也举办展销会，每年多达十几场。于是没过多久，德化陶瓷就迅猛地占领国内很多市场。

德化陶瓷业最初是从烧制日用器皿开始的，后来由于瓷塑艺术的显著成就，器皿类的产品则比较少受人关注。德化一直大量生产器皿类陶瓷产品，以供内外销的需求。到了明代已经逐步形成自己的造型和装饰体系，成为中国传统陶瓷的一个重要组成部分。德化陶瓷器皿类的产品从功能方面分类，大致可以分为日常生活用具，包括盘、碗、杯、碟、罐、壶、文具、灯具和烛台等；陈设装饰和供器，包括瓶、樽、觚和鼎、炉、豆等。这两大类器物，造型样式古朴严整，传统意味浓厚。日常生活用器的造型多沿用传统形式加以演变，或是模拟自然形态加以整合，设计者考虑到造型需要适应陶瓷材料和技术的特点，构成了符合其属性与特征的形式语言。从德化陶瓷造型与装饰上明显地看到其受商、周青铜器和玉器的影响，同时还有明代宣德炉的意味，特别是炉的造型和装饰更为显著。德化陶瓷优秀的传统造型有筒形双螭壶、狮首筒形瓶、象耳弦纹樽、犀角杯等，都是其他产区很少见的独特的样式。

随着生活水平的提高，工艺陶瓷等产品既可作为家具装饰产品的一类，又能作为礼品，国内市场广阔。德化富贵红陶瓷有限公司，2006年就突破传统模式，从以往的单纯展销、出口外销等传统途径中另寻新路，尝试全国布点开设专卖店的方式。

2. 编织营销网络

近年，德化县接待了一批又一批来自各大中城市的陶瓷经销商，双方就异地设立德化陶瓷品牌营销点展开洽谈。而且德化为了达到良好的市场声誉，对前来洽谈的异地商家都严格考核，宁缺毋滥。比如哈尔滨市的陈先生在德化考察一周后，最终却因为现有经营条件达不到要求，没能获得德化县政府授予的营销点招牌。正像九三爻辞所说，“贲如，濡如，永贞吉”，即文饰得非常俊美，频繁与别人互施恩泽，可又不被外表的文饰所迷惑，如此永远坚守正道才会吉利。

通过异地开设营销点，发展终端网络，可以做大市场空间，帮助本土企业占领更多的市场份额。以南宁陶瓷营销点为例，面积50多平方米的店面，汇集了德化十多个知名工艺美术大师及部分陶瓷企业的大量陶瓷精品，包括德化传统瓷雕、日用陶瓷及色釉系列陶瓷、手工编织陶瓷、釉下彩陶瓷等，系统、全面地展示德化的陶瓷历史、陶瓷文化和陶瓷艺术。

这些营销点不仅有展示功能，而且兼有批发、团购、零售和订制等功能。设立营销点除了能够融合当地文化，展示陶瓷产品和企业实力外，还可塑造并提升德化陶瓷的品牌形象。有些企业经过多年经营，打造出自己的名牌，如东鹏、鹰牌等。

3. 设立品牌店

随着德化陶瓷的国内市场逐步做大，出现了越来越多的假冒产品，严重影响“中国瓷都”德化的形象。如何保护自己的品牌，并进一步拓宽国内市场，成为德化陶瓷产业面临的重大课题。为了解决这一问题，政府有必要采取统一授牌并监督的方式。

于是，“中国瓷都德化”品牌宣传领导小组应运而生，指导企业在每个地级以上城市建立一个营销点。这些营销点都必须由德化县政府统一授牌，并且实施有效的监督，而且一个城市只授权一家品牌店。其中，高档的精品店要求开在城市繁华地段，面积为50平方米以上，产品为中高档次；综合店则要求开在中心城区，面积为150平方米以上。营销点只有获得德化县政府的授牌，方能证明该店销售的商品出自德化原产地，证明该店属于德化授权经营的品牌店。

青岛、杭州与南宁3座城市的营销点最先拿到德化县政府的授牌，厦门和晋江两地也相继设点。其中，杭州的“金马车”品牌店规模最大，已从最初的2家店面做到将近20家店面，并拿到德化县授予的“中国瓷都德化金马车店”金字招牌，营业额自每月几千元飙升到每月50万元。

紧接着，德化政府更加努力地搭建好平台，又到义乌、成都、上海、北京和沈阳等地开设营销点，通过打阵地战，进一步做大市场网络，让负责生产的厂家跟着负责销售的商家走向全国，形成一种本地政府、厂家和异地商家“三赢”的营销模式。

（四）挺进世博会

经过多层次的严格评审，福建省富贵红文化发展有限公司及其生产的“富贵红”陶瓷艺术品，终于在2010年3月30日获准成为上海世博会联合国馆陶瓷工艺类唯一指定生产商及特许经营商品，并用于联合国馆全球论坛或参观访问的嘉宾礼品。

福建省富贵红文化发展有限公司从2008年10月开始，就积极申请和递交材料。联合国馆特许经营商品组委会对企业的资质、管理和产品质量等相关情况进行了严格细致的详细审核，经过专家反复论证和审查，终于顺利通过企业的申请。组委会认为此次列入世博会联合国馆特许经营的“富贵红”艺术品主要是高温红釉陶瓷工艺品，其制作采用了“中国瓷都”德化窑特有的“中国白”工艺技术，胎体细密、和润。胎体表面施以高温红釉，高温红釉工艺是福建省富贵红文化发展有限公司在借鉴中国历代红釉烧制经验的基础上，结合现代科技手法，改革创新色釉配方和烧制工艺，历经近十年方成功研发，是当代中国陶瓷工艺科技创新的一个典范。同时，入审的《天地方圆》《和谐》《天赋灵犀》等艺术品，在造型设计上充分融合了中国古代陶瓷的造型特点，用工细腻、细节周致、品质完美，作品整体外观静穆、庄严、亲切，或体现了“天人合一”的中国传统文化理念，或传达了“和谐共生”的美好愿景。“富贵红”陶瓷的中国文化特征、科技创新的工艺内涵、和谐互融的主题正好表达了上海世博会的精神理念。

“富贵红”挺进世博会只是德化瓷雕向世博会借力的一个典型。2010年3月17日下午，福建德化名瓷走进世博会暨《世博和鼎》运输方案征集新闻发布会在德化县“中国白”艺术官举行。因为运输的难度大，投保5.6亿元的世博会展品《世博和鼎》向全球征集运输方案。除《世博和鼎》外，走进世博会的德化名瓷还有来自德化宏益陶瓷研究所的《天鹅湖》，该作品系中国陶瓷艺术大师柯宏荣、陈桂玉夫妇所作，曾获中国首届工艺美术大师精品展金奖。两件精美德化名瓷，将以“福建瓷器的故事”，演绎福建“参博”主题——“潮涌海西、魅力福建”，向世界展现中国高超的陶瓷技艺和文化魅力。

2010年10月，世博会福建馆内还开设了一个德化馆，专门为德化陶瓷提供一个展示平台。目前，德化陶艺家郑少伟的陶瓷研究所已接到省外的部分订单，其作品《璀璨世博》作为礼品赠送贵宾，主体也是鼎，除了有传统的云纹、花纹等雕饰之外，还印铸了上海世博会的会徽。

二、发展理念总结

贲卦初九爻辞说，“贲其趾，舍辆徒”，即洁身自好者，即使送他华丽的大车也不愿意乘坐，宁愿步行。由此说明，朴素无华是任何事物的本来面目，人类在竭尽文饰之功的同时，还得坚持朴素无华的本质，那样就没有害处。德化瓷雕既保存了泥土独特的芬芳气息，又发挥了人类的艺术创造力，在竭尽文饰之功的同时，保持了陶瓷作品朴素无华的本质。

（一）赋予泥土生命的艺术

德化瓷雕艺术在选用材料、制作技巧和表现形式等方面，都比其他地区的作品更具有艺术生命力和历史研究价值。具体表现为：

（1）胎釉质量优良，从制作到装烧工艺都极其认真考究。作品形体厚重，釉面滋润。瑕疵很少，大件作品不多，但追求和谐完美的艺术风格。以“富贵红”系列作品为例，都是用海拔 1 300 米以上高山的稀有纯天然瓷土作为原料，在 1 310 ℃极限高温下烧制而成的工艺，无铅镉成分，釉色鲜红，艳而不媚。其胎体洁白，晶莹剔透；如玉如凝脂，弥足珍贵。属于观赏性强、艺术价值高、具有极好收藏价值和纪念意义的好作品。

（2）根据不同人物特点来构思，其造型形象完美，整体和局部比例协调。中国封建时代的人物雕塑创作，在没有人体模特可供参考的情况下，能够如此精确地把握人体各部位的比例，得益于艺术家们长期观察、细心揣摩现实生活中的男女形体，并吸取了书画作品与民间石雕、泥雕、木雕各种工艺的精髓，方能达到这种难以企及的艺术境界。

（3）擅长把握及刻画各种人物的性格特点，由表及里地展示出细腻生动的神情风韵。尤其是观音像的脸部，显得丰腴又慈祥，人物形态刻画得生动准确。德化瓷雕以犀利流畅的刀法，表现衣褶层次及变化，可以称得上疏可跑马、密不透风，大有“曹衣出水、吴带当风”的韵律。由于做工严谨，人物形象的塑造具有形神兼备、出神入化的艺术风格，因而在中国瓷塑艺术史上占有重要的地位。

（二）合作形成共赢局面

贲卦的六二爻辞说，“贲其须”，装饰胡须需要胡须和下颚齐动，这说明文饰应上下齐心协力、内外共同振兴。如前文所述，面对激烈竞争与市场需求多元化的趋势，德化陶瓷为了占据更多的市场份额，采用了举办展销会、编织营销网络、设立品牌店三种方法相结合的营销谋略，并且营销点就是品牌店，既达到生产厂家与经销商家合作共赢的好效果，又能够使销售产品和品牌经营共同发展。

第六章
阴阳和谐的新都市

传说盘古开天辟地、化生万物之后，女娲创造了人类。而传说中伏羲不仅和女娲一起造出人类，还发明了阴阳与先天八卦。根据易经思想，阴阳太极乃宇宙万物的本源。在当今社会经济发展进程中，阴阳和谐、积极创新的思想仍然发挥着举足轻重的决定性作用。本章所举案例，足以证明这一点。

一、改革开放的排头兵——深圳

所谓太极，指的就是阴阳对立统一，也是宇宙和世间万物的根本来源。要开创一项新事业并取得成功，最重要的还是阴阳之间的和谐，以及不断发展变化。中国城市发展的典型案例，最成功者当属改革开放的排头兵——深圳经济特区。

案例

从小渔村变成大都市

深圳经济特区是我国改革开放的“试验场”和“窗口”，深圳的实践是中国共产党执政的光辉杰作。30多年来，深圳建设者们以“杀开一条血路”的气魄，探索出一条中国特色社会主义道路，以丰富的实践交给祖国一份合格答卷，谱写了改革开放历史上最闪亮的华章。

（一）开明精神：以实事求是为思想路线

深圳既是解放思想、改革开放的先行者，也是解放思想、改革开放最大的受益者。没有解放思想，就没有改革开放，更不可能有深圳经济社会发展的今天。30年前在改革开放的大潮中，深圳人勇敢承担起“改革开放试验田”的历史使命，成为解放思想的先锋，敢闯敢试，一次又一次突破思想束缚，杀出一条血路，短时间内把一个边陲小镇发展成现代化城市，创造了世界工业化、城市化、现代化史上的奇迹。深圳的发展是中国特色社会主义道路的鲜明写照，向全世界展示了一个欠发达社会主义国家的光明前景。深圳30多年发展历史硕果累累，其中经验很多，但可以肯定地说每一个成果都与解放思想紧密相连。解放思想、实事求是、与时俱进是深圳30多年来最值得总结的宝贵经验。可以毫不夸张地讲，深圳经济特区创立于解放思想之中、发展于解放思想之中，也得益于解放思想之中。

正是解放思想这一制胜法宝，强有力地推动着深圳的改革开放，使深圳走出一条具有中国特色、深圳特点的现代化发展道路。今天，我们还是要依靠解放思想，实事求是，敢于向自我挑战，向改革遇到的深层次障碍挑战，向既定的利益格局和体制顽症挑战。

1. 思想解放推动深圳文化发展

在一个缺乏必要文化积累的土地上，深圳的文化发展之所以有今天的成就，靠的就是一次次思想解放所释放出的不竭动力。

深圳文化发展进入第三阶段以来，经历了两次重要的思想解放过程：一是在全国较早建构了“文化搭台、经济唱戏”的理念，摆脱了“是‘文化立市’还是‘经济立市’”的争论，对深圳经济社会发展做出了及时的反思，对文化与经济的关系做出了新的理解，改变了惯常的“经济特区”思维模式，确立了“文化立市”发展战略。二是在全国率先提出实现市民文化权利，将市民文化权利的实现程度作为决定城市文化发展成败的重要环节，把市民文化权利的实现作为城市文化竞争与发展的基本主题，把市民文化权利的实现作为深圳文化发展战略和未来城市发展战略的重要内容，并进而在全国率先构筑公共文化服务体系。

今天，深圳文化建设要实现大发展大繁荣，需要新一轮思想解放发挥先导作用。我们需要从三个方面着手：首先，要从增强忧患意识和瞄准国际一流城市文化发展水平两个角度，在深入分析深圳文化发展的国内国际差距的基础上，确立深圳文化发展的追赶目标。这种分析和目标确立，应该以全面、客观的调查为前提，要用数据说话，要有科学的比较。其次，应该对改革开放以来特别是进入发展第三阶段以来的深圳文化发展理念做系统全面的梳理，对其理论得失、政策绩效做全面考核，其中特别是要重点思考如何将文化立市、实现市民文化权利、发展文化产业、建设公共文化服务体系、建设城市人文精神、培育创新文化等理念的效应发挥出来，并放大深圳文化发展理念的辐射力和影响力。再次，要结合深圳发展的新实际，提出具有创新性的文化发展模式。其中，在深港共建国际大都会的背景下，要更多地思考如何真正促进深港文化互动，从文化上为深港国际大都会建设提供支撑，并在这一过程中创新出中国文化走向世界的新的发展模式。

2. 思想解放最终是人的解放

解放思想不仅要提高物质生产力的解放，而且要使人的思想境界得到升华，从这个意义上讲解放思想就是不断解放和提升人的精神状态，使人自我提高和发展，只有人的全部潜能和能力得到充分发挥，才能推动经济社会真正持久强劲进步和人的全面和谐发展。从物转向人，从外部转向自身，向人的素质、知识、科技、智慧、管理要经济发展的动力和活力，已经成为许多国家抢占发展制高点的战略选择。

深圳作为改革开放的先锋，在短短的时间内，取得了令人瞩目的辉煌成就，其宝贵的历史经验告诉人们，改革开放的启动，离不开解放思想；改革开放的进展，离不开解放思想；改革开放的深化，更离不开解放思想；改革开放的成就，当然也离不开解放思想。而这一切取决于人的解放，解放思想，归根结底，是认识方法和思维能力的问题。而人则是解放思想的主体，解放思想离不开主体，即广大干部群众素质和能力的提高。

在新的发展阶段，深圳仍然要坚持继续解放思想，深入分析深圳的优势与不足，深刻反思思想精神状态，把思想从不适应、不利于科学发展的认识中解放出来，以新一轮思想解放推动新一轮大发展，共创深圳美好明天。

（二）开拓精神：小渔村变成大都市

深圳经济特区作为我国改革开放和现代化建设的先锋城市，在创造经济发展奇迹的同时，也形成了弥足珍贵的价值理念。在特区建立之初，深圳就以“敢闯敢试”的精神领全国风气之先；1987 年，深圳将特区建设的“拓荒牛”精神概括为“开拓、创新、献身”的特区精神；1990 年，又提炼出以“开拓、创新、团结、奉献”为核心的深圳精神，并在 2002 年将其扩充为“开拓创新、诚信守法、务实高效、团结奉献”，集中体现了城市精神在城市发展中的重要地位。深圳精神是城市文化与城市核心价值观的集中体现，它的产生和丰富，始终是在社会主义核心价值体系指导下的发展过程。

30 多年来，深圳正是凭借开拓精神，改革创新，完成了从一个落后的边陲小镇到现代化大都市的“华丽转身”，创造了工业化、现代化、城市化的发展奇迹。开拓精神，彰显了以创新、智慧、力量、富强、民主、文明、和谐为特色的城市内涵，反映了深圳人的思维习惯、精神特质和行为方式，体现了深圳人对知识、技术、智慧的崇尚和追求，展示了深圳人“敢闯敢试”的胆识和勇气，表明了深圳人的现代文明程度和开放程度。将开拓进取的精神观念通过人们的思想行动转变为巨大的物质力量，成为深圳创造物质财富和精神财富的动力源泉。

1. 开拓精神创新深圳文化观念

深圳的发展，经历了拼经济、拼管理、拼文化三个发展阶段。拼文化，就是拼观念、拼精神，只有在观念上、精神上赢得新天地，才能不断增强城市软实力和城市竞争力。深圳以城市精神和城市观念的提炼和宣传为引擎，推动城市文化的发展和繁荣，全面实施“文化立市”战略，提出了“实现市民文化权利”“文化+科技、文化+金融”“提升城市文化软实力”等一系列文化创新理念，培育发展了文博会、深圳读书月、市民文化大讲堂、创意十二月、关爱行动、社科普及周、外来青工文化节等一大批品牌文化活动，不断发展创新型、智慧型、力量型城市主流文化。这些举措，使深圳的文化创意生机勃发，学术睿智充分涌流，文明浪潮波澜壮阔。2008年，深圳荣膺联合国教科文组织“设计之都”称号；2009年，深圳获选“杰出的发展中的知识城市”；2011年，深圳成功举办了第26届世界大学生运动会。

当前，深圳正在大力弘扬以“想干、敢干、快干、会干”为核心的“大运精神”。它集中体现了特区的创新精神、进取精神、实干精神、协作精神、奉献精神，是深圳精神的最新组成部分，必将为特区的创新发展注入不竭的动力。

2. 开拓精神是深圳发展的根本

深圳经济特区是在没有政策规定、法规还不完善的情况下闯出来的。深圳改革开放的30年就是敢于创新、敢于开拓的30年。没有开拓创新，就没有今天的深圳，开拓创新是深圳精神的根本。

（1）引进第一笔外资

1981年7月，中央决定恢复宝安县建制，归深圳市领导，特区外的就叫宝安县（现宝安、龙岗、龙华、坪山、大鹏五区）。在新县城的建设中，推进措施积极考虑如何吸引外资，如何利用群众手上的钱来集资办企业，多管齐下，扩大财源，加快经济发展。在1982年冬天，宝安县委常委会上提出成立宝安县联合投资公司。成立公司没人反对，要集资却有很多人半信半疑。要动员大家集资，必须先有信誉、有承诺，让投资者有信心。于是宝安县政府决定从财政拿出200万元作为主要股东参股。

建立股份公司后，又制订了公司章程，强调“入股自愿，退股自由，分红派息，年终结算”，规定每股股金10元人民币，还郑重其事地请专家设计了股票样本，专门到广州去印制。接着还设计、发放了股金证，作为持股凭证，也作为年终分红的凭证。党员干部带头集资，县领导每人认购1 000元，还在《深圳特区报》上登载招股公告。消息传出后，全国20多个省、市、自治区均有人来函询问或表示投资意向，一些华侨、港澳同胞甚至直接就把钱寄过来。

宝安县联合投资公司第一批集资近500万元，第一年创造了较高的利润，向股东分红派息，投1 000元就能分到200元，以后就不断有人参股、扩股。1991年公司改制后成为中国宝安集团股份有限公司并在深交所挂牌上市，现今市值达到几十个亿。这是新中国第一家股份制企业，它发行了新中国第一张股票。宝安县联合投资公司的成立和发展，给当时宝安县带来的财税收入是有限的，但其影响很深远。当时的宝安县大踏步引进外资，发展制造业，全县各村镇以宝安县集资办企业为榜样，纷纷建立股份合作经济，推进股份合作制的发展。

深圳改革开放的30年就是敢于创新、敢于开拓的30年。没有开拓创新，就没有今天的深圳，开拓创新是深圳精神的根本。当时有许多禁区，特区人为什么敢闯敢干，敢冒风险呢？就是因为几十年来压抑的积极性、创造性一下子爆发出来，一往无前。这说明只要对发展经济有利，只要对提高人民生活水平有益，我们就应该大胆去干。

(2) 不用土地的“菜篮子”工程

随着特区经济和社会的高速发展，人口连年大幅度增加，消费要求不断提高，而耕地却日益减少，如何满足市民对农产品的需求？深圳市布吉农产品批发市场的建立，在全国是一个创举，是不用土地的“菜篮子”工程。

计划经济的市场模式是政府投资，工商部门管理。深圳却没有这样做，而是由果蔬、食品、副食品、水产等7家企业出资，筹集470万元资金，成立股份公司直接经营管理。

1988年8月，经市政府批准，深圳市布吉农产品批发市场有限公司成立。1989年2月开工，同年10月批发市场正式开业。“企业办市场、市场企业化”的“布吉模式”，开创了全国先河。1997年，以布吉农产品批发市场为基础的深圳市布吉农产品股份有限公司正式上市，其资产也由最初的几百万元发展到数十亿元。

深圳市布吉农产品批发市场迅速成长为全国规模最大的农批市场，在南昌、上海、广西柳州、山东寿光、合肥、西安、北京、成都、长沙等20多座城市投资建设了大型市场。深圳农产品2009年的交易量为800多万吨，交易额超千亿元，其市场价格也影响了全国，成为全国农产品市场价格的风向标。

过去30年深圳特区已经创造了经济发展的奇迹，未来30年深圳怎么办？还是那句话，要敢闯敢干，敢为天下先。必须要解放思想，勇于实践，否则深圳的发展速度不可能持续。当今世界已经进入信息化的时代，科技发展日新月异，一日千里，深圳应当加倍努力，持续实现经济跨越式发展，创造更加美好的未来。同时深圳的体制如何进一步适应经济的发展和科技时代的需要，这是我们要思考的问题。

（三）开放精神：外引内联以开放促改革

从深圳特区的实践看，大多数重要改革举措可以说都是由开放促动和引导的。在开放的实践中提出问题，然后着手改革，改革既是开放的手段，又是一种目的，所以具有方向感，有明确的针对性，有直接动力，并因脱离原有体制的羁绊，能够大刀阔斧，有勃勃生机。这个路数同内地“摸着石头过河”的渐进式改革应该有所不同。

从全国情况看，特区不仅是以地方身份参与，并且是通过一种开放和自主发展的模式投入改革运动的，客观上以地方的智慧支撑了中央的改革，在全国创造了一种没有地方感的改革的真实姿态。在中国改革开放的发展历程中，一度出现过这样的现象，当国内改革因面临深层次的问题而显得相对沉闷时（如在20世纪80年代初和90年代初），特区令人耳目一新的开放形象及其改革动作，使人们看到了希望，具有了可资借鉴的经验和做法，从而以一种创新扩散到全国，引起跟进效应。而当国内改革顺利展开时，特区的作用往往显得不那么突出，这说明在国内与特区之间，在改革与开放之间，确实存在此起彼伏的关系，也说明了开放对于改革所起到的引导作用。到后来，改革与开放开始在全国范围内有机结合起来时，中国的改革才渐入佳境。在今天看来，真正淡化特区作用的正是全国开放格局的演进变化，这佐证了开放作为“特区因素”的重要性。

深圳毗邻香港，其开放搞活的历史可上溯到20世纪60年代初。当时，宝安县实行“利用香港，建设宝安”的“三个五”及边境“小额贸易”政策，这是新中国成立后基层政府对外开放的初次尝试。1978 年 10 月 23 日，广东省向国务院呈送《关于宝安、珠海两县外贸基地和市政建设规划设想的报告》；1979 年 1 月 6 日，广东省革命委员会与交通部联合向国务院提交《关于我驻香港招商局在广东宝安县建立工业区的报告》。这两个报告成为深圳建市和建立经济特区的先声。1979 年 1 月撤宝安县改设深圳市，1980 年建立经济特区。

从 1980 年建立经济特区到 90 年代初邓小平同志视察深圳为深圳经济特区的奠基开创阶段。深圳自创办经济特区以来，邓小平同志一直给予特别的关注和支持。在 4 个经济特区中，深圳经济特区起步最早，深圳经济特区建设蛇口工业区也起步最早。1979 年 7 月，蛇口工业区正式破土动工，打响了中国改革开放的第一炮。特区大规模基本建设则从 1980 年开始，主要特点是"铺摊子、搭架子、打基础"。首先，制定社会经济发展总体规划，大规模展开以城市基础设施为中心的基本建设；以"敢为天下先"的精神，大胆冲破计划经济体制的束缚，以单项改革为突破口，逐步建立社会主义市场经济体制的基本框架。其次，充分发挥毗邻香港的区位优势，通过"外引内联"，建立深圳经济特区的国民经济基础。种种举措使经济建设快速推进，社会事业相应发展，生产总值以年均 35% 的速度增长。

1979 年，刚建市的深圳市生产总值仅有 1.96 亿元，人均 GDP 仅 606 元。1989 年生产总值已达 115.66 亿元，1994 年达 615.19 亿元。这个时期，深圳国贸大厦建设"三天一层楼"，深圳大学当年建设当年招生，创造了"深圳速度"。深圳市确定了外向型经济发展战略，大力发展外向型经济，在国内第一个创建了保税工业区和科技工业园，成为国内经济外向度最高的城市。在改革开放方面，创造了许多项全国第一，真正成为改革开放的"试验场"。如首次土地公开拍卖，成立全国第一家外汇调剂中心，率先实行劳动用工制度和工资制度改革，率先进行干部调配制度改革，率先进行所有制改革，推进国有企业股份制改造，率先改革金融管理体制，引进外资银行，建立证券交易市场，改革价格体制，改革住房制度等，充分发挥了作为全国改革开放"试验场"和"窗口"的作用。国家对深圳经济特区的发展也给予了制度上的支持。1988 年，国务院批准深圳市在国家计划中实行单列，并赋予其相当于省一级的经济管理权限。尤其是 1992 年 7 月，全国人大常委会授予深圳市人民代表大会及其常委会、市政府制定地方法规和规章的权力。深圳充分利用立法权，大胆进行突破性立法，基本建立适应深圳社会主义市场经济体制和城市管理需要的法规框架。在城市建设方面，1979年至1994年，深圳市共完成基建投资601.85亿元，建立起城市基础设施体系；建成一批较大规模的工业区和科技工业园；形成由铁路、公路、航运和航空组成的立体运输网络；建成17个口岸，成为全国最繁忙的海陆空口岸俱全的城市。在社会事业方面，培育“开拓、创新、团结、奉献”的深圳精神，教育事业初具规模，文化设施初步配套，文化精品崭露头角。

因此，回顾深圳经济特区的开放事业，其大致经历了这样一个过程，从开辟以招商局蛇口工业区为代表的以园区经济吸引合资独资企业，到外资参与城市高楼群、商业设施和基础设施的建设，到以港澳台为主体的加工贸易企业蜂拥而至，到国际大型制造业企业、跨国公司、科技企业、服务业、金融、商业、分销网络大规模地进入，再到今天，已以一种乘数效应，形成外向型因素进入的洪流之势。在深圳的发展思路上，也相应经历了逐步发展的结构变化：由单纯推进外贸出口，到建立工贸结合的外向型经济结构，到知识资金密集型与高科技提升产业结构，再到全面建立现代化、国际化经济结构。这之间贯穿着一条“线”，那就是发展外向型经济，走向国际化。在这场开放运动中，对内开放也是一个重要的组成部分，特区所具有的特定空间实际是为国内外的商品、劳动力、资本、企业、技术等生产要素提供自由流动、相互结合、嫁接的场所和舞台，深圳正是正确运用了“外引内联”这一重要策略，导演出开放事业的雄壮剧目。

深圳特区的概念经历了出口基地—出口加工区—综合性经济特区的演变。这一概念内涵的扩大，包含着在一个当时世界上面积最大的特区内利用对外开放的特殊机制营造一个新型城市的意蕴。其实践效果是，深圳经济特区在进行外向型产业运作和制度创新的过程中，也同时在经营一座与国内其他城市全然不同的现代城市，一种由发展外向型经济所产生的巨大效能推动这座城市以世界上最快的速度崛起，从而成为当时中国改革开放的直接成果和一种象征。关于这座城市的功能定位，从1990年起，深圳历届领导班子都将其未来取向自觉定位在建设国际化城市方面，这显然是缘于深圳经济特区自身经济和城市结构外向型发展的一种必然结果，也是进一步对外开放的内在要求。这一历史发展逻辑，同近年来国内200多个建制市提出的建设国际化城市的目标存在着基础条件和本质上的区别。

深圳的改革与制度创新，也主要围绕对外开放、建立符合国际惯例的市场经济而展开的。外向型经济的发展，必然要同国际市场相遇，其经济行为要受国际市场的要素价格变化和国际规则所影响，这就要求对传统的管理体制进行相应的调整，需要改变公共权力过度集中的状况，特别是需要把国家干预减少到最低限度，发展增进组织效率、有效配置资源的新型体制和制度。在这方面，特区走的并非是国内那种"放权让利"的通常路径，而是根据开放实践的需求，由中央直接给予特殊政策和试验权力，展开地方分权性质的制度建设和微观再造。这实际是在一张白纸上，以开放为导向所进行的一场真正意义上市场制度和机制的建构过程。作为国内体制的存在和延续，特区势必要对传统的土地制度、企业制度、政府行政体制、计划、财政、金融、价格、外汇管理、国有资产、劳动人事、行业管理等领域采取改革行动。鉴于开放的"切入角度"和一种新起点，这些领域的改革对于特区来说风险和成本小，相对容易取得成功与突破，能够走得更快和更远。其实践结果是，深圳经济特区凭着敢闯敢干的精神，较国内先行一步建立了市场经济体系和框架，在传统经济管理体制领域，为全国提供了许多改革创新方面的新经验、新做法。

二、发展理念总结

深圳经济特区建立以来，迅速从一个边陲小镇发展成为一座现代化、国际化都市，综合经济实力跃居全国大中城市前列，创造了世界工业化、现代化、城市化发展史上的奇迹。

（一）开拓精神的根源是开天辟地的创世理念

盘古开天辟地的史诗般传说，揭示一种充满智慧、勇于创造与创新的创世理念。太极图既美观又充满智慧，又能象征万物的起源，因而也能代表这种理念。深圳经济特区从无到有，将小渔村变成大城市，也是充满科学智慧、勇于创造与创新的结果。深圳之所以能够创造如此辉煌的成就，关键就在于其始终坚持党的思想路线，解放思想、实事求是和与时俱进，在实践中形成具有鲜明时代特征的、敢闯敢试的科学精神与开拓精神。敢闯敢试精神是我们党解放思想、实事求是的时代产物，而深圳经济特区的发展正是弘扬敢闯敢试精神的生动实践，是尊重科学规律、充满创新智慧的创造进程，是在解放思想中闯"禁区"、闯"盲区"、闯"难区"的光荣史诗。经济特区建立以来，一代又一代深圳人大力弘扬党的优良传统，敢为人先、敢冒风险，开放包容、海纳百川，开拓创新、不断进取，艰苦创业、乐于奉献，推动经济特区持续快速发展。

（二）开放精神的哲学依据是阴阳对立统一思想

人类的诞生与繁衍，就像大部分生物一样，离不开雌雄两性的结合，提升到哲学高度，也就是阴阳两极的结合或和谐，或者说是阴阳之间的对立统一。如果将内部世界看成是阴性的，那么外部世界就是阳性的，它们之间的关系就是既对立又统一的。而“外引内联”将自身与外部世界有机联系，这也是中华传统文化中阴阳和谐、对立统一的鲜明写照和体现。

（三）开明精神与创新及阴阳和谐都有联系

在深圳经济特区“摸着石头过河”的改革道路上，也有不少阴阳和谐的做法，比如在全国率先把计划经济和市场经济相结合，走出富有中国特色的社会主义发展道路。深圳经济特区初建时，全国尚处在计划经济体制时期。深圳发扬开明的“敢闯”精神，首先突破原有价格体制，接着推进基建体制、外汇体制、土地体制等方面的改革，随后开展股份制改造，建设证券市场。改革从商品市场推进到资本市场，从经济体制推进到行政及社会体制，率先建立社会主义市场经济体制，为深圳持续快速发展提供了体制保障。这一系列改革正是一连串不断创新的过程，需要大无畏的开明与创新精神。而计划经济和市场经济有不同属性，各有优缺点，将它们有机结合正是阴阳和谐的一种体现。

第七章
从废墟中崛起的奇迹

“易”字由“日”“月”组成，日月不停地运动，且随着地球的自转而分别出现白天与黑夜，白天与黑夜也在不停地轮换，故而“易”字有“变化”的意思。顾名思义，《易经》也就是一本关于变化的哲学经典。《周易》中有个“三易”原则：变易、不易、简易，用这个来说明市场变化规律是很有道理的。所谓变易，是说世界上的所有事物、世界上的所有人乃至宇宙万物，没有一样东西是不变的。在时空坐标中，没有一事一物、一种情况、一种思想或一种观念是不变的。天地万物被创造出来后，也并非是一成不变的，而是不断发展变化的。

一、区域经济发展的奇迹——唐山

当代人不可能也无须创造世界，却仍然有可能创造奇迹。能够从无到有地创造世界固然是一种奇迹，能够从无数废墟中建造新世界也是一种奇迹。唐山大地震后，当地人民仅用10年时间，就从废墟中建起一座功能齐全的抗震型城市。37年后的唐山已成为河北省经济强市，进入全国城市50强，人民生活便利、生态环境良好，创造了世界上区域经济发展的奇迹。

案例

废墟中崛起的新唐山

据统计，1976年7月28日，那场空前的唐山大地震灾害共造成242 769人死亡，164 851人重伤。其中，唐山市区震亡148 000人，重伤81 600人；有7 200多个家庭绝户，近万个家庭解体；有2 652名16岁以下儿童成为孤儿，895人成为孤老。曾是中国冀东重要工业城市的唐山在一夜间化为废墟，城市功能全面瘫痪。自然灾害的巨大创伤使国内外为之震惊，甚至有外国人预言：“唐山将从地球上消失！”但是在遭遇毁灭性打击后，唐山却作为现代化城市重新站立起来。

（一）震后重建规划

震后重建唐山的方案主要有两种，第一种主张将原址放弃，异地进行建设。主要考虑应避开原来市区所在的活动断裂带，减少地震威胁；另外，解放出市区地下的数亿吨压煤，节省原址重建的清理废墟的费用。第二种主张原址重建。原地重建能够保留唐山作为一个重工业城市的产业体系以及自身的社会经济文化特色，避免征地和搬迁的费用，节约土地资源，还可以利用城市原有基础设施。

最后确定重建方案选取第二种。主要考虑到唐山原址已有多年的发展历史，作为冀东的工业重镇已为世人所知。"立足唐山，就地建设"，原地重建能给人唐山真正地重新屹立起来的感觉，对保持唐山历史特色和对唐山日后的发展都有重要意义。

救灾和重建工作的有序进行，离不开党中央、国务院的坚强领导。首先建立了强有力的指挥系统。大地震发生后，中央成立了抗震救灾指挥部，河北省、唐山市也建立了组织领导系统。整个过程遵循抗震救灾的客观规律。大灾之后极易发生大疫。唐山抗震救灾时，对卫生防疫工作高度重视，各项防疫灭病措施及时到位，灾区没有出现大的疫情。

重建唐山，规划先行。在重建过程中遵循城市建设规律，充分听取各方面专家意见，重建工作组织井然有序，进展顺利。1976年8月8日，来自国家建委、全国各地研究机构和高校专家的国务院联合工作组抵达灾区时，就与河北省、唐山市一起，开始设想重建的"蓝图"。紧随其后，在大地仍不时抖动的境况之下，国家、河北省的主管部门组织60多名绘制"蓝图"的人到了唐山。同年8月底，勘测队伍又来收集地质、水文，以及其他相关的数据、资料。仅震后3个多月，重建"蓝图"——《河北省唐山市城市总体规划》绘就，决定保留唐山市原有的厂矿、企业事业单位，清运废墟，统一规划，就地重建唐山。

1977年5月14日，是唐山重建史上一个重要的日子。中共中央、国务院原则批准唐山重建规划。1978年春节期间，当爆竹的光彩还在唐山上空闪现，全国各地100多名规划设计专家、工程技术人员就踏上了废墟。当年国家领导人视察唐山时，希望唐山重建能够先进一点，能体现70年代建筑的先进水平，要规划出一个"先进"的唐山，注重科学规划。地震前唐山城建集中在"一条走廊"，空间逼仄。震后新唐山的恢复建设分为4个组团，这种规划模式和美国洛杉矶组团式城市布局相类似。这样安排，考虑到了未来城市发展的人口需求，交通路网、基础设施都按照较高水准设计。

新唐山的建设如何才能体现我国20世纪70年代的建筑水平呢？1978年3月，全国14个省市的100名规划人员又一次出现在废墟之上。他们对批准的重建“蓝图”更深入探讨和改进。历时3个多月，走访单位1 600多个；分析计算数据4 189万个；绘制图表2 340多张；制作规划模型6个；完成了多项专业规划。1979年9月，当十万大军进入施工现场之际，20多名规划专家应邀而至，研究、调整了市中心规划及街景规划。通过这两次对重建规划进行修订，最终形成了付诸实施的新唐山规划方案。

按照这个时期的重建规划，将唐山分成老市区、东矿区、新市区三大片。老市区在原路北区（京山铁路以北）建设，震中所在的路南区由于破坏严重和地下大量压煤，将把原有的工厂和居民全部搬迁出来，将采煤塌陷区改为绿化风景区，只保留部分有代表性的地震遗迹；东矿区以开滦5个矿为基础依矿建点；新市区则在路北区的基础上建设：在原丰润县城附近建设新区，将原路南区（京山铁路以南）38个工厂迁往建设，并新建大型水泥厂、热电站。在调整城市规划的同时，重建规划还包括搬迁大多数原来在市区内有污染的企业。规划城市人口65万，占地56 162平方千米。执行中拟调整为人口80万，占地78 116平方千米。

1982年1月的《唐山市恢复建设贯彻收缩方针的调整方案》确定了重建的基本原则：控制中心区、缩小新区、利用路南区。原计划从路南区迁出的企业由92个减少到9个，并且规划了13个住宅小区。

（二）重建过程

唐山重建可以大致分为三个大的阶段：1978年初至1979年7月，试点建设；1979年下半年至1984年年底，大规模全面建设；1985年之后，主要进行收尾工作。

从震后开始，唐山经历过三座不同面貌的城市：一是地震后应急的“窝棚城市”；二是随后出现的“简易城市”；三是恢复重建的新城市。三座城市形态各异，功能迥然。①

窝棚城市，是震后应急的一个短暂存在。在地震中失去家园的唐山人民用木杆、竹竿、席子、油毡、塑料布等，在路旁、公园、空场、树下支起满城的防震棚。救灾队伍抵达后，又提供了部分帆布帐篷。人们好似回归到“构木为巢”的原始时代。到了1976年

① 程才实. 唐山大地震后重建的历史启示［J］. 城市发展研究，2008（3）.

入冬前，随着北方天气日渐寒冷，这些窝棚便被防寒的简易房取代了。灾区人民靠着“窝棚城市”度过了炎热多雨的夏季，在窝棚里开始了抗震救灾、恢复生产的伟大斗争。

简易城市的建设，是唐山人民在重建过程中一个重要的过渡时期。为了让灾区人民在城市建设好之前有栖身之地，1976 年 8 月上旬，河北省抗震救灾前线指挥部就提出“发动群众、依靠集体、自力更生、就地取材、因陋就简、逐步完善”的简易房建设方针。在这一方针指导下，自 9 月中旬至 11 月 15 日，市区的废墟上出现 35.1 万间简易房。又经过了一番抢建，市区简易房增加到 42 万间。无论是“两出水”的人字梁、起脊房，“一出水”的前高后低滚水房，还是两头出檐的平顶房，都达到了防震、防雨、防风、防寒、防火的标准，保证了唐山居民和建设队伍的居住环境。

在简易房的基础上，废墟上又相应建立了简易工厂、简易机关、简易学校、简易商店等。简易城市的出现和逐步消失，演绎了新陈代谢的永恒规律。简易房的存在一般只有两三年，但有的则长达 10 年之久。到 1986 年 7 月 28 日唐山地震 10 周年时，市区已有 98.2% 的居民迁入新居；1988 年 10 月则全部迁入新居。自此，简易城市从震后到新唐山的过渡使命圆满完成，而其在完成历史使命后即被清除。

当唐山人民回忆起简易城市的生活时难免感到那段岁月的苦涩与沉重。在那些极端艰苦的日子里，在简陋至极的生活环境中，唐山人民激发出来的力量和智慧令世人为之感叹；在这样简陋而艰苦的生活状态下，唐山人民在废墟之中建立了一座崭新的城市，创造了开辟新世界的奇迹。

（三）清墟难题

由于新唐山要在一片废墟上重新建设，不同于正常的城市在一片空地或荒原上进行新建，必须把百年城市建筑的废墟，以及拆除灾后在废墟上建立的成片简易房产生的废墟腾出，场地才能施工。清墟的工作量之大，居民搬迁的任务之艰巨，实属罕见，是新唐山建设的大难题。为了保证新唐山重建的效率，便出现了清、拆、建并行的局面。

全部清墟工作分为几大部分进行：一是市统建部分，主要是为市统建房屋清理场地；二是市城建部分，主要是为修筑道路、桥梁、自来水、煤气、热力等基础设施清理场地；三是开滦、钢厂、机车车辆厂等大型的中央和省属企业，以及铁路、电厂等单位的清墟工作。1979 年 3 月，唐山市成立了机械化施工公司，承担市内清墟工作。清墟的次序依据施工的需要来安排。清出的废墟，或运往市郊和附近县区的大坑，或由施工单位用来填充某地。对清运力量的组织、运输线路、倾倒地点、所需费用等，都全面统筹安排。

搬迁工作更是一项复杂而艰巨的任务，主要采取了以下措施：一是先在市区边缘地带或市内新规划出的空地上，建造第一批住宅，这批住宅建起来后，将应搬迁的居民迁进去，在腾出的场地进行清墟和施工。二是市建设指挥部内专门成立了搬迁办公室，加强宣传教育，要求各单位广大职工和市民正确处理局部与全局、个人和集体与国家利益的关系。三是制定正确政策，健全合理制度，以保证搬迁和分配任务顺利进行。搬迁进展顺利，使建设场地得到及时清整，基本满足了施工进度的要求。

四、全国人民的力量

唐山重建离不开全国军民的关爱和支援。大地震后，解放军赶到灾区抗震救灾，全国各地向灾区捐赠了大批物资，唐山 4 000 多名地震孤儿分散到 8 个省份抚养，16 万名伤员分散到 17 个省份救治，来自全国各地的近 20 万建设大军投入震后重建，每年建设 250 万平方米的建筑。各路援建的组织在规划、设计、施工等重建工作的每一个环节都洒下了他们艰辛的汗水；重建工地的每一个角落都留下了他们拼搏的脚印。重建规划，那是一次建设思想的大交流；重建设计，那是一次建筑风格的大融合；重建施工，那是一次空前规模的大会战。援建的施工单位先后达 60 多支劲旅，11 万人之众。

（五）抗震建设成就

经历了沧桑巨变的唐山又重新成为一座功能分区明确、布局比较合理、市政建设配套比较完善、抗震性较强、生产生活方便、环境比较优美的新型城市。1986 年 7 月 28 日，唐山抗震 10 周年纪念大会正式宣告唐山重建基本结束。在一片瓦砾堆上，唐山的建设者仅用 10 年时间就完成了重建家园的任务，一个新唐山又拔地而起，重新屹立在冀东大地上。

唐山大地震的损失之所以如此巨大，有一部分原因是当时唐山并没有考虑城市的抗震功能，不设防的城市经不起强烈的震荡；城市布局及建筑用地选择不合理，路南区基本建在一条活动断裂带两侧和砂土液化地段；住宅的建筑结构不防震，施工质量差；建筑物都没有经过抗震设计，特别是医院、水厂、通讯、供电、消防等重要生命线工程，因为缺乏防震措施，在地震中全部被破坏，失去功能。震中区建筑密度和人口密度分别高达 70% 和 1 154 万人/平方千米。

大地震之后，负责唐山城市规划的相关部门在市区范围内进行了一次地震地质安全性评价，划分了四类地区：适宜建设的地区、基本适宜建设的地区、基本不适合建设的地区和不适合建设的地区。如今，这四类地区被分别标以不同的颜色，在唐山市城市总体规划图上显得一目了然。

其一，选择有利于抗震的地段建设。为此，国家曾组织上千人对唐山拟建的规划区进行综合性勘察，包括工程地质、地震地质、水文地质等，在进行住宅、办公用房、楼房等建设时避开危险地段，选择了建设卫星城，将处于活动断裂带附近的大型工厂迁过去。路南区则“劣”中选“好”，适当建设2~3层的住宅及商业网点。新唐山的老市区重点从原来的路北区起步，往“承载力”强的北西方向“走动”。东矿区避开采空塌陷，以及其他的“危险地段”。

其二，按国家规定抗震设防，一丝不苟。与抗震设防相关的一系列法律法规在震后相继出台，根据国家有关建设抗震型城市的法律，震后重建中的唐山市配套出台了《唐山市建筑工程抗震标准》等一系列建设抗震型城市的地方性法规，健全了地面各种建筑、地下管网建设等抗震标准，还投资开展了唐山市城区地质构造研究，摸清了地质活动规律，使震后整个城市建设进入一个抗震发展的新阶段。这些举措，可以有效地回避地质不安全地区，从而增强抗震设防的可靠性。大地震后唐山的基本烈度被国家划为8度。震后的唐山立足于“有利于环境保护、发展生产、方便生活、有利于抗震”的原则，对一般工业和民用建筑均按8度设防进行设计，对城市生命线工程的设防标准适应提高到9度。这里的“8度设防”，指的是建筑设计应能够抵御烈度为8度的地震，也就是相当于大致6级地震，这在全国城市中并不多见。唐山市的建筑设计如果达不到这一抗震设防的最低要求，实行一票否决制。这成了一条不可动摇的原则。新唐山的楼房间距采用檐高1.7倍进行布置；居住小区设置绿地并加设取水措施；城市交通增加对外出口；城市供电采用多电源环形供电；城市通讯则有线无线结合，机房分开建设；城市供水采用多水源环形供水。

其三，提高住宅抗震设防能力。在城市布局方面尽量减少高楼，大多以五六层的楼房为主。如今，唐山街道整齐，楼层不高，住房被老百姓俗称为“火柴盒”式。从高处俯瞰，唐山的建筑群给人留下方方正正、结结实实的印象。在建筑材料上，绝不允许建设抗震能力极差的青砖瓦房，而是以钢筋混凝土框架式建筑为主。目前唐山市住宅建筑以内浇外挂、内浇外砌的剪力墙为主，4 层以下采用砖混结构加构造柱，大型公建及高层建筑采用钢筋混凝土结构。同时，结合日照加大房屋间距，由原檐高 1.6 倍改为 1.7～1.8 倍，以利于地震时人员躲避和疏散，减少损失。唐山所有办公用房均具备了防 6 级地震的能力，400 多个居民小区全部按照 6 级抗震标准进行建设。

其四，防止次生灾害的措施。地震的次生灾害会让受灾城市雪上加霜。唐山重建时对市区各种有潜在危险的设施布局做了调整，易燃易爆仓库一律迁到远离居住区的地方。对位于城市上游的陡河水库堤坝进行抗震加固。新建炼焦制气厂和热电厂，实行集中供气、集中供热，减少火源。地震应急体系建设周密，建立了各类紧急预案，甚至救援物资储备都一直没有空缺过。

（六）今天的新唐山

自 1986 年 7 月 28 日之后，唐山的城市建设已经转向正常。地震前的唐山有重工业城市的弊病：污染重，工厂住宅交错混杂，城市基础设施落后。而一场毁灭性的地震灾难让它有机会重新考虑城市布局，避免过去出现的问题。新唐山率先尝试了现代城市规划的成果：明确城市功能分区，保证配套的生活区域，完善市政公用设施，新建城市绿化系统，改变了传统重工业城市的混乱局面。

唐山位于渤海湾的北岸，周边有 229.7 千米的海岸线。唐山市决定利用这一天然的地理优势，提出了“面向海洋、走向世界”的战略转型思路。依海强市、以港兴市，全力打造沿海经济带，建成一个“海洋经济”强市。

如今，唐山市正逐步转移到科学的可持续发展的轨道上，从传统的煤炭钢铁等产业，向海洋经济这一“蓝色产业”发展，确立了以市区和曹妃甸生态城为双核，北部山前城市带、南部临海城市带协调发展的“双核两带”城市空间新布局。

2003 年，唐山市在南部沿海正式开工兴建曹妃甸工业区，这意味着唐山市经济转型迈出了实质性的一步。该工业区拥有天然的深水港，2005 年年底，两个 25 万吨的矿石码头已实现国际通航，其他几个国际航运码头正在洽谈之中。唐山市政府给曹妃甸工业区定下了一个雄心勃勃的发展目标：打造“中国北方的鹿特丹（世界最大的港口城市）”。其中，唐山港京唐港区成为渤海湾迅速崛起的一颗璀璨的港口新星，已与国内外 120 多个港口实现通航，2005 年港口货物吞吐量突破 3 300 万吨，跻身全国港口 20 强，成为中国北方的重要出海口。

唐山市目前规划发展的主要战略布局是：以港口为依托，以园区建设为载体，以发展临港产业为特色，实施“四点一带”战略，统筹沿海一线开发建设。“四点”即曹妃甸新区、乐亭新区、丰南沿海工业区、芦汉经济技术开发区，“一带”即贯穿“四点”形成的沿海经济隆起带。

其中，曹妃甸新区是“四点一带”的核心和龙头，将建成能源和矿石等大宗货物的集疏港、中国北方新型工业化基地、商业性能源储备基地、国家级循环经济示范区、中国北方商务休闲之都和生态宜居的滨海新城，重点发展现代物流、钢铁、石化、装备制造和海洋化工产业，同时带动高新技术产业和高端服务业快速发展。

乐亭新区建成精品钢材生产基地、煤化工产业基地、临港装备制造产业基地、滨海旅游胜地和市区产业转移承载区，重点发展港口物流、精品钢铁、煤化工、装备制造、生态旅游等产业。

丰南沿海工业区建成装备制造业基地、新型建材基地、市区产业转移的承载区、曹妃甸新区与天津滨海新区的产业对接与配套基地，重点发展装备制造产业、新型建材产业。

芦汉经济技术开发区建成唐山、天津两市区域合作的“桥头堡”，曹妃甸新区和天津滨海新区辐射的承接区，重点发展高新技术与信息服务外包产业、自行车配件与五金制品产业。

唐山人民在团结一致战胜震后的艰难险阻和令人绝望的危机后，利用重新开始的机会，在唐山原址上不断规划发展，更科学合理地建造了一个辉煌的新世界。

二、发展理念总结

不论是神话中的重建天地，还是现代创业者投资失败后的再度崛起，抑或是地震灾难后的人民规划发展全新的城市，这其中蕴含的精神值得我们借鉴和继承。

（一）善于应变和创新

在开创一片事业时，具有创新的精神和勇气才能够在激烈竞争中获得自己的生存空间，才能够做大做强自己的品牌和公司；在开创一片新天地的时候，应具备创新的理念，敢于采用新的技术方法，能够创建更科学合理的空间。而在去往成功的路途上，面对各种困难和问题，要灵活应对各种突发状况，并始终坚定信念，才能最终达到目标。

（二）不畏艰险和巨大危机

当辛苦经营的企业“王国”瞬间崩塌，当熟悉的家园在地震中毁于一旦，面临突然而来的灾难危机，人类在坚强意志力的支撑下，没有一蹶不振，而是从失败和灾难中吸取教训和经验，不畏艰险和巨大危机，在废墟中重新站起来，创造出更辉煌的成果。

（三）科学规划，有预见性地发展

不论是创建事业还是城市，在每个阶段开始之前，科学地进行规划，有计划地发展，才能有条不紊地逐步接近蓝图；对可能发生的情况有预见性，而且适当预防物资供应紧张，才能减少危机发生的概率。

第八章
重视心灵的巨大力量

八卦的符号均由三个爻所构成，或阴爻，或阳爻，实际上世间万物皆由阴阳所组成，而阴阳二爻又是来源于太极，太极可包括自然界之大道即自然规律，亦可包括社会规律如社会中的经营管理之道，这个道，就是要重视心灵的巨大力量。不论是个人经营一个公司，还是政府部门管理一座城市，只要用心去做，坚守信念，将心灵的力量发挥到极致，必然能够成就一番事业，甚至创造一种奇迹。

一、"用心做事"的城市——厦门

请大家记住这一点，易经思想非常重视心灵的力量，本书尤其上编多个章节已经做过诸多论述。前些年，世界上有不少地方都在提倡用心经营城市，土耳其的伊斯坦布尔就被称为"庞大且用心经营的城市"。这里要介绍另外一个用心做事的城市案例——我国美丽的海滨城市厦门。

案例

心灵的巨大力量——鼓浪屿之波

（一）天然优势

1. 地理位置

厦门位于福建省东南部九龙江出海口的金门湾内，由厦门岛、鼓浪屿、内陆九龙江北岸的沿海部分地区以及同安等组成，陆地面积为1 699.39平方千米，海域面积为300多平方千米，其中厦门岛面积为128.14平方千米，鼓浪屿面积为0.65平方千米，分为思明区、湖里区、翔安区、同安区、集美区、海沧区6个行政区。因为厦门的地形像一只白鹭，因此也被人称为"鹭岛"。

厦门市背靠闽南大陆的漳州、泉州两市，面对金门县，与台湾、澎湖隔海相望。全岛冈陵起伏，海岸线曲折多湾，东北部和东南部是丘陵地带，西北形成丘陵和带状平原地带，旧区在地势较为平坦的西南部，三面临海，北邻赏雪港，港口外围分布一系列大小岛屿，周围群山环抱。

2. 优越的海港

厦门因商兴港，由于自身天然地理条件的优越而得以兴起，日益发展为东南区域大港。厦门港位于太平洋、台湾海峡西岸，占据闽南金三角海域的核心区位。海岸线蜿蜒曲折，全长234千米，北起晋江围头，南至龙海镇海角，环抱1 000多平方千米的海域，前有金门岛为屏障，后有漳州为腹地，左右以晋江、南安、石狮、龙海、漳浦为依托，港区外岛屿星罗棋布，港区内群山四周环抱，港阔水深，终年不冻、不淤，是一个条件优越的海峡性天然良港。

厦门港开发历史悠久，自明朝开始逐渐取代了泉州后渚港、漳州月港，成为闽东南第一大海港，是我国“海上丝绸之路”的源头之一，历史上就是我国东南沿海对外贸易的重要口岸。1999年港口货运吞吐量增至1 773万吨、86万标箱。海港规划为“一湾八区”，规划以深水泊位，大型集装箱码头为主，2000年深水泊位达25个以上，港口年吞吐量将达2 000万吨，集装箱100万标箱，客运吞吐量70万人次/年，2010年规划深水泊位达50个以上，吞吐量达5 000万吨，200万标箱以上，客运吞吐量180万人次/年，远景规划港口年吞吐量达1亿吨。集装箱货运年超过85%。

“海”是厦门的生命之源，也是厦门的城市之根，海洋赋予厦门巨大的财富，决定了厦门城市发展的海洋经济特征——航运业、水产业等海洋经济是厦门生态经济拓展的重要增长点。

3. 丰富的自然人文景观

厦门地理位置和生态环境优越，自然景观独特，海洋生物物种和文化资源丰富，适宜旅游和居住。厦门是驰名中外的国家级风景名胜区，素有“海上花园”和“海上明珠”美誉，整座城市岛、礁、岩、寺、花、木相互映衬，海岛环抱、礁岩独特、沙滩广阔、山林滴翠等构成厦门独特的自然景观。自唐朝开始千年历史陶冶沉淀了大量的人文景观，名胜古迹比比皆是，厦门大八景、小八景、景外景八景的“廿四景”早已家喻户晓。

由于厦门对外开放较早，中西文化在此碰撞交融，逐渐形成了多元文化结构的城市形态和建筑造型。以万国建筑博览馆著称的鼓浪屿，以中山路、思明南北路为代表的骑楼商业街，以及集美学村、厦门大学、华侨博物院等融合中西文化的新古典建筑群，是厦门近代建筑的精华和景点。侨乡风情、闽台习俗、海滨美食、异国建筑融为一体，四季如春的气候更是锦上添花。

1988 年国务院授予“鼓浪屿—万石山”为国家级风景名胜区，鼓浪屿已入围国家文物局 2013 年五大申遗备选项目之一，并入选《中国世界文化遗产预备名单》。

厦门风景秀丽，气候宜人，环境良好，空气清新，城市环境非常整洁，是全国环境最好的城市之一。旅游区位优势明显、旅游产品开发精品化；配套设施日渐完备；旅游服务、管理达到一定水平。旅游业总体规划于 1992 年由全国知名专家、学者论证，1993 年经国务院批准，确定“三圈、三环、三个辐射”的“圈环式”结构框架，切实保护鼓浪屿、集美等景区，进一步建设发展万石山、仙岳山等景区，大力开发黄厝、曾厝安等滨海新景区，逐步形成景点完善、格局合理、配套齐全的国家级风景旅游区、度假休闲胜地。

（二）城市规划建设

厦门作为开放较早的沿海城市，并没有因发展经济而忽视环境保护，自然景观得到很好的保护和发展；作为旅游资源得天独厚的旅游城市，也未曾片面追求发展旅游业而忽视历史遗迹的保护，而是在保护旧城的基础上合理规划发展。这一切离不开城市建设者的用心经营，不仅离不开作为管理者的政府部门的不懈努力，也离不开厦门人民的积极配合。

1. 政策支持

1981 年国务院批准厦门在湖里 215 平方千米的面积上创办“经济特区”。1984 年特区范围扩大到全岛（含鼓浪屿）并逐步实行某些自由港政策，同安县（现同安区）享受“沿海开放城市”待遇。厦门成为我国东南沿海重要的中心城市，4 个经济特区城市、首批 14 个沿海开放城市和 5 个沿海副省级城市之一。对外贸易和旅游业发展迅速。厦门作为经济特区和副省级城市，经全国人大授权，厦门市人大具有地方立法权，可以根据厦门市社会经济的发展需要，制定相应的地方法规。作为经济特区，厦门享受到了一些特殊政策，这给厦门创造了“以先发优势”，形成了一些超前的政策，为城市的快速发展创造了良好的条件。

2. 旧城改造与新区规划

多年来，厦门城市建设的巨大变化离不开相关部门在城市规划建设方面积极、超前的工作。为适应城市超常规增长的态势，为将厦门建成一座独具特色的宜居城市，几乎每隔两年就对城市规划方案进行调整修订，曾多次邀请国内外知名规划设计单位和专家指导城市规划和开发。在 20 世纪 80 年代中期，极具远见地提出了“众星拱月”的建设口号，明确了从海岛型城市到海湾型城市的发展转变目标。

在规划城市结构方面，于1984年明确提出了“控制旧城、保护旧城、先开发新区、再改造规划旧城”的方针。为在建立现代化城市的同时尽可能保护旧城的历史风貌，城市中既有“四纵一横”较为彻底的路网及骑楼街区，也有骑楼背后旧有的城市格局，两套城市道路结构体系至今仍清晰可见并逐步形成厦门特色。

在“以人为本”的理念下，厦门市委、市政府十分重视城市普通住宅的规划建设，高度重视居民住房问题，力求改善群众居住条件。随着住房制度改革的不断深化，城市住宅建设持续快速发展，居民住房条件和生活环境一直在改善。2006年，厦门政府大胆创新住房保障制度，在总结统建解困房、经济适用房建设经验基础上，率先提出并推行社会保障性住房政策并取得可喜的成效。

3．新的城市结构形态

厦门的城市形态形似“众星拱月”。以好比月亮的厦门岛为中心，四周环绕着厦门海域和大陆，星罗棋布的许多岛屿和小镇好似星星。

城市建设正发展为“多核单中心组团式”模式，由片区和团组两个层次构成。本岛为中心片区，由中部新市区（CBD金融、商务区）、西南部旧城区、北部港区高科技园区、东南部鼓浪屿——万石山风景名胜区等五个团组构成；西片区为海沧、嵩屿、马巷三个团组构成；北片区由集美、杏林、同安三个团组构成；东片区由刘五店、大嶝岛、小嶝岛、新店、马巷及远景（含大金门、小金门）五个团组构成。整个厦门的发展模式是以本岛为依托，跨越海湾往四周辐射。随着时空的推移，社会经济总量增加以及产业结构的积累更新，城市建设越来越注重科学性和艺术性。

厦门城市建设始终注重自然生态保护，力求让蓝色的海、绿色的山包容在城市之中。大海和九龙江水体、山体、岛屿、岩石、绿化植被等，是厦门城市得天独厚的资源和城市基本形象特征，将各城镇镶嵌在自然之中，构成生态型山水城市，给居民一个自然清新的生活环境。城市空间开发的方向是严格保护鼓浪屿，优化建设本岛，积极发展海沧，充实配套杏林，完善提高集美，创造条件拓展同安、刘五店、大嶝岛。

随着城市范围不断扩大，城市风格也在不断演变完善，以环岛路为代表的滨海新景区形成了厦门的现代城市风格，厦门“山海城”的城市意向正在日趋成熟。

4. 全方位立体交通体系

厦门在发展开发经济和旅游业的过程中，逐步建立起海、陆、空全方位完善的现代化立体交通网络，“海港”“空港”和铁路、公路、高速公路等陆路交通相互补充，构成中国东南沿海的对外交通枢纽站。铁路和公路以厦门岛为核心对内陆进行扇面辐射，海港以厦门港为始发点向海洋进行扇面辐射，空港是以高崎机场为基准点形成全球全方位航空网络。

厦门是我国十大港口之一，目前已开通了68条集装箱国际班轮航线；也是中国华东地区主要的航空枢纽之一，已开辟国内及至新加坡、马来西亚、菲律宾、泰国、韩国、日本等国内外航线149条，通航城市达84个；厦门由电气化的鹰（鹰潭）厦（厦门）铁路与全国铁路网相连，有直达上海、杭州、南昌、南京、合肥、福州等地的客运列车，福厦、漳厦公路将省内各地及广东、江西、浙江连为一体，新建成的海沧大桥、厦漳泉高速公路的完工将进一步改善厦门岛与大陆的公路交通运输。交通体系的完善促进了当地经济的发展，也给居民和游客带来便利。

5. 城市基础设施完善

厦门淡水资源和能源的缺乏，是制约城市发展的主要因素，供水、电力、燃气规划对城市发展和居民生活尤为重要，而当地政府也因此大力发展相关配套设施。

根据2009年有关材料，厦门市的水源来自九龙江北溪，但已有规划逐步建设新的水库为供水源，以解决厦门、同安、金门等地的供水问题，日供水能力达105.2万吨，水质优良，水质达标率为99.9%，现有6座污水处理场，日污水处理能力达50.9万吨。能源系电力和液化气供给，电力近期三回路220 kV进岛，规划三通道六回路供电，供电能力将超过350万kW，远期升压为500 kV供电网络；供气目前为管输水煤气和石油液化气两气结合，全市燃气普及率为84%，未来将统一为石油液化气。

城市建设过程中还相应有风景名胜区、绿地系统、环保、环卫、消防、抗震防灾、民防、邮政通讯、城市岸线利用港区、市政、排水、防洪防潮规划等近30项专业规划。

规划和建设一座现代化国际性港口风景城市，是历史赋予厦门的使命，是繁重复杂的系统工程，同时要为整个城市预留可持续发展的城市空间。21世纪对厦门来说是严峻挑战和有利机遇并存的时期，在飞奔的国内外经济建设态势中，应把握住时代重任，从科学规划展开宏伟蓝图。

（三）生态保护建设

特区建设30年来，厦门生产总值从7.4亿元增长到2 535.8亿元，建成区面积扩展约19倍，常住人口增长约10倍，但厦门水中的化学需氧量浓度基本保持不变，而空气中的二氧化硫浓度则下降了一半以上。无论在城市发展的哪个阶段，生态文明建设始终是厦门城市建设的底线。中国城市竞争力报告中，厦门的环境竞争力位居全国第六，生态环境排名跻身四强。

1. 减排举措

目前在厦门，常规公交、快速公交系统（BRT）和农村客运线等公共交通方式的出行比例高达31%，远高出国内平均水平，低碳、减排成为厦门居民日常生活中耳熟能详的词汇。通过实施大型燃煤锅炉脱硫和烟尘污染治理工程，严格排污许可证制度，禁止无证排污、超标排污或超总量排污；厦门机动车"黄标""绿标"已严格执行。2012年4月1日起，未取得绿色环保标志的机动车每日7时至9时、17时至20时禁止在成功大道、仙岳路主线行驶，如若违规，司机将付出被罚200元的代价。2011年，厦门的空气质量优良率达到99.5%。

2. 水域生态保护

海域生态是厦门人在利用大海之前必须首先审视的话题。厦门坚持实施海陆一体化的海岸带综合管理，先后对西海域、东部海域和杏林湾、五缘湾、马銮湾、海沧湾等重点湾区进行综合整治。

厦门实施了多项规划和举措来保护饮用水源，先后制定和调整《厦门市集中式生活饮用水源保护区规划》，重点饮用水源一级保护区边界界碑设置和保护性设施建设全部完成，为居民营造一个更有活力、更加清澈的饮用水环境。

3. 固体排放物处理

厦门逐步完善了生活垃圾分类收集、分拣处理及无害化处理系统建设，完成"厦门市生活垃圾分拣中心"建设并投入运营。在处理垃圾的同时二次利用，将可回收垃圾转化成新的宝贵资源；近年来，还大力推进垃圾末端处理设施的建设。计划到"十二五"末，岛内后坑垃圾综合处理基地、西部（海沧）垃圾处理基地和东部固体废物处理中心将全面建成。

（四）一座温馨的城

厦门是个面积不大的海岛，却充满温馨的气氛：公交车上让坐已成习惯，干净整洁的市容市貌使得到处都有家的感觉。厦门之所以美丽可人，不仅因为其景色宜人，更重要的是当你漫步其中所体会到的感觉，在阳光和煦、海风阵阵时，一座不仅有自然风景也有历史质感的小城呈现在眼前所带来的喜悦和祥和，很安静，很清洁，很温馨。旧城小巧，新区精致，有着南方沿海城市特色的街道和建筑，都收拾得干净漂亮。城市格局的逐渐形成和完善，使厦门达到“城在海中，海在城中”的境界，既保持了厦门优美的自然环境，又提供了经济社会飞速发展的平台，经济总量不断增大，而城市的繁华又为厦门规划建设创造了物质条件。不论是生活在此，还是旅途中短暂停留，都能让人感觉舒适和温暖。

厦门地域小、资源缺乏，却始终把可持续发展和科学发展理念贯穿于经济社会发展全过程。政府力求给市民和投资者打造一个更好的居住、投资和创业环境，城市管理水平的提高有力地推动了厦门城市形象的进一步提升。通过当地政府与居民的努力，厦门渐渐成为一个处处可见文明礼让的“花园式”海港城市，相继获得“全国文明城市”和“国际花园城市”“联合国人居奖”等多项荣誉。

厦门经济特区自建立以来，尤其在“八五”“九五”计划时期，全市国民经济和社会发展取得辉煌成就，现代化的城市格局和基础设施体系基本形成，人民生活水平日益提高，城市面貌焕然一新，先后被评为“全国实施畅通工程模范管理（一等）城市”“全国无障碍设施建设示范城市”“全国十佳人居城市”“国家卫生城市”“国家园林城市”“全国科教兴市先进市”“中国优秀旅游城市”“全国城市环境综合整治特别奖”“环境模范城市”“中国人居环境奖城市”等称号。

二、发展理念总结

（一）勇于坚持信念

心灵的力量之所以强大，在于信念支撑下，人们可以将智慧运用到自己擅长的领域，做出有益于社会的贡献。只有内心坚定地相信某种理念，才会不畏惧达到目标的过程中所要面对的艰难困苦，才会成就一番不一样的事业。

（二）不凡的毅力

在达到设定目标的过程中，会遇到很多未知的困难，听到很多反对的声音甚至嘲讽，只有保持异于常人的毅力，才能克服所有的阻力，在众说纷纭中仍不动摇。

（三）积极的心态

不论是在工作还是在生活中，时时保有积极向上的心态，相信未来会更好，才能全力以赴地投入，才能在面对困难的时候积极解决。在制造产品时保持负责的心态，才能生产出质量过硬的产品；在城市建设过程中保持认真的态度，才能创造出“花园式”的文明城市。

（四）擅于把握人心

管理一个企业的员工，或管理一座城市的居民，不仅仅要健全管理制度，更关键在于从基层人民的角度去考虑问题和解决问题。以人为本，对员工或市民给予人文关怀，让人们心中都有归属感，从而愿意付出尽可能多的努力来达到领导层设定的目标，并能在付出努力后得到一种肯定与成就感，因此愿意负责任地去完成自己的任务。

参考文献

一、专著

[1] 中共中央马克思恩格斯列宁斯大林著作编译局. 马克思恩格斯选集：第3卷［M］. 北京：人民出版社，1995.

[2] 王宏昌，林少宫. 诺贝尔经济学奖金获得者讲演集［M］. 北京：中国社会科学出版社，1997.

[3] 黄寿祺，张善文. 周易译注［M］. 上海：上海古籍出版社，2000.

[4] 天野，寻国兵. 2000年度《福布斯》中国50富豪［M］. 北京：金城出版社，2001.

[5] 汉弗莱·B. 尼尔. 逆向思考的艺术［M］. 丁圣元，译. 海口：海南出版社，2001.

[6] 乔治·戴维森. 最伟大的管理思想——管理的66条黄金法则［M］. 文岗，译. 北京：中国纺织出版社，2003.

[7] 东篱子. 周易谋略［M］. 北京：中国工人出版社，2004.

[8] 李津. 世界管理学名著精华［M］. 北京：企业管理出版社，2004.

[9] 张俊杰. 中国未来十大个性巨商［M］. 北京：中国经济出版社，2005.

[10] 谭志浩. 周易商道——破解六十四卦的管理玄机［M］. 北京：中国言实出版社，2005.

[11] 戴欢. 周易的智慧［M］. 北京：九州出版社，2005.

[12] 胡传虎. 大乘企业管理禅［M］. 北京：中国长安出版社，2005.

[13] 柯友辉，李异鸣. 塔木德智慧全集——犹太人做人与经商圣经［M］. 北京：新世界出版社，2005.

[14] 王少农. 易经大智慧全集［M］. 北京：当代世界出版社，2006.

[15] 席酉民，韩巍，葛京. 和谐管理理论研究［M］. 西安：西安交通大学出版社，2006.

[16] 庞钰龙. 周易式管理［M］. 北京：中国国际广播出版社，2006.

[17] 中国世界经济学会. 现代国际经济学理论发展综述［M］. 北京：

中国人民大学出版社，2006.
[18] 克里斯·安德森. 长尾理论 [M]. 乔江涛，译. 北京：中信出版社，2006.
[19] 杨培雷. 国际经济学 [M]. 上海：上海财经大学出版社，2007.
[20] 王源. 蒙牛：经营人心之道 [M]. 北京：中国言实出版社，2008.
[21] 张其成. 管理大智慧 [M]. 北京：当代世界出版社，2009.
[22] 梁育民. 国际经济理论与广东经济国际化 [M]. 广州：广东经济出版社，2009.
[23] 唐颐. 图解周易预测学：第二部 [M]. 1版. 西安：陕西师范大学出版社，2010.
[24] 袁珂. 神话选译百题 [M]. 2版. 上海：上海古籍出版社，1980.
[25] 曹金洪. 易经的智慧 [M]. 北京：中国言实出版社，2012.
[26] 殷昆. 周易——破解天地玄秘的大智慧 [M]. 北京：新世界出版社，2014.
[27] 秦泉. 周易大全 [M]. 北京：外文出版社，2012.

二、期刊

[1] 清河. 曹德旺和福耀玻璃 [J]. 中国外资，1996（9）.
[2] 王洪刚. 劳模韩召善的心思 [N]. 人民日报，2000-05-05.
[3] 佚名. 海南兴宝集团老总张兴民财富大揭秘 [N]. 南方都市报，2000-12-12.
[4] 孔龙. 卢平的“简单主义” [J]. 中外管理，2001（10）.
[5] 佚名. 北京市密云县运用城市经营理念，全面打造生态精品卫生城市 [N]. 人民日报，2001-11-02.
[6] 严红枫，骆逸群，张建成. 义乌：一座流动的城市 [N]. 义乌日报，2001-11-19.
[7] 周忠. 福布斯中国首富传奇 [N]. 羊城晚报，2002-01-01.
[8] 佚名. 财富光环下的刘氏家族 [N]. 长江日报，2002-01-09.
[9] 孟翔飞，杨筱. 注释“个性经济”，把握“成功诀窍” [N]. 贵州商报，2002-03-16.
[10] 佚名. 大陆首富刘永好太太自述：我是天下最幸福的女人 [N]. 南方日报，2002-03-22.
[11] 顾雪，王晓溪. 11亿财富女人张璨：生命因挫折而精彩 [N]. 北京青年周刊，2002-05-17.
[12] 蔡鸿德. “共创　共有　共富　共享”——浙江横店集团总裁徐

文荣访谈录［J］. 中国民营科技与经济，2002（7）.
［13］金兵. 张璨：在爱情来临时掘第一桶金［N］. 21世纪人才报，2003－02－20.
［14］许智玲，刘慧，周骁骏. “最适合人类居住的城市”——桂林跨越式发展之路［J］. 求是，2003（8）.
［15］驽马. 陈荣：38天赚1个多亿的资本高手［N］. 中国经济时报，2003－06－11.
［16］王野蛟. 河套酒业向时代广场索赔153万［N］. 沈阳今报，2003－12－03.
［17］张利权，陈小华，王海珍. 厦门市生态城市建设的空间形态战略规划［J］. 复旦学报：自然科学版，2004（6）.
［18］李宁. 中国好莱坞：横店农民创造的神话［N］. 联合早报，2004－09－07.
［19］何晓春. 山东商界释义新浙商精神［J］. 浙商杂志，2005（5）.
［20］冯苏宝. 深圳经济特区如何进一步开放——关于“以特别之为，立特区之位”的研究报告［J］. 开放导报，2005（5）.
［21］张晋. 鲁冠球、刘永好：从农民到富豪的传奇故事［N］. 市场报，2006－03－30.
［22］杨雪锋. 阿尔钦的演化经济学思想评析［J］. 经贸世界，2006－04－06.
［23］吴甘霖. 哲商——商人的最高境界［J］. 光彩，2006（8）.
［24］佚名. 长征路上十大特色城市：抵制诱惑发展个性经济［N］. 中国经济周刊，2006－10－09.
［25］詹娟. 自强不息，厚德载物——访川化股份有限公司董事长苏重光［J］. 新财富，2006（11）.
［26］詹奕嘉. 唐山大地震后30年：中国接受救灾外援的历程［J］. 世界知识，2006（14）.
［27］吴明华. 义乌模式3.0：调控有度的有为艺术［J］. 决策，2007（1）.
［28］佚名. 得人心者得天下，牛根生的“经营人心”理念［N］. 成都日报，2007－08－20.
［29］徐拥军. 简单管理的精髓［J］. 企业管理，2007（10）.
［30］李黄珍，段冬. 福耀玻璃：“小成靠智，大成靠德”［J］. 职业，2007（22）.
［31］方玮，魏雅华. 从“巨亏”到“巨富”史玉柱：游走在道义边缘的商界奇才［J］. IT时代周刊，2007（23）.

[32] 李舒瑜，王轲真. 继续解放思想 开创深圳美好明天 [N]. 深圳特区报，2008-01-02.
[33] 吴涛. 拿出“开荒牛”精神不断开拓创新 [N]. 深圳特区报，2008-01-11.
[34] 柯宏荣，陈桂玉. 德化陶瓷技艺浅谈 [J]. 中国陶艺家，2008 (2).
[35] 邓熙. 徐文荣200亿豪赌圆明新园 [J]. 新财经，2008 (3).
[36] 黄玲. 深圳经济特区改革开放回眸 [J]. 特区实践与理论，2008 (3).
[37] 梁冬梅，张刚. 不倒翁鲁冠球 [J]. 英才，2008 (5).
[38] 吕璋婷. 陈志列的“榔头故事” [J]. 董事会，2008 (4).
[39] 王晓宇. 唐山地震重建启示录 [J]. 中国农村科技，2008 (6).
[40] 侯雪莲. 癫狂张跃：我的智商保证产品成功 [N]. 中国经营报，2008-08-04.
[41] 佚名. 中国最成功的创业夫妻 [N]. 凤凰财经，2008-10-30.
[42] 佚名. 研祥陈志列：“土鳖”的“中国智造”梦 [N]. 京华时报，2008-11-12.
[43] 曹昕婷，刘昭. 厦门城市空间演化及发展探析 [J]. 中南林业科技大学学报，2009 (3).
[44] 阮跃国. 华丽转身迈向国际性都市——厦门城市建设管理事业改革开放三十年回顾与展望 [J]. 城乡建设，2009 (3).
[45] 白天，代小兵. 中国战士曹德旺 [J]. 大经贸，2009 (3).
[46] 佚名. 陈志列：有雄心谋求全球老大 [J]. 中外企业家，2009 (19).
[47] 应建勇. 南存辉透露：正泰电器迈入“薄膜时代” [N]. 浙江日报，2009-05-22.
[48] 宦璐. 曹德旺：能赢，是因为从零开始 [J]. 福建轻纺，2009 (7).
[49] 彭婷婷. 徐文荣：一个农民的文化造富梦 [N]. 财经时报，2006-10-23.
[50] 佚名. 创业路上的成功夫妻档，让事业见证爱情 [N]. 中国商人，2009-08-03.
[51] 韩东坡. 河套酒业订立新目标，谋求大发展 [N]. 经理日报，2009-09-14.
[52] 马威. 河套酒业 至纯至真 以质取胜 [N]. 经理日报，2009-11-02.

[53] 袁辉翔. 张果喜："雕木小技"成就大事业 [N]. 信息日报，2009-12-07.
[54] 里风. 史玉柱：一个知识分子选择的人生——记巨人网络董事长兼 CEO 史玉柱 [J]. 经济视角（上），2009（Z1）.
[55] 许侨欣. 世博会将添泉州陶瓷元素 [N]. 东南早报，2010-04-07.
[56] 孙晓华. 家族企业平均寿命为 24 年 [N]. 搭档，2011-03-31.
[57] 王京生. 改革创新：深圳精神的根与魂 [J]. 求是，2012（1）.
[58] 张小云. 史玉柱的商业传奇 [J]. 绿色中国，2012（2）.
[59] 张纯，张洋，吕斌. 唐山大地震后重建与恢复的反思：城市规划视角的启示 [J]. 城市发展研究，2012（5）.
[60] 董晓远. 深圳未来仍应坚持制度创新 [N]. 南方日报，2012-10-30.
[61] 张鸿. 张果喜：企业界的"东方不败" [J]. 大经贸，2003（6）.
[62] 许侨欣. 德化陶瓷做强区域品牌 [N]. 泉州晚报海外版，2007-09-20.
[63] 李漠. 张果喜：改革开放后的第一个亿万富翁 [J]. 小康，2008（7）.

三、电子文献

[1] 佚名. 南海弄潮：兴宝集团张兴民的创富之路 [EB/OL].（2001-08-14）. http://money.163.com/editor/010814/010814_57262.html.
[2] 李杨，王文韬. 密云县经营城市经典案例回放 [EB/OL].（2002-09-27）. 北京频道.
[3] 郝志强. 乾卦：老板的哲学 [EB/OL].（2003-01-08）. http://manage.org.cn/Article/200301/1460.html.
[4] 谢文蕙. 城市经营的理念与模式 [EB/OL].（2003-08-06）. http://www.china.com.cn/chinese/OP-c/380434.htm.
[5] 香河家具城官网编辑部. 卖钉子起步的夫妻企业家 [EB/OL].（2005-07-19）. www.cnjiaju.com.
[6] 杨维成，刘伟，何丰伦. 新桂林 新形象 新桂林是怎样打造出来的 [EB/OL].（2002-07-16）. http://news.xinhuanet.com/newscenter/2002-07/16/content_484514.htm.
[7] 姜奇平：论个性主义的经济、社会和思想基础 [EB/OL].（2006-06-20）. http://blog.sina.com.cn/s/blog_46d17e8c010004e1.html.
[8] 佚名."礼品经济"与"个性经济" [EB/OL].（2007-03-09）.

http://www.p5w.net/news/cjxw/200703/t817593_1.htm.
[9] 甘峰岭. 张庆义：让河套白酒从草原走向世界［EB/OL］. (2007-07-29). 北方新闻网.
[10] 许侨欣. 各城市布设营销点，德化陶瓷欲做强区域品牌［EB/OL］. (2007-09-05). http://www.ctaoci.com/html/2007-09-05/24265.html.
[11] 田木静，韩东坡. 河套 一匹立足北方的良驹［EB/OL］. (2008-07-18). http://www.zgnj.org/magazine/info6860.html.
[12] 陈渊，陈蓉仙. 蜜蜂社会给人类的启发［EB/OL］. (2008-12-16). 西部蜜蜂网.
[13] 养蜂战略培育新一代义乌商人［EB/OL］. (2009-02-23). 金华新闻网.
[14] 潘应新. 从诗句“桂林山水甲天下”看桂林文化［EB/OL］. (2009-04-30). 广西城市发展网.
[15] 佚名. 徐文荣：四万藏品引质疑［EB/OL］. (2009-09-10). http://biz.zjol.com.cn/05biz/system/2009/09/10/015810387.shtml.
[16] 综合安全外. 密云乡村旅游引进“泰美乡居”全国连锁经营模式［EB/OL］. (2009-09-18). http://www.bjta.gov.cn/xwzx/xyzz/331811.htm.
[17] 何伯权个人简介［EB/OL］. (2009-11-24). http://www.baike.com/wiki/%E4%BD%95%E4%BC%AF%E6%9D%83#1.
[18] 佚名. 横店集团控股有限公司董事局主席徐文荣［EB/OL］. (2009-12-07). http://finance.people.com.cn/nc/GB/61937/166848/166849/10532588.html.
[19] 佚名. 天使投资人何伯权：我的第二人生［EB/OL］. (2009-11-23). http://www.cnstock.com/index/gdbb/200911/277768.htm.
[20] 佚名. 何伯权的发家路［EB/OL］. (2010-01-27). http://www.28.com/mxsr/cy/n-514139.html.
[21] 张国林. 关于加快“桂林国家旅游综合改革试验区”建设的建议［EB/OL］. (2010-04-01). http://www.gx93.gov.cn/newsview-600.aspx.
[22] 胡海波. 市场经济与人的自由个性［EB/OL］. (2010-07-09). 中国吉林网.
[23] 张晓林. 深圳30年硕果累累，全面改革整体推进［EB/OL］. (2010-08-22). http://politics.people.com.cn/GB/12506223.html.

[24] 李书福 [EB/OL]. (2010 - 10 - 22). http://baike. baidu. com/link?url = OdKSBGS0QJnOyM3uxchTpr907EnX4ggmGnAa1vGD00EvStLtlvEs_Asmu4vEqeBEEE - - Uq4 - ZwHiiOyzL3XuWK.
[25] 金花企业集团董事长吴一坚 [EB/OL]. (2010 - 10 - 24). 军旅华商网.
[26] 西北工业大学管理学院. 华为的人力资源管理 [EB/OL]. http://jpkc. nwpu. edu. cn/jpxin/renliziyuan/alfx/alfxll. htm.
[27] 义乌概况 [EB/OL]. http://www. cn - fair. com/yiwu/show. php?lang = cn&id = 71.
[28] 杨雪锋. 阿尔钦的演化经济学思想评析 [EB/OL]. (2006 - 04 - 06). http://www. chinavalue. net/Finance/Article/2006 - 4 - 6/25977. html.
[29] 周永胜. 远大老总张剑: 成功没有感觉 [EB/OL]. (2005 - 07 - 15). http://www. lishou. com/dl/Article_ Show. asp?ArticleID = 154.

后　记

本书写作历经数年方始完成，笔者在此略做总结。书中若有错漏之处，敬请读者批评指正。因条件所限，本书的案例基本引用二手资料，来源或见于脚注，或见于“参考文献”，特此向有关当事人与相关作者表示衷心的感谢！

一、重点难点

易经思想最重要的是什么？笔者认为是和谐与变化。易经思想强调“天、地、人合一”，这就是和谐思想。人要与天地和谐相处，与自然、社会和谐相处。易经又强调变化，“易”字就有“变化”的含义。从不易、变易到简易，这是易经思想中重要的三部曲。根据和谐与变化的思想，采用相应的经营与发展谋略，促使企业与城市取得良好的经营业绩，甚至产生“核反应”般的飞跃性发展。这就是本书研究的重点，也是难点。各种企业与城市的情况千变万化，若想取得“核变”效果，则必须具体问题具体分析，在和谐与变化这个总原则下，根据各有特色的企业与城市的文化及个性，采用各具特点的经营策略与发展措施。

二、研究内容

本书研究的主要内容，是把易经思想应用到经济行为中，特别是应用到企业经营与城市发展中，从而为我国经济社会可持续发展提供有益的参考作用。以“和变”经营思想，实现企业与城市可持续发展，甚至产生“核反应”般的变化，产生质的飞跃。全书分三大部分，第一部分是综合分析，总论易经思想在企业经营、城市发展中应用的有关原理和理论。第二部分是企业经营的典型案例分析，选择10个富有代表性的企业案例。第三部分是城市发展的典型案例分析，选择8个富有代表性的城市案例。

三、主要观点

企业经营与城市发展要达到预期目标，可应用易经的和谐与变化思想。企业与城市可通过自身的不断变化来适应市场需求的不断变化，以达到和市场相融合的目标；适应整个国家乃至整个世界经济的不断变化，从而达到与整体经济、整个社会相和谐的目标。

把“和变”思想应用到经济学中，经济增长和市场的和谐、变化密切相关，市场的和谐状态就是均衡，市场的变化状态就是市场的不断发展。市场的均衡与发展这两种状态，又和需求、供应双方力量的和谐、变化密切相关。经济周期的发生，正是由于市场在均衡与发展状态之间的切换所造成，由于供求双方力量在和谐与变化之间不断转换所造成的。

促进经济增长的要素主要包括货币、科学技术、信息和自然资源等。一种合适的制度则能够把这些经济要素有机组合起来，从而创造出新的产品和财富。人力资源既是实现经济增长的根本源泉，也是企业经营、城市发展的主要推动力量。为了提高人力资源创新性劳动的比例，实现人力资源的推动作用，需要提倡创新性思维，提倡适应市场需求的经营理念和发展思想。在各种不同的市场环境、发展条件下，采用各种因地制宜又出人意料，甚至是超乎常规的经营谋略及发展战略。

人力资源的生存与再生产，需要消费各种生活必需品、娱乐产品与文化产品；人力资源是各种投资项目的操作者、执行者，投资项目欲取得效益，都要依靠人力资源作用的发挥。人力资源的作用发挥得越充分，投资效益则越高。人力资源作用的发挥则来自人力所付出的各种劳动。人力资源所付出的劳动（简称人类劳动）大致可分成两大类，一是机械性劳动，二是创新性劳动。经济增长的源泉，主要来自创新性劳动。机械性劳动也有一部分贡献，但与创新性劳动相比，其所占的比例相当小。

如果不考虑浩瀚无垠的宇宙，只把地球作为我们的生存与发展空间，那么环境资源是有限的，物质资料也是有限的，即使能够再生，也还是有限的。只有人的创新精神与创造能力是无限的，因此最重要的事情，就是要努力激发人的潜能，特别是创新精神与创造能力。对于企业经营与城市发展来说，要使用全息思维、混沌思维、换位思维、逆向思维等不同寻常的思维方式，根据独具特色及个性的发展理念，走出与众不同的新路子，方可在激烈的市场竞争特别是国际市场竞争中占据优势。

与此同时，要让货币、科学技术、自然资源、信息等生产要素有机整合、有效运动起来，使之发挥出尽可能高的经济社会效益。总之，我们既强调人力劳动的作用尤其是创新作用，又重视人与自然环境、社会环境的和谐发展；既要让各种企业经营好，又要使大中小城市都发展好。这是易经思想给我们的重要启示，又是现代人类社会发展的客观要求。

四、创新之处

(1)《易经》讲究象、数、理的辩证统一，而不仅仅是讲理的。象的通俗说法就是图像，这是一种感性思维。数既包括理性思维，也包括感性思维。由此可以看出，传统的西方经济学只讲理性，显然是不够的。西方国家已经有统计数据证明人们的经济行为并非完全是理性的，这点与我们学习《易经》的心得刚好相印证。

(2) 目前，易经思想在企业经营中的应用研究往往只是讲完故事就结束了，基本没有总结经验，没有分析其中的理论意义。而城市发展方面的应用研究则付诸阙如，故笔者做此项研究，对易经思想与企业管理学、发展经济学的结合进行一番探索，希望能做出一点微薄的贡献。

(3) 10 年前，北方就有人提出“和谐管理”，但光讲和谐是不够的，和谐需要加上变化，这是易经思想，也是发展实践对我们理论研究的客观要求。笔者倡议“和变”经营学，或者在“和谐”管理的基础上，再加上“创新”管理。

(4) 产品生命周期理论认为，产品或商品都是有生命的，都要经过生长与繁荣、衰退直到消亡的过程。笔者认为经济要素也是有生命的，所以说企业经营与城市发展要取得成功，关键是评估经济要素，激活经济要素的生命力。

梁育民
2015 年 7 月
于广州